List Journalistische Praxis
Herausgeber der Reihe: Walther von La Roche

Martin Wagner

Auslandskorrespondent/in

für Presse, Radio, Fernsehen
und Nachrichtenagenturen

List Verlag München

Umschlaggestaltung: Jorge Schmidt
Umschlagfoto: Paul Sessner

ISBN 3-471-79168-X

© 2001 Paul List Verlag

Der List Verlag ist ein Unternehmen
der Econ Ullstein List Verlag GmbH & Co. KG München

List Verlag
Paul-Heyse-Straße 28
80336 München
www.journalistische-praxis.de

Alle Rechte vorbehalten. Printed in Germany
Satz: Leingärtner, Nabburg
Druck und Bindung: Clausen & Bosse, Leck

Inhaltsverzeichnis

Vorwort	9
Einleitung	12
Der Auslandskorrespondent im Zeitalter der Globalisierung	12
Die zunehmende Bedeutung der Technik	14
Der Weg zum Ziel: Auslandskorrespondent	17
Ausbildung	17
Journalistische Voraussetzungen	18
Berufserfahrung	20
Fremdsprachen	21
Auslandskorrespondenten der verschiedenen Art	25
Zu Hause im Ausland: Der entsandte, ständige Korrespondent	25
Krisen, Kriege, Konferenzen: Der Sonderberichterstatter	26
Immer auf Achse: Der Reisekorrespondent	29
Zwischen Dollar, Yen und Euro: Der Wirtschaftskorrespondent	30
Zu Hause in der Szene: Der Kulturkorrespondent	31
Der Korrespondent und seine Auftraggeber	33
Nachrichtenagenturen	33
Zeitungen	34
Magazine, Wochenzeitungen	35
Special-Interest-Zeitschriften	36
Hörfunk	38
Fernsehen	40
Die Anforderungen der unterschiedlichen Medien	43
Immer im Dienst: Der Agenturjournalist	43
Blick hinter die Schlagzeile: Der Zeitungsjournalist	48
Der besondere Dreh: Der Magazin-/Wochenzeitungsjournalist	52

Immer am Mikro: Der Radiojournalist	56
Stets im Bild: Der Fernsehjournalist	62

Das Berichtsgebiet 68

Ein Land als Berichtsgebiet	68
Ländergruppen als Berichtsgebiet	69
Die Organisation des Informationsflusses	70

Informationsbeschaffung im Ausland 73

Die einheimischen Medien als wichtige Quelle	73
Augen und Ohren auf: Gesprächspartner	79
Lesen, lesen, lesen …	85
Internet, Agenturen, Übersetzungsdienste	88
Zensur? Gibt's das noch?	92
Krisen- und Kriegsgebiete	97

Kollegen oder Konkurrenten? 104

Auslandskorrespondenten unter sich	104
Die Zusammenarbeit mit einheimischen Kollegen	110

Korrespondenten und Diplomaten 114

Diplomaten, Dinner und Empfänge	114
Goethe und andere – deutsche Institutionen als Partner	122
Deutsche Politiker auf Reisen	123
Der Korrespondent als Repräsentant seines Landes	126

An die Arbeit: Aber wie? 130

Der PC im Schlafzimmer: Das Büro in der Wohnung	130
Getrennt vom Bett: Das eigenständige Büro	132
Viel Technik: Was im Büro steht	134
Mehr Technik: Der Radiokorrespondent	142
… und noch mehr Technik: Der Fernsehkorrespondent	144
Wie kommt der Beitrag in die Redaktion?	146

Die Mitarbeiter/innen des Korrespondenten	150
Pfadfinder und Übersetzer: Ortskräfte	150
Kein Bild ohne Crew	153
Unentbehrlich: Der Informant oder Stringer	155
Auch das noch: Bürokratie	158
Büroverwaltung, Reisekosten	158
Visa braucht der Korrespondent, Akkreditierung auch	160
Nicht nur für Juristen: Das Arbeitsverhältnis	163
Der festangestellte, entsandte Korrespondent	163
Der Pauschalist	165
Der Freie Journalist	167
Die Heimat(redaktionen) nicht vergessen	174
Zusammenarbeit mit der Redaktion	174
Was wollen die Leser/Hörer/Zuschauer erfahren?	176
Deutschland aus der Ferne betrachtet	178
Der Auslandskorrespondent in seiner sozialen Umgebung	180
Familie, Kinder	180
Wie viel Uhr ist es bei Ihnen gerade?	182
Wozu Doppelbesteuerungsabkommen gut sind	183
Wer zahlt bei (B)einbruch?	184
Für ein paar Dollar mehr: Wohnen im Ausland	185
Aussichten	190
Wo bleibt das Positive?	191
Die Menschen, das Land – nicht der Präsident, die Politik	192
Alles andere als stereo-typisch	193
Register	195

Vorwort

Ein Eingeständnis gleich zu Beginn, damit Sie wissen, was Sie nicht zu erwarten haben. Dieses Buch bietet kein Patentrezept nach dem Motto: So werde ich Auslandskorrespondent oder Auslandskorrespondentin. Dieses Patentrezept gibt es meiner Meinung nach nicht. Was also haben Sie zu erwarten?

Ziel des Buches ist es, ein realistisches, praxisnahes Bild von der Tätigkeit der Auslandskorrespondenten der verschiedenen Medien zu zeichnen. Was für viele Journalisten immer noch als berufliches Traumziel gilt, wird als ein Beruf beschrieben, der durchaus seinen Reiz hat, jedoch in vielfacher Hinsicht eine Herausforderung darstellt. Der Wandel im Berufsbild kommt zur Sprache, den nicht zuletzt die veränderten Kommunikationsmöglichkeiten bewirkt haben. Vom Globetrotter, der seine exklusiven Eindrücke aus der weiten Welt dem staunenden Publikum zu Hause näher bringt, ist nicht mehr viel geblieben.

Gefragt sind journalistisches Handwerk, erstklassiges freilich, und dazu technische Kenntnisse, die das Schreiben von Beiträgen auf dem Computer weit übersteigen.

Natürlich geht es um die Voraussetzungen für einen Journalisten, der im Ausland als Korrespondent arbeiten möchte. Die Vertragskonditionen sind ebenso Thema wie die Medien, die Korrespondenten ins Ausland schicken. Die Ansprüche der verschiedenen Medien werden detailliert beschrieben, die Informationsbeschaffung wird thematisiert sowie die schwierige Arbeit etwa in Krisen- und Kriegsgebieten.

Daneben stehen Informationen über vermeintlich banale Dinge wie Visa, Organisation eines Büros oder die Übermittlung von Beiträgen an die Redaktionen.

Einen besonderen Service bieten wir mit diesem Buch auch, es ist gewissermaßen ver-inter-netzt. Auf unserer Internetseite *www.journalistische-praxis.de* gibt es zu vielen Stichworten weitere Informationen, die ständig aktualisiert werden. Wenn also zum Beispiel von den deutschen Botschaften im Ausland die Rede ist, finden Sie auf unserer Internet-Seite die Verbindung zu den Botschaften (postalisch oder per E-Mail). Mit anderen Worten: Dieses Buch wird unter *www.journalistischepraxis.de* um eine Vielzahl von Informationen erweitert, die abzudrucken wenig Sinne hätte, da sie sich immer wieder ändern. Auch Hinweise rund um die Computer-Ausrüstung eines Korrespondenten finden Sie dort, weil die Technik zunehmend wichtig geworden ist, sich zudem ständig weiterentwickelt.

Aber, und das ist wichtig: Trotz Technik, Organisation und Bürokratie geht es in erster Linie um Journalismus. Dieses Buch ist ein engagiertes Plädoyer für Qualitätsjournalismus unter nicht immer einfachen Bedingungen.

Ein Dankeschön darf nicht fehlen, denn viele haben beim Entstehen dieses Buches geholfen. Meine Familie sei zuerst genannt, die mir an vielen Abenden und Wochenenden die Zeit gelassen hat, vor dem Computer zu sitzen und zu schreiben. Meine Frau Angelika, die meine erste und beste Kritikerin ist, hat zum Gelingen entscheidend beigetragen, Johanna und Julia haben oft auf mich verzichten müssen.

Vor allem aber waren zahlreiche Kolleginnen und Kollegen ohne Zögern bereit, mir ausführlich Auskunft über ihre Arbeit zu geben und das Buch mit ihren persönlichen Einschätzungen zu bereichern. Nur so konnte ein einigermaßen umfassendes Bild der Korrespondentenarbeit entstehen.
Deshalb bedanke ich mich ausdrücklich bei: Marcello Berni vom Handelsblatt, Jens Borchers vom Hessischen Rundfunk, Jörg Bremer von der Frankfurter Allgemeinen Zeitung, Astrid Frohloff von SAT 1, Jürgen Hogrefe vom Spiegel, Romain Leick vom Spiegel, Cornelia Meyer von dpa/RUFA, Thomas von Mouillard von dpa, Heinz-Rudolf Othmerding von dpa, Jörg Paas vom Bayerischen Rundfunk, Dietmar Schulz vom ZDF, Hans Tschech vom Bayerischen Rundfunk.
Sie, aber auch alle anderen, ungenannten Kolleginnen und Kollegen, mit denen ich viele Gespräche geführt habe, haben diesem Buch Leben und Praxisnähe gegeben.

Johannes Grotzky und Klaus Greiner vom Bayerischen Rundfunk haben das Manuskript mit wichtigen Vorschlägen und Anregungen verbessert.

Gabriele Hooffacker sorgt dafür, dass unter der Internet-Adresse zu diesem Buch tatsächlich immer neue und aktuelle Informationen zu finden sind.

Walther von La Roche, Herausgeber der Reihe »List Journalistische Praxis«, war es, der mich überhaupt erst überredet hat, dieses Buch zu schreiben.

Danke für kritische Begleitung und Ermutigung.

München, im Juli 2001   Martin Wagner

Einleitung

Der Auslandskorrespondent im Zeitalter der Globalisierung

Auslandskorrespondent – das klingt nach mehr, das ist die Königsdisziplin im Journalismus. Für viele jedenfalls ist der Arbeitsplatz im Ausland die Krönung journalistischer Tätigkeit. Neid und Mitleid gleichermaßen begleiten deshalb nicht zufällig den Auslandskorrespondenten. Er wird beneidet von fast allen, die diesen vermeintlichen Traumjob noch nie gemacht haben, und bemitleidet von denen, die aus eigener Erfahrung wissen, dass sich das Korrespondentenleben weder an sonnigen Stränden noch in dunklen Bars abspielt.

Ob es sich dort jemals abgespielt hat, sei dahin gestellt, aber immerhin brachten Korrespondenten einst den Hauch des Exotisch-Exklusiven mit.

Der Duft der weiten Welt lag in der Luft, wenn sie gelegentlich die Redaktionen besuchten und die meist etwas blasseren Kolleginnen und Kollegen spüren ließen, dass das Korrespondentendasein doch etwas Besonderes ist. Er schließlich, der weit gereiste Korrespondent, war erst kürzlich vor dem Weißen Haus in Washington gestanden, hatte den Bürgerkrieg in Afrika hautnah miterlebt oder das Erdbeben in Tokio gespürt.

Die Präsenz vor Ort – damit hatte er fast allen etwas voraus: Den Kolleginnen und Kollegen in den Redaktionen, deren Arbeitsplatz der Schreibtisch ist, und den Hörern, Zuschauern und Lesern, denen er die ferne Welt nahe bringen konnte. Peter von Zahn, der in den fünfziger Jahren zunächst als Hörfunkkorrespondent in die USA ging, konnte seinen Auftrag damals durchaus so verstehen: »Ich mußte vom Wissensstand meiner Hörer in Deutschland ausgehen und von ihren Empfindungen. Viel Kenntnis von Amerika durfte ich nicht voraussetzen.«[1] Genau das hat sich grundlegend geändert. Vorbei sind die Zeiten, zu denen die Auslandskorrespondenten als Kenner einer fernen Welt die daheim gebliebenen Hörer, Zuschauer und Leser mit Nachrichten und Berichten versorgten.

Der Informationsvorsprung ist dramatisch geschmolzen. Der Ferntourismus bringt Deutsche von Bali bis nach Bogotá, kurz: in die ganze Welt – und die Welt kommt zu uns ins Haus: Per Kabel und Satellit erfahren wir bisweilen vor den Betroffenen, wo geputscht wurde oder wo die Raketen einschlugen. So geschehen schon 1991 im Golfkrieg, als die Israelis von Freunden aus den USA angerufen wurden, die ihnen sagten, welche Orte in Israel der Irak mit Raketen beschossen hatte. Der Hintergrund: Was in den USA vom Nachrichtensender CNN bereits auf den Bildschirmen verbreitet wurde, unterlag im staatlichen israelischen Fernsehen noch der Zensur.

Der weltumspannende Tourismus und die damit einher gehende Informationsvernetzung haben den Auslandskorrespondenten in eine neue Funktion gedrängt. Heute sitzen in den Redaktionen Kolleginnen und Kollegen, die oft schneller als der Auslandskorrespondent über ein Ereignis informiert sind, das sich in dessen Berichtsgebiet abspielt. Nachrichtenagenturen und internationale Fernseh-Nachrichtenkanäle berichten rund um die Uhr und ohne Zeitverzögerung über alles von Bedeutung. Kaum sind die Schüsse auf den Präsidenten – wo auch immer – gefallen, weiß die Welt Bescheid.

Das Informationstempo hat wie die Quantität der verfügbaren Informationen zugenommen. Wie passiert, so reportiert. In Echtzeit, denn irgendeine Kamera ist immer live dabei. Und der Auslandskorrespondent? Muss schauen, wo er bleibt, damit er nicht unter die Räder kommt.

Exklusiv ist fast nichts mehr. Und: Der Auslandskorrespondent unterliegt einer viel stärkeren Kontrolle. Zuschauer, Hörer und Leser kennen heutzutage oft genug die Krisenregionen dieser Welt aus eigener Anschauung und können – zumindest oberflächlich – beurteilen, was ihnen da berichtet wird. Gleiches gilt für die Redaktionen in der Zentrale, die von den Nachrichtenagenturen mit Informationen gefüttert werden und vom eigenen Korrespondenten die Bestätigung dessen erwarten, was sie ohnehin schon wissen. In der Rolle des exklusiven Informationsvermittlers hat der Auslandskorrespondent (von seltenen Ausnahmen abgesehen) also ausgedient.

Überflüssig ist er aber deswegen noch lange nicht. Zum einen sind Auslandskorrespondenten unentbehrlich für die journalistisch-publizistischen Anbieter, die einen Anspruch erheben, der über den eigenen Kirchturm hinausgeht, und zum anderen ist ihre Bedeutung als *Interpreten von Entwicklungen* rund um den Globus gewachsen.

Gefordert ist ein Spagat: Der Auslandskorrespondent soll – oft genug als Einzelkämpfer unterwegs – im Wettstreit mit der Konkurrenz schnell und umfassend berichten und gleichzeitig das Ereignis bewerten und einordnen. Kaum ist der sprichwörtliche Sack Reis in China umgefallen, wird ein *Bericht* erwartet und wenig später eine *Analyse* der kulturgeschichtlichen Bedeutung von Reis in China. Im Einzelfall hängen die Anforderungen davon ab, für welches Medium der Korrespondent arbeitet, doch der Trend ist unverkennbar:

Die Bewertung der Fakten, das Einordnen von Ereignissen ist in einer nahezu komplett vernetzten Welt von zentraler Bedeutung. Dem Auslandskorrespondenten kommt damit die Aufgabe zu, sein Land zu erklären, damit das Publikum in Deutschland über die bloßen Fakten hinaus begreift und versteht, was da vor sich geht. Deshalb muss der Korrespondent sein Land bestens kennen und verstehen. Genau das macht den Job im Ausland so interessant und spannend, dass diejenigen, die einmal draußen waren, kaum noch Sehnsucht nach einem Schreibtisch in der Redaktion verspüren.

[1] Peter von Zahn, Reporter der Windrose. Erinnerungen 1951 – 1964 (Deutsche Verlagsanstalt Stuttgart, 1994, S. 15)

Die zunehmende Bedeutung der Technik

Bei gleicher Entfernung waren Auslandskorrespondenten bis vor wenigen Jahren viel weiter weg von den Redaktionen als heute. Früher mussten Filmrollen per Flugzeug geschickt werden, ratterten Telexe um die Welt und schrien sich die Radiokorrespondenten die Kehlen heiser, um das Rauschen schlechter Telefonleitungen zu übertönen. Ja, es konnte sogar vorkom-

men, dass ein Korrespondent für ein paar Stunden oder Tage nicht erreichbar, weil unterwegs war. Undenkbar ist das heute: Das *Internet* erfasst Nepal, *Satellitentelefone* funktionieren in der Sahara, ein *Handy* ist der ständige Begleiter des Auslandskorrespondenten.
Auf der einen Seite ist der Korrespondent damit für die Redaktion immer ansprechbar – sei es per E-Mail oder am Telefon –, und er ist damit auf der anderen Seite rund um die Uhr in der Lage, die Redaktion zu beliefern, denn das Übermitteln der Beiträge ist heute nahezu überall problemlos möglich.

Aus dem hintersten Winkel der Welt gelangen Fernsehbilder in die Zentrale, Texte werden vom Computer abgeschickt und das gesprochene Wort kann als *Audio-File* in den Redaktions-PC transportiert werden. Dass es in der Praxis nicht immer so einfach geht und dass auch und gerade die modernste Technik – stets dann natürlich, wenn es darauf ankommt – ihre Tücken haben kann, sei nicht verschwiegen.
Aber: Es ist heute ungleich einfacher und schneller möglich, die Berichte der Korrespondenten zu übermitteln, als noch vor wenigen Jahren.

Hörfunk- und Fernsehkorrespondenten sind davon in erster Linie betroffen, weil bei ihnen Technik und Schnelligkeit eine größere Rolle spielen. Radio und Fernsehen senden heute rund um die Uhr aktuelle Beiträge, und deshalb wird von den Korrespondenten ständige Einsatzbereitschaft verlangt. Dadurch hat sich die Tätigkeit der Korrespondenten im Vergleich zu früher dramatisch verändert, das hat der altgediente polnische Auslandskorrespondent Ryszard Kapuscinski fein beobachtet: »Wenn die Medien über sich selbst diskutieren, wird immer die Frage des Inhalts durch die Frage der Form ersetzt«, schreibt er selbstkritisch, »es geht ausschließlich darum, wie formatiert, geschnitten, gespeichert, kopiert wird. Die Diskussionsthemen sind Editing, Database, Disc Memory und so fort.«[1] Vor allem aber bedeutet das:

Der Korrespondent wird zum Techniker. Wo es früher notfalls genügte, die nächste Telefonzelle zu finden, um einen Beitrag, der auf irgendeinen Zettel geschrieben war, an die Redaktion zu übermitteln, können heute folgende Schritte notwendig sein: Das Satellitentelefon einstellen, mit dem Laptop verbinden und dann den darauf geschriebenen Beitrag abschicken – als Fax, als E-Mail oder als Datenpaket.

Die Technik macht zwar vieles möglich, was früher nicht möglich war, aber sie schafft eben auch zusätzliche Probleme, deren Überwindung vom Korrespondenten erwartet wird. Mit journalistischer Neugier und offenen Augen durch die Welt zu gehen und das Gesehene und Gehörte dann zu berichten, reicht heute nicht mehr. Die technisch oft nicht einfache Übermittlung der Reportage oder des Berichts ist Teil der Korrespondentenarbeit geworden. Der Korrespondent ist in zunehmendem Maße sein eigener Techniker und, wenn es darauf ankommt, zudem sein eigener Kundendienst, denn oft hilft nur Selbsthilfe.

Da hat der bereits zitierte Ryszard Kapuscinski schon recht: Wenn ein Korrespondent den anderen zum Beispiel für eine Urlaubsvertretung ablöst, dann dreht sich das Gespräch zunächst um die Handhabung des PC, des Handys und die technische Übermittlung der Beiträge, kurz: Vor einer Erklärung der politischen Lage ist eine Erklärung der Technik gefragt. Erst danach kann sich der Korrespondent auf das konzentrieren, was unverändert im Zentrum seiner Arbeit steht: die Leute und das Land, in dem er lebt.

[1] Ryszard Kapuscinski, Die große Reporterarmee, Wie die Medien die Welt beschreiben, in: Frankfurter Allgemeine Zeitung vom 13. Februar 1999

Der Weg zum Ziel: Auslandskorrespondent

Einen vorgeschriebenen Ausbildungsgang zum Beruf des Auslandskorrespondenten gibt es nicht, denn: Viele Wege führen zum Ziel. Es existiert kein journalistischer Studiengang mit dem Abschluss »Diplom-Auslandskorrespondent«, gegliedert in Grund-, Haupt- und Aufbaustudium. Oft ist es der Zufall, der jemanden zum richtigen Zeitpunkt am richtigen Platz sein lässt. Oft kann dem Zufall nachgeholfen werden: Durch intensives Lernen einer *Fremdsprache*, durch Urlaub im Land der Wünsche, durch gelegentliche Berichterstattung über dieses Land. Wer sich als Frankreich-Experte in der Redaktion einen Namen gemacht hat, verbessert seine Chancen, wenn es um die Besetzung des Korrespondenten-Postens in Paris geht.

Objektive Kriterien allein entscheiden nicht bei der Auswahl der Korrespondenten. Der Idealzustand, dass immer der am besten geeignete Kandidat oder die Kandidatin den Job bekommt, herrscht vermutlich in keinem Beruf. Auch in Medienunternehmen gibt es Seilschaften und Beziehungen, und natürlich hilft es, den oder die Richtige/n zu kennen. Da selten Berufsanfänger um Auslandsposten konkurrieren, wissen die Beteiligten, worauf sie sich einlassen, wenn sie in ein solches Rennen gehen.

Ausbildung

Der Auslandskorrespondent durchläuft in der Regel die klassische *journalistische Ausbildung*. In dieser Hinsicht unterscheidet er sich zu Beginn seiner Laufbahn nicht von anderen Journalisten. Im Gegenteil: Eine *solide handwerkliche Grundlage* ist unverzichtbare Voraussetzung für einen Auslandseinsatz. Nur wer bei der journalistischen Pflicht punkten konnte, darf bei der Kür antreten.

Ein Volontariat, ein Studium oder beides sind heute fast überall notwendig, um Journalist zu werden. Die genauen *Einstel-*

lungsbedingungen sind auf Anfrage zu erfahren, oft wird eine *Hospitanz* oder ein *Praktikum* vorausgesetzt. Die Einzelheiten teilen Verlage, Agenturen und Rundfunkanstalten jederzeit mit. Oder noch einfacher: Im Internet die zu diesem Buch gehörenden Webseiten *www.journalistische-praxis.de* besuchen. Dort sind Verlage, Nachrichtenagenturen, Fernseh- und Radiostationen aufgelistet und per Mausklick direkt erreichbar.

Journalistenschulen sind unverändert ein guter und von den Redaktionen geschätzter Einstieg in den Journalismus, weil sie meist eine praxisnahe Ausbildung bieten. Die Journalistenschulen sind ebenfalls im Internet-Angebot zu diesem Buch unter *www.journalistische-praxis.de* zu finden.
Für den weiteren Weg zum Ziel Auslandskorrespondent gilt: Nichts oder fast nichts ist unmöglich, wenn die Voraussetzungen stimmen.

Der freie Journalist, der zum fest angestellten Auslandskorrespondenten wird, ist eher die Ausnahme als die Regel. Die Posten im Ausland sind so begehrt, dass normalerweise immer jemand aus der Redaktion zur Verfügung steht, wenn es um die Besetzung geht. Sie sollten also davon ausgehen, dass Sie erst einmal Redakteur bei der Zeitung werden müssen, für die Sie eines Tages aus London berichten wollen.

Alles zum Thema Ausbildung in: Walther von La Roche, Einführung in den praktischen Journalismus, Mit genauer Beschreibung aller Ausbildungswege, Deutschland, Österreich, Schweiz (List Journalistische Praxis, München)

Journalistische Voraussetzungen

Journalistisch über dem Durchschnitt – dort sollte zu finden sein, wer Auslandskorrespondent werden möchte. Natürlich ist das oft nicht messbar – und es gibt ja unbestreitbar exzellente Journalisten, die es nirgendwohin zieht –, doch die Tätigkeit im Ausland stellt schon ein paar besondere Anforderungen, denn hier ist alles verlangt:

Schnelligkeit, politische Kompetenz und Stilsicherheit sind für einen Auslandskorrespondenten unerlässlich. Wer auf diesen Gebieten schon im Inland Defizite hat, kommt für das Ausland nicht in Frage. Meist ist der Auslandskorrespondent ein *Einzelkämpfer*, deshalb muss er auch ohne das Korrektiv einer Redaktion in der Lage sein, unter *Zeitdruck* erstklassige Arbeit abzuliefern. Das bezieht sich auf Inhalt wie Form. Die Redaktion muss sich darauf verlassen können, dass der Korrespondent aus seinem Gebiet berichtet, was wichtig und von Bedeutung ist, und zwar nicht nur für sein Gastland, sondern in erster Linie für Leser, Hörer und Zuschauer zu Hause.

Verantwortungsgefühl gehört dazu, schließlich prägt der Korrespondent das Bild des Landes mit, über das er berichtet. Nichts wäre fahrlässiger, als dies auf die leichte Schulter zu nehmen. Und nichts geht schneller, als bekannte Vorurteile zu bedienen. Es sollte eben nicht so sein, wie das Jens Schneider in der »Süddeutschen Zeitung« beschrieben hat: »Für die Auslandsberichterstattung gelten weltweit im Prinzip simple Regeln: Je fremder ein Land dem Zuschauer ist, desto einfacher und reduzierter wird das Bild, das man ihm zumutet. Reporter haken dort ein, wo ihren Kunden etwas verwandt vorkommt: Kolumbien steht für Kokain, Schweden für Wohlfahrtsstaat. Darum dreht sich alles. Die Kokain-Mafia wird bekämpft oder beherrscht alles. Schwedens Wohlfahrtsstaat wird vernichtet oder renoviert«.[1] Wer seinen Job und das Land, in dem er lebt, ernst nimmt, der wird genau dagegen anschreiben und -senden.

Die besondere Qualifikation für den Beruf des Auslandskorrespondenten ergibt sich aus den Anforderungen an die Tätigkeit im Ausland. Negativ formuliert: Wer schon zu Hause Wert auf einen regelmäßigen und geordneten Tagesablauf legt, der tut sich im Ausland vermutlich schwer. Wen unvorhergesehene Probleme aus der Bahn werfen, der sollte nicht unbedingt in die weite Welt streben. Gefragt ist die Einstellung: »Probleme sind dazu da, gelöst zu werden«. Damit arbeitet und lebt es sich im Ausland leichter, denn immer ist damit zu rechnen, dass man mit unvorhergesehenen Situationen konfrontiert wird. Wer ins Ausland geht, lässt sich schließlich auf etwas Neues ein, muss darauf eingestellt sein, Erfahrungen zu machen, auf die eine deutsche Antwort nicht passt.

Lösungstypen tun sich leichter, mit den unvermeidlichen Widrigkeiten des Alltags im Ausland klar zu kommen. Der Auslandskorrespondent ist nicht nur journalistisch gefordert, von ihm wird auch *organisatorisches Geschick* verlangt, weil er eben manches selbst regeln muss, wofür es in der Zentrale ganze Abteilungen oder zumindest ein Sekretariat gibt. Von Reisevorbereitungen bis zu Reparaturen reicht die Palette der Tätigkeiten, mit der sich ein Journalist konfrontiert sieht, der im Ausland arbeitet. Kurz: Die journalistische Qualifikation ist das Eine, muss selbstverständlich vorhanden sein, für den Auslandskorrespondenten sollte das »Quäntchen mehr« dazu kommen: Ungeachtet des Tarifvertrages eine Stunde länger bleiben oder für eine gute Geschichte eher aufstehen. Nur wer bereit ist, manche Extra-Meile zu gehen, gehört auf einen Auslandsplatz.

[1] Jens Schneider, Die Seelen wollen gestreichelt werden, in: SZ am Wochenende vom 2./3./4. Oktober 1998

Berufserfahrung

Ein Mindestmaß an *Inlandserfahrung* wird von jedem Auslandskorrespondenten erwartet. Es ist die absolute Ausnahme, dass ein Volontär nach Abschluss seiner Ausbildung die Koffer packt und als Korrespondent nach Moskau geht. Zweierlei wird normalerweise vorausgesetzt: Dass der Korrespondent vor seiner Abreise ins Ausland mehr als eine journalistische Station bei seinem Arbeitgeber kennen lernt und dass er sich dabei journalistisch bewährt, ja mehr zeigt als der Durchschnitt. Das kann nicht anders sein bei den Anforderungen, die gestellt werden an diejenigen, die aus dem Ausland berichten.

Berufsanfänger müssen normalerweise erst einmal in Deutschland zeigen, welche Fähigkeiten und Begabungen sie mitbringen. Die Redaktionen wollen wissen, mit wem sie es zu tun haben. Besondere Talente müssen sich entwickeln. Verlage und Rundfunkanstalten haben ihre eigenen Kriterien, um zu beurteilen, wer sich für einen Auslandsposten eignet. Die Mikrofonstimme und die Präsenz vor der Kamera gehören bei Hörfunk und Fernsehen selbstverständlich ebenso zu den Anforderungen wie die journalistischen Fähigkeiten.

Alle journalistischen Darstellungsformen muss der Auslandskorrespondent beherrschen. Es genügt nicht, glänzende Kommentare schreiben zu können, beim Formulieren einer Nachricht aber ins Schwitzen zu kommen. Handwerklich gesehen muss der zukünftige Auslandskorrespondent auf allen Gebieten sattelfest sein. Denn, wer im Ausland arbeitet, der berichtet und kommentiert, reportiert, schreibt ein Feature oder ein Porträt. Auch das setzt ein Mindestmaß an Berufserfahrung voraus, das sich aber nicht präzise in Jahren angeben lässt.

Das Durchschnittsalter der Korrespondenten dürfte insgesamt etwas gesunken sein, weil heutzutage Kolleginnen und Kollegen früher nach draußen geschickt werden als noch vor ein paar Jahren. Der so genannte diplomatische Korrespondent, der aus dem Schatz seiner über die Jahre gesammelten Erfahrungen berichtet und bewertet, ist zur Seltenheit geworden. Das hat mit den Veränderungen der Arbeit im Ausland zu tun: Das Tempo hat sich erhöht. Nachrichten rasen in Windeseile um die Welt. Wer bei diesem Nachrichten-Wettlauf mithalten will, muss fit sein – insbesondere körperlich, weil die Verschnaufpausen immer kürzer werden.

Fremdsprachen

Bei diesem Thema ist es schwer, eine eindeutige, allgemein gültige Aussage zu machen, denn:

Unverzichtbar ist es, die Sprache des Gastlandes zu beherrschen, sagen die einen, die selbst Russisch oder Chinesisch gemeistert haben. Begründung: Nur so konnten sie ohne einen dazwischen geschalteten *Dolmetscher*, der in manchen Ländern zugleich ein staatlicher Aufpasser ist, direkt in Kontakt mit der Bevölkerung treten, einkaufen, sich in Kneipen unterhalten, kurz: das Leben ungefiltert aufnehmen.

Verzichtbar sagen die anderen, die sich auch ohne fundierte Hebräisch-Kenntnisse in Israel durchgeschlagen haben. Begründung: Manche Sprachen erschließen sich schwerer als andere. Hebräisch zum Beispiel gehört in diese Kategorie. Solange in einem Land ausreichend viele Menschen eine andere Sprache als die Landessprache sprechen, was in Israel der Fall ist, gelingt die Verständigung. Grundkenntnisse in Hebräisch fürs Einkaufen und Gespräche im Cafe oder mit Freunden erleichtern den Alltag. Um Parlamentsdebatten zu folgen, ist in solchen Fällen ein Dolmetscher unvermeidlich.

Von Vorteil ist es in jedem Fall zu verstehen, was im Café am Nachbartisch gesprochen, worüber in der Fernseh-Talkshow gestritten wird. Das macht es leichter, die Befindlichkeit der Menschen in einem Land zu begreifen. Es ist besser, direkt ins Gespräch zu kommen als immer auf einen Dolmetscher angewiesen zu sein. Deshalb ist selbst bei schwierigen Sprachen und der deprimierenden Aussichtslosigkeit, die fragliche Sprache jemals richtig zu beherrschen, ein *Grundkurs in der Landessprache* immer zu empfehlen. Selbst wenn es nicht dazu reicht, ohne professionelle Hilfe zu arbeiten, so ist es doch ein gutes Gefühl, zu wissen, was um einen herum gesprochen wird. Der Tag, an dem Ihnen Freunde in Israel trotz mittelmäßiger Hebräisch-Kenntnisse sagen: »In Deiner Gegenwart können wir keine Geheimnisse mehr besprechen«, gibt Ihnen ein Gefühl der Zufriedenheit, und Sie fühlen sich in dem Land viel mehr zu Hause.

Englisch, Französisch oder Spanisch – eine dieser Weltsprachen sollte jeder Auslandskorrespondent beherrschen, denn dann kann er auch in Ländern journalistisch überleben, deren Sprache ihm nicht geläufig ist. Grundsätzlich lässt sich sagen, dass es von großem Vorteil ist, viele Sprachen zu beherrschen, da sich auf diese Weise immer wieder Anknüpfungspunkte ergeben. Auch wenn Sie nur ein paar freundliche Begrüßungsfloskeln halbwegs sicher über die Lippen bringen, kann das nicht schaden. In einer Hinsicht nämlich geht es allen Menschen, egal wo, gleich: Sie freuen sich, wenn sie in ihrer Muttersprache angesprochen oder verstanden werden – so kann ein Korrespondent schnell Kontakte knüpfen.

Im europäischen Ausland ist es kaum vorstellbar, ohne Sprachkenntnisse des Landes zu arbeiten. Das kann verlangt werden – und wird verlangt. Wer in Rom oder London, Paris oder Madrid postiert ist, kann dem Briten nicht spanisch kommen und der Französin nicht italienisch. Das mögen sich Touristen erlauben, ein ernst zu nehmender Korrespondent hat keine Alternative. Diese Sprachen sind unverzichtbare Voraussetzung für den Job. Also: Entweder gleich lernen oder ein anderes Land als Arbeitsplatz aussuchen.

Der Vorteil der Sprachkenntnis zeigt sich schon vor der Aufnahme der Korrespondententätigkeit. Nämlich gegenüber Mitbewerbern, wenn es darum geht, wer den Job im Ausland bekommt, und dann natürlich bei der Berichterstattung. Das Eintauchen in ein Land und das Kennenlernen der Menschen sind viel leichter möglich, wenn man sich in der Landessprache unterhalten kann. Logischerweise öffnen sich Gesprächspartner viel mehr, wenn man sich ohne die Hilfe eines Übersetzers nähert.

Es ist auch nicht immer leicht, einen guten *Übersetzer* zu finden, auf den man sich verlassen kann und der außerdem in der Lage ist, ein Gespräch sensibel zu führen. Gelegentlich gibt es Themen, die schon ohne Übersetzer ein bestimmtes Fingerspitzengefühl verlangen. Wenn der Übersetzer aber nicht fähig ist, die notwendige Gesprächsatmosphäre zu schaffen, helfen die intelligentesten Fragen des Korrespondenten nicht weiter. Es funktioniert eigentlich nur, wenn man das Glück hat, auf Anhieb einen guten Übersetzer zu finden, oder wenn man schon sehr lange mit dem Übersetzer zusammenarbeitet, der weiß, was den Korrespondenten interessiert und wie er das Gespräch führen muss.

Niemand kann alle Sprachen sprechen, und dennoch berichten manche Korrespondenten fast über ganze Kontinente, wie etwa Afrika. Da hilft nur Konzentration auf das Wesentliche, also auf die Sprache, mit der man am weitesten kommt, und der Versuch, in allen Sprachen die landesüblichen Redewendungen zu beherrschen, um Freundlichkeiten formulieren zu können, die dem Land und den Leuten Respekt erweisen.

Korrespondenten sind keine Dolmetscher. Ein guter Journalist ist in der Lage, aus einem Land seriös zu berichten, dessen Sprache er nicht beherrscht. Das kann von einem Auslandskorrespondenten verlangt werden. Denn es gibt Fälle, da heißt es: »Wir brauchen einen Korrespondenten im Iran, wer hat die notwendigen Papiere und kann aus einem Nachbarland möglichst schnell nach Teheran gelangen?« Das ist alles schon passiert, und die erste Frage war nicht, wer die Sprache des Landes bis zur Perfektion studiert hat. Eine gewisse Flexibilität und die Fähigkeit, sich auch in unvorhergesehenen Situationen helfen zu können, sollte ein Auslandskorrespondent in jedes Land mitbringen – und ein freundliches Lächeln, das Sprachlosigkeit überbrückt.

Auslandskorrespondenten der verschiedenen Art

Spezialisten für das Allgemeine sind Auslandskorrespondenten. Ausnahmen gibt es selbstverständlich, denn manche Korrespondenten sind – oft für begrenzte Zeit – mit einem Spezialauftrag unterwegs oder sie widmen sich nur einem Thema.

Zu Hause im Ausland: Der entsandte, ständige Korrespondent

Der klassische Korrespondent ist von seinem Verlag, seiner Agentur oder seinem Sender regelrecht ins Ausland versetzt worden. Er ist gewissermaßen ein *externes Mitglied der Redaktion*, das für ein paar Jahre im Ausland lebt und von dort berichtet, und zwar buchstäblich über alles, was sich in seinem Berichtsgebiet ereignet. Alles heißt in diesem Fall wirklich: Alles. Das geht von der (nicht immer hohen) Politik bis zum Hochwasser, von Berichten über das Nachtleben bis zu Entwicklungen in der Landwirtschaft. Der klassische Korrespondent kennt sein Land oder Berichtsgebiet umfassend. Von ihm wird erwartet, dass er weiß, wo nach Gold geschürft und wo mit Hightech Geld verdient wird. Theaterpremieren muss er besprechen, Ausstellungen besuchen und gegebenenfalls das viel diskutierte Buch des Jahres in seinem Land gelesen haben.

Ein völliger Wechsel der Lebensumstände ist damit verbunden. Wer das tut, muss sich mit Haut und Haaren auf ein neues Leben in einer neuen Umgebung einlassen. Vor allem aber: Dazu gehören ein Partner oder eine Partnerin und gegebenenfalls Kinder, die mitziehen – in des Wortes doppelter Bedeutung. Die Entscheidung für einen solchen Auslandsjob hat weit reichende Folgen: Verwandte und Freunde bleiben zurück, das soziale Umfeld wird wie ein Hemd gewechselt. Was für den Korrespondenten eine spannende Herausforderung ist – das Sich-Einlassen auf neue Lebensumstände –, kann für die Familie durchaus belastend sein, denn eine neue Schule ist für die Kinder nicht immer ein Vergnügen. Eines ist freilich garantiert: So lernt der Korrespondent – nicht zuletzt durch seine Familie – alle Facetten des Lebens in seinem Gastland kennen.

Krisen, Kriege, Konferenzen: Der Sonderberichterstatter

Gipfelstürmer werden sie auch genannt, die journalistischen Begleiter von Gipfeltreffen aller Art: Egal, ob sich die Staats- und Regierungschefs der Europäischen Union treffen, eine Friedenskonferenz für Nord-Irland oder den Nahen Osten stattfindet, ohne ein paar Hundert von Journalisten aus aller Welt wäre eine solche Veranstaltung nicht vollständig.

Oft sind es die Spezialisten aus den Redaktionen, die über solche Konferenzen berichten. Wer sich tagtäglich mit einem bestimmten Thema beschäftigt, ist bereits im Wesentlichen mit dem vertraut, was am Konferenztisch oder hinter den viel zitierten geschlossenen Türen (wo auch sonst?!) verhandelt wird. Der Leiter der Wirtschaftsredaktion darf deshalb dabei sein, wenn der Weltwährungsfonds berät, und der für den Südosten Europas zuständige Redakteur reist zur Balkan-Konferenz.

Ehemalige Korrespondenten treffen sich nicht selten bei solchen Gelegenheiten, denn ihr Interesse an einer bestimmten Region erlischt nicht, wenn sie wieder am Schreibtisch in der Zentrale arbeiten, und außerdem machen sich die Redaktionen auf diese Weise gerne den Sachverstand der Kollegen zunutze.

Weltmeisterschaften und Olympische Spiele sind ebenfalls Ereignisse, bei denen nach dem olympischen Motto »Dabei sein ist alles« die Zahl der Journalisten die Zahl der Teilnehmer fast übertrifft.
Nicht nur Sportreporter berichten; bei Großereignissen wie einer Fußball-Weltmeisterschaft oder den Olympischen Spielen sind zusätzlich immer Korrespondenten vor Ort, die sich um die nicht-sportlichen, so genannten grünen oder bunten Themen kümmern.

Allzu schwierig ist die Berichterstattung nicht, weil die Themen bei einem solchen Ereignis mehr oder minder vorgegeben oder wirklich auf der Straße zu finden sind. Es gibt meist bestens ausgestattete *Pressezentren*, bei Konferenzen sind die beteiligten Parteien eigentlich immer sehr daran interessiert, ihre Position an die Journalisten weiterzugeben. Wer mit offenen Augen durch den Austragungsort Olympischer Spiele läuft, kann die Themen nicht übersehen, weil die Bewohner der Stadt wie die Teilnehmer aus aller Welt die Medien benötigen, um sich zu präsentieren. Es herrscht also eine der Presse gegenüber fast unnatürlich zu nennende Freundlichkeit – das gilt freilich nur so lange, bis die Journalisten anfangen, nicht nur über olympische Rekorde zu berichten, sondern Skandale aufzudecken.

Die Arbeitsbedingungen für die Journalisten sind in aller Regel gut, denn die Veranstalter von Gipfeltreffen, Konferenzen und Weltmeisterschaften wissen, wie wichtig das für eine »gute Presse« ist. In den Pressezentren fehlt es an nichts – nur gelegentlich am richtigen Adapter für die Steckdose. So etwas im Gepäck zu haben, dazu einen handlichen Schraubenzieher (oder/und ein rotes Taschenmesser aus einem kleinen europäischen Land), ein paar Adapterkabel und Batterien kann nie schaden, im Gegenteil: So wurde schon manche Sendung, mancher Beitrag gerettet.

Wenn Korrespondenten aus einem Kriegs- oder Krisengebiet berichten, kann von guten Arbeitsbedingungen keine Rede sein. Wer sich auf so etwas einlässt, weiß manches Mal wirklich nicht, was ihn erwartet. Das ist vielleicht sogar gut, denn wer schon alles wüsste, der würde es sich anders überlegen. Es ist sicher der schwierigste und oft auch gefährlichste Auslandseinsatz für Journalisten, wenn irgendwo auf der Welt ein Konflikt ausbricht und Berichterstatter gesucht werden.

Freiwilligkeit ist oberstes Prinzip, niemand wird gezwungen, sich in Gefahr zu begeben. Darin sind sich alle Redaktionen einig. Gefragt sind Kolleginnen und Kollegen mit ausreichender Berufserfahrung, die Risiken abschätzen können, und nicht junge Draufgänger, die ihr Leben für eine Story riskieren. Worum es geht, hat Peter Arnett, der im Golfkrieg von 1991 für den amerikanischen Fernseh-Nachrichtensender CNN aus Bagdad berichtete, unsentimental und treffend auf den Punkt gebracht: »The whole point of war reporting is staying alive and getting the story back to your news organisation«.[1] So ist es, bei der Kriegsberichterstattung geht es in der Tat nur darum, zu überleben und die Geschichte heimzubringen.

Journalisten, die sich zwischen den Fronten bewegen, befinden sich allein schon deshalb in Gefahr, weil sie oft als störend empfunden werden. Wer Krieg führt, schätzt unabhängige Zeugen nicht, die als *Propaganda* entlarven könnten, was die Krieg führenden Parteien gerne als Tatsache dargestellt hätten. Im Kosovo-Krieg von 1999 präsentierte die NATO ihr Bombardement serbischer Stellungen und Militäreinrichtungen auf täglichen Pressekonferenzen in Brüssel als Präzisionsangriffe, als sozusagen »sauberen« Krieg. Als sich das nicht halten ließ, weil klar wurde, dass auch Zivilisten zu den Opfern der Angriffe gehören, erfand die NATO das verschleiernde Wort von den Kollateralschäden. Nicht anders die Serben: Sie stilisierten sich als Opfer brutaler NATO-Angriffe – und waren doch auch Täter, die Albaner aus dem Kosovo vertrieben: brutal und ohne Rücksicht auf Menschenleben. Journalisten, die darüber berichten, tun sich erstens schwer, an unabhängige Informationen zu kommen, und sind zweitens bei keiner Seite beliebt.

Besonders gefährlich ist es in Bürgerkriegen mit unklarem Frontverlauf, wenn hinter jeder Straßenecke eine andere, aber bestens bewaffnete, Miliz lauert.

Sich zweimal zu überlegen, ob man sich solchen Gefahren aussetzt, ist alles andere als ehrenrührig. Die Hinterbliebenen haben nichts davon, wenn in der Zeitung ein rühmender Nachruf auf den mutigen Reporter steht, der bei der Suche nach der Wahrheit ums Leben gekommen ist. Das Korrespondentenleben ist sowieso nur möglich, wenn die Familie mitspielt, das gilt umso mehr, wenn es um einen mit Gefahren verbundenen Einsatz geht. Wer also zweifelt, bleibt besser zu Hause – und keine vernünftige Redaktion wird dem widersprechen.

---

[1] Interview mit Peter Arnett in: message, Nr. 1/Juli 1999, S. 62

Immer auf Achse: Der Reisekorrespondent

Ein Schreibtisch in der Redaktion und Dienstreisen in alle Welt – so sieht kurz gefasst (und etwas übertrieben) der Alltag eines Reisekorrespondenten aus. In manchen Redaktionen füllt diese Position der *Chefkorrespondent* aus, die Aufgabe ist dieselbe: redaktionelle Arbeit und Recherche vor Ort, also im Ausland, unter einen Hut bringen. Das ist attraktiv, weil es die dienstlich begründete Flucht aus dem Redaktionsalltag nicht nur erlaubt, sondern geradezu zwingend notwendig macht.

Ehemalige Korrespondenten haben oft das Glück, auf diese Weise ihr einstiges Berichtsgebiet weiterhin auf Dienstreisen besuchen zu können oder sich im Sinne einer Neuorientierung einer anderen Region zuzuwenden. Wer der Regelmäßigkeit eines Bürojobs nicht allzu viel abgewinnen kann, was bei den meisten ehemaligen Korrespondenten der Fall ist, wird sich als Reisekorrespondent wohl fühlen.

Das Berichtsgebiet umfasst oft mehrere Länder, in denen nicht ein eigener Korrespondent postiert ist. Der Reisekorrespondent hält sich zu Hause in der Redaktion auf dem Laufenden über die Entwicklung in seiner Region oder seinem Land und reist in regelmäßigen Abständen, um sich vor Ort einen persönlichen Eindruck zu verschaffen, Kontakte zu pflegen, Interviews zu führen. Wenn dies über einen längeren Zeitraum geschieht, kann sich der Reisekorrespondent ein durchaus zuverlässiges *Informanten-Netz* aufbauen, das für eine gute Berichterstattung unerlässlich ist.

Der Vorteil: Auf diese Weise können Kosten gespart werden, die entstehen, wenn ein ständiger Korrespondent installiert wird, auf der anderen Seite aber kann dennoch seriös und exklusiv aus erster Hand berichtet werden – nicht immer, aber immer wieder.

Der Nachteil: Nur wer ständig in einem Land lebt, spürt Entwicklungen, bekommt ein *Gefühl für die Stimmungslage*, kann einschätzen, was unterhalb der politischen Oberfläche passiert. Der Reisekorrespondent bleibt – selbst wenn er über exzellente Kontakte verfügt – eben nur ein durchreisender Gast.

Ein persönlicher Nachteil kommt dazu: Das Leben aus dem Koffer muss mögen, wer als Reisekorrespondent arbeiten möchte. Die Familie bleibt immer wieder zurück, wenn die journalistische Neugier oder ein profaner Auftrag der Redaktion den Korrespondenten auf die Reise schickt. Und oft geht es nicht in die Hauptstädte dieser Welt, wo sowieso schon Korrespondenten akkreditiert sind, sondern eher dahin, wo die Hotels schlechter, die Geschichten dafür aber meist spannender sind.

Zwischen Dollar, Yen und Euro: Der Wirtschaftskorrespondent

Wirtschaftliche Kompetenz gewinnt für nahezu alle Medien an Bedeutung seit der Aktienmarkt nicht mehr als Geheimwissenschaft gilt und das Spekulieren an der Börse zum Breitensport wurde. Die großen überregionalen Zeitungen bauen ihre Wirtschaftsberichterstattung aus, der Konkurrenzkampf zwischen Wirtschaftszeitungen und -zeitschriften verschärft sich.

Für die Agenturen war das Thema Wirtschaft schon immer von Bedeutung, schreibt Peter Zschunke in seinem Buch über Agenturjournalismus: »Die Börsenberichterstattung stand am Anfang der Agenturgeschichte und ist bis heute der lukrativste Teil im Nachrichtengeschäft.«[1] Bekanntlich lebt Reuters nicht davon, dass Redaktionen sich auf die politischen Meldungen der Nachrichtenagentur verlassen können, sondern davon, dass Interessierte in Banken und an Börsen die wichtigsten wirtschaftlichen Daten schnell und zuverlässig bekommen. Und zwar aus aller Welt, beziehungsweise von den wichtigsten Börsen aus aller Welt.

Die Wirtschaft war schon globalisiert, als dieser Begriff nur Fachleuten bekannt war. Multinationale Unternehmen entstehen nahezu täglich durch Zusammenschlüsse in fast allen Branchen. Wer die Welt verstehen will, muss die wirtschaftlichen Zusammenhänge kennen.

Wirtschaftsjournalisten haben deshalb gute Chancen, im Ausland zu arbeiten. An den wichtigsten *Börsenplätzen* können

Zeitungen oder Agenturen, die auf wirtschaftliche Kompetenz setzen, gar nicht auf eigene Korrespondenten verzichten. Zum einen, weil der entscheidende Börsenplatz oft in einer anderen Stadt liegt als das politische Entscheidungszentrum, wie im Falle von New York und Washington, und zum anderen, weil die Berichterstattung über das wirtschaftliche Geschehen einen Fachjournalisten erfordert.

Fachlich und journalistisch qualifiziert muss derjenige sein, der als Wirtschaftskorrespondent ins Ausland geht. Ansonsten unterscheidet ihn (oder sie) nichts vom klassischen Auslandskorrespondenten.

Er ist eben nicht der Fachmann fürs Allgemeine, sondern der *Spezialist für Wirtschaftsthemen*. Wobei dies weit gefasst zu verstehen ist. Nicht nur die Börsendaten sind gefragt, Aktienbesitzer wie Arbeitslose fallen in die Zuständigkeit des Wirtschaftskorrespondenten, der alle Facetten der ökonomischen Lage in seinem Gastland kennen und darstellen muss.

[1] Peter Zschunke, Agenturjournalismus. Nachrichtenschreiben im Sekundentakt (UVK Medien, Ölschläger, München 1994, S. 11)

Zu Hause in der Szene: Der Kulturkorrespondent

Der Schöngeist im Ausland? Nicht ganz, doch der Kulturkorrespondent muss sicher mit dem Vorurteil leben, er werde dafür bezahlt, ins Konzert oder Theater zu gehen, sich Filme anzuschauen und Bücher zu lesen – und dies noch dazu im Ausland, wo die Sonne öfter scheint als in Deutschland.

Ein Spezialist ähnlich dem Wirtschaftskorrespondenten ist ganz profan derjenige, der die *kulturelle Szene* seines Gastlandes mit professioneller Neugierde beobachtet. Thematische Grenzen gibt es eigentlich nicht; den *Trends* und *geistigen Strömungen* auf der Spur sollte der Kulturkorrespondent keinerlei Berührungsängste haben. Lifestyle-Themen gehören ebenso dazu wie die so genannte Hochkultur, U und E vermischen sich nicht nur bei der Musik.

Sprachkenntnisse gehören mit Sicherheit zum Anforderungsprofil, denn anders ist diese Arbeit nicht zu leisten. Wo der klassische Korrespondent notfalls auf einen Übersetzer zurückgreifen kann, muss der Kulturkorrespondent verstehen, was auf der Bühne oder Leinwand vor sich geht, muss den Debatten der Intellektuellen folgen können und der Diskussion in der Akademie der Künste. Nur dann lässt sich das *geistige Profil einer Gesellschaft* lebendig darstellen, wie es sich über Kunst und Kultur auf allen Ebenen vermittelt.

Der Korrespondent und seine Auftraggeber

Nachrichtenagenturen

Nachrichten sind ihr Geschäft, und dazu gehören auch Meldungen aus dem Ausland, deshalb können Nachrichtenagenturen gar nicht auf Auslandskorrespondenten verzichten. Die Deutsche Presse-Agentur dpa zum Beispiel ist in knapp einhundert Ländern vertreten, und zwar mit rund vierzig von dpa entsandten Korrespondenten, dazu kommen noch *journalistische Ortskräfte* und freie Mitarbeiter.

Wohin Korrespondenten geschickt werden, in welchen Ländern Pauschalisten oder Freie arbeiten, wo Ortskräfte eingesetzt werden, das entscheidet der Markt, die Kunden der Agentur also. So kann es passieren, dass Büros in Lateinamerika geschlossen, dafür aber in Asien eröffnet werden, wenn sich das Interesse verlagert und Nachrichten aus einer bestimmten Region plötzlich nicht mehr gefragt sind. An wichtigen Plätzen wie Moskau, Washington, London, Paris und Brüssel hat dpa mehrere Korrespondenten postiert, um die Nachfrage zu befriedigen und den Kunden genügend Material liefern zu können.

Die Zahl der Korrespondenten hängt zum einen von der Bedeutung des Platzes ab, zum anderen davon, mit welchem Aufwand eine Nachrichtenagentur das Geschäft mit Meldungen aus dem Ausland betreibt. In dieser Hinsicht ist die Deutsche Presse-Agentur dpa ihrer englischsprachigen Konkurrenz von Reuters und AP meist unterlegen, da diese für die Auslandsberichterstattung mehr Personal einsetzt.

Die Basis der Auslandsberichterstattung sind nun einmal die Nachrichtenagenturen. Kolleginnen und Kollegen anderer Medien stellen das gelegentlich mit bedauerndem Unterton fest, wenn sie gezwungen sind, nachzuliefern, was die Agenturen thematisch vorgelegt haben. Wer also den dringenden Wunsch verspürt, seine journalistischen Neigungen im Ausland auszuleben, der ist bei einer Nachrichtenagentur sicher gut aufgehoben.

Zeitungen

Rund 350 Tageszeitungen erscheinen täglich in Deutschland, die Zahl der so genannten publizistischen Einheiten, d. h. der eigenständigen Blätter, liegt bei 135; diese Zahlen hat der *Zeitungsverlegerverband BDVZ* für das Jahr 1999 ermittelt. Das ist eine ganze Menge, freilich: Die meisten beschäftigen Journalisten ausschließlich im Inland, denn nur eine kleine Minderheit der Zeitungen – im Vergleich zur Gesamtzahl – schickt eigene Leute ins Ausland, leistet sich ein eigenes Korrespondenten-Netz.

Die großen überregionalen Blätter sind es, die der Berichterstattung aus dem Ausland so viel Bedeutung beimessen, dass sie eigene Korrespondenten entsenden. Für die Verlage ist dies auf der einen Seite ein Kostenfaktor, auf der anderen Seite eine Frage des journalistischen Prestiges, denn nur durch eigene Korrespondenten – im Inland sowieso, aber auch im Ausland – kann es gelingen, die Abhängigkeit von den Nachrichtenagenturen zu reduzieren und ein *unverwechselbares Profil* zu gewinnen.

Fest angestellte Korrespondenten und Freie sind, um nur die wichtigsten überregionalen Tageszeitungen zu nennen, im Dienste der »Süddeutschen Zeitung«, der »Frankfurter Allgemeinen«, der »Frankfurter Rundschau« wie der »Welt« im Ausland auf einer regelmäßigen Basis tätig. Das »Handelsblatt« als täglich erscheinende Wirtschaftszeitung kann ebenfalls nicht auf Korrespondenten verzichten und hat deshalb ein weltumspannendes Netz von Spezialisten, nämlich Wirtschaftskorrespondenten.
Die »Süddeutsche Zeitung« zum Beispiel beschäftigt knapp 30 fest angestellte Auslandskorrespondenten und einige Freie, auf ähnliche Zahlen kommt nur noch die »Frankfurter Allgemeine«. Beide Blätter haben zudem neben den klassischen, für alles zuständigen, auch noch Wirtschaftskorrespondenten, an den Börsenplätzen der Welt. Die anderen Zeitungen können nicht

ein derart umfassendes Korrespondenten-Netz vorweisen, an den wichtigsten Plätzen aber sind sie mit eigenen Leuten vertreten.

Regionale Blätter und kleinere Zeitungen greifen oft auf freie Mitarbeiter zurück, die die Auslandsberichterstattung der Nachrichtenagenturen ergänzen. Hier bietet sich ein Markt für *journalistische Ortskräfte*, denn sie finden Abnehmer, die sich zwar keinen ständigen Korrespondenten leisten wollen, aber doch Wert darauf legen, gelegentlich der Berichterstattung eine eigene Note durch den Betrag eines freien Auslandskorrespondenten verleihen zu können. So kommt es, dass in Israel unter anderem das »Flensburger Tageblatt« und die »Schwäbische Zeitung« mit einem eigenen Korrespondenten vertreten sind: ein israelischer Journalist, der auf Honorarbasis für beide Blätter arbeitet.

Dazwischen gibt es ein weites Feld, denn manche Tageszeitung hat aus ganz speziellen Gründen an irgendeinem Platz der Welt einen eigenen Korrespondenten. Das kann der ehemalige Redakteur sein, der aus privaten Gründen die Sonne Australiens genießt und deshalb von dort aus für seine Zeitung berichtet, das kann der Lehrer an einer deutschen Auslandsschule sein, der für die Zeitung seiner Heimatstadt nebenbei Artikel schreibt. Das kann aber auch ein Journalist sein, der seinen Chefredakteur und die Verlagsleitung überzeugt hat, dass es sich lohnt, einen Korrespondenten (womit er in der Regel zunächst sich selbst meint) nach Washington zu entsenden.

Magazine, Wochenzeitungen

Wöchentlich erscheinende Publikationen gibt es in großer Zahl, doch auch davon leisten sich nur wenige den Luxus, Korrespondenten zu entsenden. Das liegt an der unterschiedlichen journalistischen Zielrichtung der Zeitschriften und Magazine, denn nicht bei allen spielt die Berichterstattung aus dem Ausland eine wichtige oder zumindest bedeutende Rolle. Nur wer Wert darauf legt, regelmäßig und umfassend über Entwicklungen und Ereignisse auf der ganzen Welt zu berichten, wird ein mit erheblichen Kosten verbundenes Korrespondenten-Netz aufbauen.

Das Nachrichtenmagazin »Der Spiegel« hat das getan, deswegen ist er bei den Magazinen an erster Stelle zu nennen, wenn es um Auslandskorrespondenten geht. Er ist mit eigenen Leuten an den (politisch-wirtschaftlich) wichtigsten Plätzen der Welt vertreten. Ein Blick ins Impressum zeigt, wer wo postiert ist, was nicht zuletzt als Hinweis auf die weltumspannende Nachrichtenkompetenz verstanden werden kann und soll.
Die Konkurrenz aus München, »Focus«, hat im Impressum eine ähnlich umfassende Liste mit den Adressen von Korrespondenten rund zum den Globus aufzuweisen. Mit einem Unterschied: »Focus« greift auf journalistische Ortskräfte zurück oder auf die Mitarbeiter anderer Medien, die bei Gelegenheit und bei Bedarf für »Focus« schreiben. Der entsandte Korrespondent ist eher die Ausnahme.

Ähnlich zurückhaltend bei der Entsendung eigener Korrespondenten ins Ausland sind etwa »Die Zeit« und »Die Woche«. Das hat nicht nur mit den Kosten zu tun, die für einen Korrespondenten anfallen, sondern in besonderem Maße mit der Konzeption dieser beiden Wochenzeitungen. Hier sind *Autoren* gefragt – das können gelegentlich sogar die Korrespondenten anderer Medien sein – oder Reisekorrespondenten, die sich für bestimmte Regionen zuständig fühlen. Der ständige, fest entsandte Korrespondent ist – wie der Blick ins Impressum auch hier belegt – eher die Ausnahme.
Der »Stern« ist in dieser Hinsicht eine Überraschung, weil die Illustrierte ein durchaus ansehnliches Korrespondentennetz vorweisen kann.

Special-Interest-Zeitschriften

Viel versprechend ist das Zeitschriftenangebot, das an jedem Kiosk in Deutschland wie Meterware ausliegt. Die Vielfalt der Themen, Farben und Zielpublika ist kaum zu übertreffen, es gibt scheinbar nichts, was sich nicht als Thema für eine Zeitschrift eignet. Das sieht auf den ersten Blick sehr gut aus für denjenigen, der Abnehmer für seine Beiträge aus dem Ausland sucht. Ein zweiter Blick, zum Beispiel auf die so genannten *Publikumszeitschriften*, reduziert die Hoffnungen freilich deutlich.

Fehlanzeige bei festen Auslandskorrespondenten ist bei fast allen diesen Zeitschriften festzustellen. Die Auslandsberichterstattung spielt bestenfalls eine Nebenrolle, und wenn sie eine Rolle spielt, dann kann ein *freier* Mitarbeiter auf einen Auftrag hoffen. Der wird dann allerdings oft recht ordentlich bezahlt. Es lohnt sich also in Erfahrung zu bringen, welche Zeitschrift welche Themen aus dem Ausland aufgreift.

Vor allem freie Journalisten sollten wissen, wo sie ihre Themen aus dem Ausland unterbringen können, denn abgesehen von den ständig wiederkehrenden und nicht ernst zu nehmenden Geschichten über den europäischen Hochadel in der »Yellow Press« finden sich in erstaunlich vielen Publikationen Berichte über exotische und weniger exotische Reiseziele. Wer sowieso schon im Ausland lebt und journalistisch arbeitet, hat die Chance, sein Insider-Wissen weiter zu geben und dafür honoriert zu werden.

Reisezeitschriften seien deshalb ausdrücklich genannt, weil das Reisen unverändert der Deutschen liebste Ferienbeschäftigung ist und weil auf diesem Sektor viel publiziert wird. »Geo«, »Merian« und andere sind immer wieder darauf angewiesen, Journalisten, die vor Ort leben, um Mitarbeit zu bitten. Entweder, um sich mit Tipps und Hinweisen bei der Recherche weiter helfen zu lassen, oder, um einen fertigen Artikel zu bekommen.

Thematische Einschränkungen gibt es nicht; denn Musikzeitschriften wollen wissen, wie sich die Szene in New York entwickelt. Was sich im Silicon Valley oder bei den indischen Software-Spezialisten tut, interessiert Computerblätter. Frauenmagazine berichten über die Beziehungen zwischen den Geschlechtern – weltweit, jedenfalls nicht nur aus Deutschland. Die neuesten Trends der Mode kommen traditionell aus dem Ausland ... und so weiter ... und so fort.

Ein festes Einkommen garantiert das alles nicht, es zeigt nur, dass speziell freie Journalisten, die sich im Ausland niederlassen wollen oder dort schon leben, den Blick auf den Zeitschriftenmarkt nicht vergessen sollten. Es gibt Auftraggeber, an die mancher vielleicht nicht gleich denkt, und vor allem: Die Palette der Themen, die sich unterbringen lassen, ist breiter als zunächst vermutet. Wer sich einen Überblick über das Zeitschriften-, wie auch das Zeitungsangebot, verschaffen will, muss nicht bis zum nächsten Kiosk laufen: *www.journalistische-praxis.de* führt zu allen Printmedien in Deutschland.

Hörfunk

Die öffentlich-rechtlichen Radiostationen haben sich unter dem Druck der kommerziellen Konkurrenz in den letzten Jahren hörbar verändert. Was sich nicht geändert hat: Die Radiosender der ARD verfügen über ein Korrespondenten-Netz, das sich sehen, beziehungsweise hören lassen kann. Nicht nur, weil eine große Zahl von Korrespondenten für die ARD arbeitet, sondern in erster Linie weil die öffentlich-rechtlichen Hörfunksender damit eine *Informationskompetenz* haben, die ihresgleichen sucht.

Rund 60 Auslandskorrespondenten hat die ARD für die Berichterstattung im Radio rund um die Welt postiert. An wichtigen Plätzen, wie etwa Washington, Brüssel oder Moskau, arbeiten mehrere Korrespondenten, weil die Nachfrage der Sender entsprechend groß ist. In Buenos Aires dagegen ist ein Korrespondent alleine zuständig für neun Länder, die nicht so im Interesse der Weltöffentlichkeit stehen wie etwa die USA. In Afrika oder Asien haben die Korrespondenten im Regelfall ebenfalls über mehr als ein Land zu berichten.

Die Welt ist unter den ARD-Sendern aufgeteilt. Das System ist einfach: Für jeden Platz ist ein Sender verantwortlich, der dorthin entsandte Korrespondent berichtet für alle Sender. Für den Korrespondentenplatz Nairobi zum Beispiel ist der Westdeutsche Rundfunk (WDR) zuständig, für Kairo der Südwestrundfunk (SWR) und für Buenos Aires der Bayerische Rundfunk (BR). Wer also den Lebenstraum hat, Korrespondent in Kairo zu werden, muss zunächst den SWR von seinen Qualitäten überzeugen, denn die Vorauswahl der Korrespondenten liegt beim zuständigen Sender, der dann seine Kandidatin oder seinen Kandidaten allen anderen Sendern präsentiert – und normalerweise mit Zustimmung rechnen kann. Wer auf einem solchen Posten landet, darf sich ARD-Korrespondent nennen, denn er berichtet für alle Hörfunksender der ARD.

Daneben gibt es noch Gruppenkorrespondenten. Das sind Korrespondenten, die nicht für alle ARD-Hörfunksender zuständig sind, sondern nur für einen Teil, eine Gruppe eben. Das ist dann der Fall, wenn sich zwei, drei oder vier Sender geeinigt haben, nach Washington, London oder Paris gemeinsam einen oder zwei Korrespondenten zu entsenden. An wichtigen Orten der Welt gibt es mehrere solcher ARD-Gruppen, so dass auf diese Weise der gesamte ARD-Hörfunk profitiert. Da die Beiträge der Korrespondenten im *ARD-Austausch* auch bei den übrigen Sendern landen, ist damit allen gedient: den entsendenden Sendern wie den anderen, die ebenfalls auf Beiträge zurückgreifen können. Und die Korrespondenten können sich die Arbeit so aufteilen, dass *Recherche wie Reisen* im Land nicht zu kurz kommen.

DeutschlandRadio und Deutsche Welle partizipieren einerseits am Korrespondenten-Netz der ARD und entsenden andererseits an einige Plätze eigene Auslandskorrespondenten. Diese beiden Sender müssen also nicht selbst die umfassende Berichterstattung durch eigene Leute sicherstellen, da sie für ihr Programm die Beiträge der ARD-Korrespondenten nehmen können. Sie sind jedoch in der Lage, Schwerpunkte zu setzen und an für sie wichtigen Plätzen, wie etwa Washington und Brüssel, auf das Angebot ihres eigenen Korrespondenten zurückzugreifen.

Freie Journalisten sind eher die Ausnahme unter den Radio-Auslandskorrespondenten der ARD. Das relativ dicht gespannte Netz fester Korrespondenten (und die Finanzlage der öffentlich-rechtlichen Rundfunkanstalten) lässt wenig Platz für die Angebote freier Journalisten. Lücken gibt es dennoch, und wer sich darauf spezialisiert, kann durchaus Beiträge bei der ARD loswerden. Schließlich ist die ARD – speziell im Hörfunk – kein monolithischer Block, sondern mit ihren rund 50 Wellen (von *WDR Einslive* bis *B 5 Aktuell*) von kaum überschaubarer Vielschichtigkeit. Wer also weiß, welche journalistischen Bedürfnisse die

Umwelt-Redaktion hat oder der *Kirchenfunk*, wer die *Bergsteiger-Redaktion* kennt, deren exklusive Heimat der BR ist, der hat vom Ausland aus die Chance, als freier Mitarbeiter Beiträge unterzubringen.

Bei den privat-kommerziellen Radiostationen sieht es für Auslandskorrespondenten völlig anders aus. Das hat mit der Programmphilosophie zu tun, die sich in aller erster Linie am Markt orientiert. Und da ist – um es auf einen kurzen Nenner zu bringen – das Geschehen in Waldkraiburg, Wuppertal oder Willingen wichtiger, dann nämlich, wenn diese Orte im Sendegebiet liegen. *Nähe ist attraktiver als der Nahe Osten*. Mit anderen Worten: Auslandskorrespondenten lohnen sich nicht für die kommerziellen Radiostationen.

Das Audio-Angebot der dpa/Rufa findet deshalb bei diesen Sendern dankbare Abnehmer. Zwar erhebt die Deutsche Presse-Agentur gar nicht den Anspruch, in Sachen Auslandsmeldungen die führende Agentur zu sein, doch über die wichtigsten Entwicklungen und Ereignisse rund um den Globus informiert sie seriös, zuverlässig und vor allem seit ein paar Jahren zusätzlich für den Hörfunk. Durch den Aufkauf der Hörfunkagentur Rufa konnte die dpa ihr Radio-Angebot verbessern und stellt damit die kommerziellen Radiomacher weitgehend zufrieden.

Die Nachrichten sind die wichtigste (und oft einzige) Sendung, in der bei kommerziellen Radiostationen die Berichte von Auslandskorrespondenten Platz finden. Mehr ist selten gefragt, deshalb ist das Audio-Angebot von dpa/Rufa (die gesprochene Meldung) durchaus ausreichend für die Bedürfnisse dieser Radiomacher. Wo bei der ARD noch Analyse, Kommentar und Hintergrundbericht gesendet werden, läuft bei Antenne Irgendwo schon längst wieder Musik.

Fernsehen

Öffentlich-rechtliche Informationssendungen wie »Tagesschau« und »heute«, »Tagesthemen« und »heute journal«, »ARD-Brennpunkt« und »ZDF-spezial« sind ohne Auslandskorrespondenten gar nicht vorstellbar. Die Köpfe der Korrespondenten beim Aufsager am Ort des Geschehens signalisieren *öffentlich-rechtliche Informationskompetenz* – etwas, worauf ARD und ZDF im *Konkurrenzkampf* setzen und womit sie sich erfolgreich profilieren konnten.

ARD und ZDF verfügen über ein Korrespondenten-Netz, das von Peking bis Washington rund um die Welt reicht. Wesentliche Unterschiede gibt es in dieser Hinsicht zwischen den beiden öffentlich-rechtlichen Fernsehkanälen nicht. Wo ein ARD-Korrespondent zu finden ist, ist ein ZDF-Kollege meist nicht weit. Und ein Radiokorrespondent der ARD ist oft ebenso an diesem Ort postiert, da Hörfunk- und Fernseh-Korrespondenten-Netz nahezu deckungsgleich sind. Das Korrespondentennetz von ARD (Radio und Fernsehen) und ZDF ist ebenfalls mit wenigen Mausklicken über unsere Internet-Seite *www.journalistischepraxis.de* zu erreichen.

Die Landesrundfunkanstalten entsenden bei der ARD die Korrespondenten jeweils an die Plätze, für die sie zuständig sind. Auch beim Fernsehen ist nämlich die Welt unter den ARD-Sendern gewissermaßen aufgeteilt. Der WDR ist für Moskau zuständig, der NDR für Tokio und der BR für Tel Aviv. Die großen Sender innerhalb des ARD-Verbundes stellen mehr als einen Korrespondenten, und wie beim Hörfunk gibt es Plätze, an denen mehrere Korrespondenten arbeiten. In Washington zum Beispiel, in Moskau, Paris und Brüssel. Während die föderale Struktur der ARD also nur einem beim NDR angestellten (oder dorthin gewechselten) Journalisten die Chance gibt, eines Tages Korrespondent in Tokio zu werden, öffnet die *zentrale Struktur des ZDF* den dort angestellten Journalisten – theoretisch zumindest – die ganze Welt. Auch das ZDF besetzt wichtige und viel gefragte Plätze mit mehr als einem Korrespondenten.

Die privat-kommerziellen Sender haben ein im Vergleich zu ARD und ZDF wesentlich weniger umfangreiches Korrespondentennetz. Der ganz banale Grund: Wie beim Privatfunk spielt auch beim Privatfernsehen die Auslandsberichterstattung eine geringere Rolle als bei der öffentlich-rechtlichen Konkurrenz, und es gibt Bilder aus aller Welt zu kaufen, die sich in der Zentrale betexten lassen, so dass Themen aus dem Ausland bei Bedarf in den Sendungen landen.

Sonderkorrespondenten sind für die kommerziellen Fernsehstationen die günstigere Lösung. Wenn ein Ereignis für so wichtig gehalten wird, dass ein eigener Korrespondent vor der Kulisse der Klagemauer in Jerusalem auftauchen soll, dann setzt sich jemand aus der Redaktion ins Flugzeug. Vor Ort wird ein Kamerateam angeheuert, und die Satellitenleitung ist ebenfalls schnell bestellt.

So kann dem Fernsehzuschauer der Eindruck vermittelt werden, sein Fernsehsender sei bei wichtigen Ereignissen – eher Katastrophen als Konferenzen – vor Ort. Das kostet erheblich weniger, als ständig einen Korrespondenten im Ausland postiert zu haben, der zudem nicht allzu oft im Programm vertreten ist.

SAT 1, RTL und Pro Sieben, n-tv und N24 verfügen zwar über einige Korrespondenten, die sie selbst entsandt haben, doch bei diesen Sendern haben *freie Journalisten* (oft auch Ortskräfte) eher als bei ARD und ZDF eine Chance, mit ihren Beiträgen unterzukommen. Vorausgesetzt, sie sind zur richtigen Zeit am richtigen Ort, denn ein Auslandsthema muss schon sehr wichtig oder spektakulär sein, um einen Platz in einer Nachrichtensendung zu finden, zumal es weniger Nachrichtensendungen als in ARD und ZDF gibt. Bei den kommerziellen Nachrichtenkanälen n-tv und N24 werden zwar rund um die Uhr Nachrichten und Berichte gesendet, aber beide Sender verfügen längst nicht über ein Korrespondentennetz, das sich mit der öffentlich-rechtlichen Konkurrenz messen könnte. Auch hier dominieren die eingekauften Bilder, die in der Redaktion mit einem Text versehen werden. n-tv profitiert bei der Auslandsberichterstattung von der Kooperation mit CNN. Da der amerikanische Nachrichtenkanal oft als erster über Bilder aus Krisengebieten verfügt, ist n-tv ebenfalls in der Lage, schnell mit Bildern aufwarten zu können.

Unter der Adresse *www.journalistische-praxis.de* gibt es weitere Informationen über die kommerziellen Fernsehsender.

Die Anforderungen der unterschiedlichen Medien

Immer im Dienst: Der Agenturjournalist

Ständig im Dienst sind im Grunde genommen die Auslandskorrespondenten der Nachrichtenagenturen. Ein *Redaktionsschluss* existiert nicht für sie, denn wenn alle Zeitungen gedruckt sind, senden Hörfunk und Fernsehen weiter, und zwar rund um die Uhr. Im Zeitalter der Radio- und Fernseh-Nachrichtenkanäle gibt es *keine Sendepause für Nachrichten*. Das ist der Alltag der Agenturjournalisten, sie müssen die unersättlichen Redaktionen mit Meldungen aus dem Ausland versorgen.

Der Konkurrenzdruck ist erheblich und macht die Arbeit nicht einfacher. Wenn eine Agentur meldet, dass es sich beim Waldbrand in Indonesien um den schlimmsten seit fünf Jahren handelt, bekommt der Kollege der konkurrierenden Agentur einen Anruf aus der Zentrale und die vorwurfsvoll klingende Frage zu hören: »Wo bleibt denn Ihre Meldung zu diesem Thema?« Mit der Gegenfrage, »Wo soll's brennen?« kommen Sie jetzt ebenso wenig weiter wie mit dem Hinweis »So schlimm ist das doch gar nicht, im letzten Jahr brannte viel mehr«. Sie wollen ja schließlich weder als uninformiert noch als derjenige gelten, der wichtige Themen für unwichtig hält und der Redaktion ausredet. In der Zentrale – damit müssen Sie sich abfinden – wird der Konkurrenz geglaubt und von Ihnen erwartet, dass Sie schneller sind.

Abschreiben wird zur Disziplin, das sagen aus diesem Grund erfahrene Agenturjournalisten selbstkritisch und weisen damit auf einen wenig erfreulichen Aspekt ihrer Arbeit hin. Wer im *Wettbewerb* mithalten will, muss mitmachen, kann sich nicht die Blöße geben, nichts zu wissen und deshalb nichts zu melden. Der Mechanismus ist ebenso einfach wie an der Grenze der journalistischen Seriosität: Die Konkurrenz meldet etwas halbwegs Plausibles und zitiert eine halbwegs akzeptable Quelle – und schon zieht die nächste Agentur nach. Zur Absicherung mit

Quellenangabe und in der Hoffnung, dass die Konkurrenz nichts Falsches gemeldet hat. Meist kennen sich die Agenturjournalisten und wissen, wie zuverlässig die Kollegen sind, was es leichter macht, eine Meldung einzuschätzen. Im Idealfall ist die Quelle noch einmal überprüft worden, oft reicht die Zeit dafür nicht oder es ist einfach nicht möglich, weil die Büros, die Auskunft geben könnten, nicht mehr besetzt sind.

So entsteht ein medialer Sog. Plötzlich sind zwei Meldungen zum gleichen Thema auf dem Markt, möglicherweise ziehen eine dritte und vierte Agentur nach, und so wird aus einer kleinen Meldung ein großes Thema, weil es in den Redaktionen heißt: »Das melden alle Agenturen«. Damit kann ein Thema allein durch die *Quantität* an Bedeutung gewinnen, ungeachtet der Tatsache, dass dahinter gelegentlich nur eine einzige Quelle steht. Sich diesem Druck als Korrespondent einer Nachrichtenagentur zu entziehen, ist schwer und bedarf eines guten Standings in der Redaktion.

Die Bedeutung der Zentrale hat bei den Nachrichtenagenturen erkennbar zugenommen. Dort wird vorgeben, was der Korrespondent zu liefern hat. Die Kunden, also Zeitungs-, Radio- und Fernsehredaktionen, werden von den Nachrichtenagenturen mit einer sogenannten *Tagesvorschau* versorgt, der sie entnehmen können, wann welche Meldungen und Berichte zu erwarten sind. Immer mit Blick auf die Konkurrenz erfährt deshalb der Mann oder die Frau vor Ort, welche Meldungen sie im Laufe des Tages beisteuern sollen. In Hamburg, wo die Deutsche Presse-Agentur dpa zu Hause ist, planen die Redakteure, was sie ihren Kunden bei Zeitungen, Hörfunk und Fernsehen im Laufe eines Tages anbieten wollen und informieren ihre Kolleginnen und Kollegen im Ausland, was sie von ihnen erwarten. Agenturjournalisten werden spätestens beim Einschalten des Computers vom langen Arm (der E-Mail) der Heimatredaktion erreicht, wenn ihnen auf dem Bildschirm die Wünsche aus der Zentrale entgegenflimmern.

Abgesehen von der Aktualität, die sozusagen zur selbstverständlichen Grundversorgung gehört, können dies *Reaktionsthemen* sein (»Wie reagiert Großbritannien auf die deutsche

EU-Präsidentschaft?«) oder *Vergleichsthemen* (»Wie finanzieren Studenten in den USA ihr Studium?«). Auf diesem Wege erreichen innenpolitische Debatten die Auslandskorrespondenten, die jetzt wissen, dass in Deutschland zum Beispiel die Studentenförderung Thema ist.
In der Zentrale stehen die Wünsche der Kunden im Mittelpunkt, daran orientiert sich das Angebot, denn:

Die Abdruckquote zählt für die Nachrichtenagenturen. Ähnlich wie Radio und Fernsehen auf die Einschaltquote fixiert sind, messen die Nachrichtenagenturen den Erfolg daran, wie oft sie ihre Meldungen am nächsten Tag in den Zeitungen finden können. Dieser Druck wird an die Korrespondenten im In- wie im Ausland weitergegeben, damit die Agentur mit ihrem Angebot wettbewerbsfähig bleibt. Der Agenturjournalist hat also immer im Hinterkopf, dass seine Meldung gegenüber den Meldungen anderer Agenturen eine gute *Abdruckchance* haben muss. Und das heißt vor allem:

Der Leadsatz muss sitzen. An ihm entscheidet sich das weitere Schicksal einer Meldung. Zwar wird bei den Nachrichtenagenturen in der Zentrale noch redigiert, doch die Vorlage des Korrespondenten ist die entscheidende Weichenstellung. Ein Anfang nach dem Motto `Zum wiederholten Male hat der amerikanische Präsident ...` stellt sicher, dass die Meldung ungelesen im elektronischen Papierkorb verschwindet. Neuigkeiten sind gefragt, nicht die Wiederholung. Das wissen die Korrespondenten der Nachrichtenagenturen natürlich, denn es werden keine Anfänger auf Auslandsposten geschickt, sondern Journalisten, denen klar ist, dass sie eine Ware produzieren, die auf dem Markt ankommen muss, weil sie sonst wertlos ist.

Der Superlativ ist deshalb sehr beliebt. Er ist oft schon in den ersten Sätzen zu finden, weil so das Interesse des Publikums geweckt wird. Es ist schließlich interessanter, den `beliebtesten Schlagersänger Italiens` in den Mittelpunkt einer Meldung zu stellen, als irgendeinen x-beliebigen Künstler. (Abgesehen davon, dass es in einem solchen Fall sowieso keine objektiven Kriterien als Maßstab gibt – was den Superlativ umso

verlockender macht.) Gleiches gilt für Schneekatastrophen in den Alpen und Überflutungen in den Tropen. Es sind stets die schlimmsten – und das stimmt sogar, denn spätestens im nächsten Absatz erfährt der Leser den zeitlichen Bezugsrahmen: Seit zwei, drei, vier oder fünf Jahren hat es nicht mehr so viel geschneit/geregnet ... lautet die Auflösung des Rätsels und damit die Erklärung für den Superlativ.
Die Agenturjournalisten, die das Tempo vorgeben und unter intensivem Druck stehen, sind also auf der Suche nach dem besonderen Dreh, der eine Meldung in der Flut der Informationen herausragen lässt.

Der Kampf um die Aufmerksamkeit des Publikums macht solche Kunstgriffe notwendig. Allein die Deutsche Presse-Agentur dpa verbreitet täglich an die 900 Meldungen, wobei Inlandsmeldungen mit einem Anteil von etwa 60 Prozent dominieren. Im Vergleich zu anderen Ländern sind die Medien in Deutschland an Informationen aus dem Ausland immer noch mehr interessiert als dies etwa in den USA oder in Frankreich der Fall ist. Aber es gelten eben für Auslands- wie Inlandsmeldungen die Gesetze des Marktes: Nur wer schneller oder besser ist als die Konkurrenz, hat eine Chance.

Von der klassischen Politik weg geht der Trend hin zum Bunten, Vermischten. Die Berichterstattung über Regierung und Parlament, die so genannte hohe Politik, findet noch statt, erweckt aber längst nicht mehr das Interesse wie noch vor einigen Jahren. Jede Regierungsumbildung in Italien wurde einst aufgeregt zur Kenntnis genommen und kommentiert (»war es jetzt die 78. oder 79. Regierung?« lautete die ernst gemeinte Frage), heute wird so etwas meist als Kurzmeldung registriert. Dagegen ist die Helmpflicht für Vespafahrer oder der Einzug einer Pornodarstellerin ins Parlament durchaus mehr Zeilen oder Sendeminuten wert.
Es ist kein Zufall, dass die Deutsche Presse-Agentur dpa 1999 die Redaktion *Vermischtes/Modernes Leben* als neues Basisressort eingeführt hat. Ein Ressort, das sich großer Beliebtheit bei den Kunden erfreut (Abdruckquote!) und das die Auslandskorrespondenten keinesfalls ignorieren können. Zwei Jahre

später folgte im Frühjahr 2001, was dpa ganz im Trend *people-Kanal* nannte: Nachrichten über Prominente und solche, die dafür gehalten werden. Wer erfolgsorientiert arbeitet, kommt nicht daran vorbei, das Publikum mit bunten, an Personen orientierten Geschichten aus dem Ausland zu versorgen.

Skurrilitäten, Kuriosa und Klischees gewinnen unter diesen Bedingungen an Bedeutung. Darin liegt die Gefahr, dass von dem Land, in dem der Korrespondent lebt, ein schiefes Bild entsteht. Die USA sind mehr als ein flächendeckend von Fast-Food-Ketten durchzogenes Land, in dem immer wieder Kinder um sich schießen, die Schweiz besteht aus mehr als aus löchrigem Käse und einem undurchlässigen Bankgeheimnis und Israel ist nicht nur von frommen Juden bewohnt, die ständig betend vor der Klagemauer stehen.

Alle Korrespondenten wissen mehr über ihre Länder zu berichten, doch nicht immer haben sie unter dem ständigen Druck der Aktualität Zeit für Themen jenseits des journalistischen Mainstream. Gerade die Korrespondenten von Agenturen müssen das berichten, was alle berichten. Eine gewisse Vereinheitlichung, um nicht zu sagen: Eintönigkeit, ist nicht zu übersehen, weil der Freiraum, eigene Akzente zu setzen, immer kleiner geworden ist. Das ist eine Folge des gestiegenen Tempos in der Berichterstattung und des verschärften Konkurrenzdruckes.

Da sein, wo alle sind, ist für Agenturjournalisten Alltag, deshalb verläuft der Alptraum aller Korrespondenten gleich: Etwas schrecklich Wichtiges – der Tod eines Diktators, der Absturz eines Flugzeuges – passiert im Berichtsgebiet, alle wissen es, alle (die Konkurrenz natürlich!) berichten darüber, bloß der Korrespondent ist ausgerechnet an diesem Tag zu dieser Stunde irgendwo unterwegs, wo er weder etwas von den dramatischen Ereignissen mitbekommt noch für die Redaktion erreichbar ist – der journalistische GAU für den Korrespondenten! Schweißgebadet wacht er auf und schwört sich sicherheitshalber – bis jetzt war es ja nur ein Traum – nie mehr das Büro zu verlassen oder in Gegenden zu reisen, in denen das Handy nicht funktioniert.

Das Dilemma besteht darin, dass von Auslandskorrespondenten einerseits erwartet wird, dass sie ihr Berichtsgebiet wie die sprichwörtliche Westentasche kennen, was viele Reisen erforderlich macht, und dass sie zum anderen immer zur Verfügung stehen, was im Grunde genommen *ständige Präsenz im Büro* bedeutet. Wer vor Ort recherchieren will, muss sich überlegen, ob er sich das leisten kann, wenn dies bedeutet, für die Zentrale ein paar Stunden nicht greifbar zu sein.

Die Lösung sind mobile Kommunikationsmittel, durch die es in naher Zukunft keine weißen Flecken mehr geben wird, oder Büros mit mehreren Korrespondenten, damit eine *Recherche* bleibt, was sie ist: eine journalistische Selbstverständlichkeit.

Meldung um Meldung müssen die Korrespondenten der Nachrichtenagenturen produzieren, denn während der Radiojournalist seiner Heimatredaktion schon einmal (aber garantiert nicht zu oft!) sagen kann »nehmt erst die Meldung der Agentur, ich recherchiere und berichte dann«, bleibt dem Agenturjournalisten nichts anderes übrig, als zu schreiben. Es kann gar nicht oft genug betont werden, in welchem Maße die Nachrichtenagenturen die Berichterstattung beeinflussen. Wenn in den Redaktionen aufgrund der Agenturlage, das heißt des Meldungsangebotes der Agenturen, der Eindruck von einer bestimmten Lage in einem bestimmten Land entsteht, dann tun sich die Korrespondenten anderer Medien oft sehr schwer, eine abweichende Einschätzung der Situation in das Blatt oder das Programm zu bringen.

Blick hinter die Schlagzeile: Der Zeitungsjournalist

Der Zeitungskorrespondent befindet sich gegenüber dem Kollegen oder der Kollegin von der Nachrichtenagentur im Vorteil, zumindest in einem Punkt: Er hat – abgesehen von dramatischen Ausnahmen – nur einmal am Tag *Redaktionsschluss*. Wenn die Zeitung gedruckt ist, vergehen 24 Stunden, bis sie zum nächsten Mal erscheint, was dem Korrespondenten die Gelegenheit gibt, zu recherchieren, Hintergrundgespräche zu führen, zu reisen oder auch auszuspannen. Das macht die Arbeit – um nicht zu sagen, leichter, es macht sie anders: Sie wird nicht wie beim

Agenturjournalisten zum ständigen Wettlauf gegen die Zeit, sondern orientiert sich an einem festem Datum, dem Redaktionsschluss in Deutschland – und damit nicht an der Uhrzeit im Land des Korrespondenten.

Die Zeitverschiebung kann sich deshalb zum Nachteil des Korrespondenten auswirken, je nachdem, ob er östlich oder westlich von Deutschland postiert ist. Mit einem *Zeitvorsprung* von acht Stunden genießt zum Beispiel ein Korrespondent in Tokio das Privileg, seinen Tag ruhiger angehen zu können. Da bleibt Zeit für den Morgentee, die ausführliche Zeitungslektüre, und anschließend entsteht im Laufe eines Tages ein Beitrag für die Zeitung, deren Redaktionsschluss nach japanischer Zeit in der Nacht liegt; denn wenn in Deutschland um 16 Uhr der Beitrag aus dem Fernen Osten erwartet wird, schlägt es in Japan bereits Mitternacht und der nächste Tag beginnt. Diese Art der Zeitverschiebung bietet dem Korrespondenten die Chance, das politische, wirtschaftliche und gesellschaftliche Tagesgeschehen zu beobachten und dann darüber zu berichten.

Ganz anders sieht es weiter westlich von Deutschland aus, wenn aus Washington etwa mit einem *Zeitnachteil* von sechs Stunden berichtet werden soll. Beiträge, die um 16 Uhr deutscher Zeit in der Redaktion sein müssen, bedeuten für den Korrespondenten Arbeit im Morgengrauen, denn dann ist es an der Ostküste der USA erst zehn Uhr, und zu diesem Zeitpunkt soll der Kommentar oder der Bericht bereits fertig sein. Mit anderen Worten: Das politische Tagesgeschäft beginnt in Washington, wenn der Korrespondent einer deutschen Zeitung seinen Bericht nach Deutschland übermitteln muss.

Auswirkungen auf die Berichterstattung hat das notwendigerweise, denn Informationen, die am frühen Morgen auf dem Markt sind – das ist nicht nur in den USA so –, relativieren sich im Laufe des Tages oder werden sogar überholt. Zeitungsberichte, die Korrespondenten zum Frühstück genießen wie andere Leute ihr Müsli, lösen sich nicht selten in Nichts auf, wenn die Dementier-Maschinerie von Ministerien, Behörden und Ämtern aufgewacht ist und die Arbeit beginnt.

Der Washington-Korrespondent einer Zeitung muss dies immer berücksichtigen, denn er legt mit Sicherheit keinen Wert darauf, seine eigenen Geschichten jeweils am nächsten Tag ergänzen oder schlimmer noch – berichtigen zu müssen, weil sie von der Entwicklung überholt wurden. Also wird er seiner Geschichte Akzente geben, die ihr eine gewisse zeitliche Dauerhaftigkeit verleihen und sie nicht völlig von der aktuellen Entwicklung abhängen lassen. Die Art der Berichterstattung steht also in einem direkten Zusammenhang mit dem geographischen Standort des Korrespondenten.

Die Anforderungen im Einzelnen hängen in hohem Maße von den Vorstellungen der Zentrale ab. Hier fällt die Grundsatzentscheidung, was vom Korrespondenten einer Tageszeitung verlangt wird. Soll er möglichst jede aktuelle Meldungen und jeden Bericht aus seinem Gastland selbst verfassen oder greift die Redaktion gelegentlich, regelmäßig oder eher selten zu den Meldungen der Nachrichtenagenturen?

Die »Frankfurter Allgemeine Zeitung« verfolgt die rigorose Linie, dass der Korrespondent in vollem Umfang für sein Land zuständig ist – von der kurzen Meldung bis hin zu Reportage und Analyse. Das hat den erwünschten Vorzug, dass die Berichterstattung aus einem Guss ist und der Leser weiß, was ihn erwartet, weil ihm ein Land aus der Sicht eines, eben des FAZ-Korrespondenten vermittelt wird. Für den Korrespondenten bedeutet dies viel Arbeit, weil er auch die kleinen Themen bearbeiten muss, die bei anderen Zeitungen die Nachrichtenagenturen abdecken, es ist aber zugleich die einzigartige Chance, in seiner Zeitung das Bild eines Landes zu prägen.

Auch die »Neue Zürcher Zeitung« gibt ihren Mitarbeitern im Ausland die Chance, sich der Themen ausführlich und vertiefend anzunehmen. Die NZZ verlangt nicht oberflächliche Aktualität, sondern Hintergrundberichterstattung, die möglicherweise erst einen oder zwei Tage später im Blatt steht. Oft haben gerade die Auslandsberichte in der NZZ gar keinen aktuellen Anlass. Einziger Anlass – und das ist für den Korrespondenten von unschätzbarem Vorteil – ist oft die Tatsache, dass der Korrespondent ein Thema recherchiert oder einen Ort besucht hat.

Reportagen, Berichte und Analysen sind das klassische Feld der Zeitungskorrespondenten. Die Schlagzeilen liefern die Nachrichtenagenturen, der Korrespondent der Zeitung ist zuständig für das, was darunter steht. Natürlich gehören dazu Berichte über aktuelle Ereignisse, die wichtig sind für das Gastland des Korrespondenten, wie etwa ein Regierungswechsel, aber der Zeitungskorrespondent wird seinen Ehrgeiz nicht darauf verschwenden, als erster das Ergebnis der Wahl richtig zu melden, sondern darauf, eine schlüssige Analyse des Ergebnisses oder eine packende Reportage des Wahlkampfes zu liefern. Dadurch zeichnet sich die Auslandsberichterstattung der großen überregionalen Blätter aus: Sie bieten mehr als Fakten, Daten, Zahlen und Ergebnisse; denn es ist die *Bewertung, Einordnung und Kommentierung*, die ihrer Berichterstattung ein unverwechselbares Profil verleiht. Dies ist nur möglich mit eigenen Korrespondenten, die das Land oder die Region, über die sie berichten, gut kennen und wissen, was für das Publikum in Deutschland wichtig ist, um dieses Land zu verstehen. Das ist vielleicht das Entscheidende: Nicht allein Fakten zu transportieren, sondern zu erklären, warum etwas so ist, wie es ist. `Regierungsumbildung in Frankreich` ist beispielsweise ein Thema, das über die von den Agenturen gemeldete Tatsache hinaus der Erläuterung bedarf, soll es für die Leser in Deutschland von Wert sein, ansonsten bleibt es beliebig und damit verzichtbar.

Ein dichtes Informantennetz zu schaffen, ist deshalb eine der wichtigsten Aufgaben für den Zeitungskorrespondenten, und zwar über die Selbstverständlichkeit hinaus, dass alle Korrespondenten im Ausland Einheimische kennen, die ihnen ihr Gastland erklären. *Hintergrund- und Informationsgespräche* sind es, die Korrespondenten in die Lage versetzen, der aktuellen Berichterstattung Tiefe zu geben. Universitäten sind in dieser Hinsicht eine beliebte Adresse, weil sich dort meist ein Professor (oder mehrere mit unterschiedlichen Meinungen, was nicht zu verachten ist) findet, der zu politischen oder gesellschaftlichen Fragen etwas sagen kann, was sich zitieren lässt.

Am Schauplatz des Ereignisses sollten im Idealfall immer alle Korrespondenten anzutreffen sein. In der Realität sieht es oft anders aus – zugunsten der Zeitungskorrespondenten. Nicht, weil die anderen Korrespondenten zu faul wären, ihr Büro zu verlassen, sondern weil sie entscheiden müssen, wo sie besser arbeiten können. Agentur- und Radiokorrespondenten geht es ähnlich, beide müssen im Grunde genommen ständig berichten und sind deshalb gezwungen, sich zu überlegen: Arbeite ich im Büro, wo normalerweise alle Informationen zusammenlaufen, oder begebe ich mich an den Ort des Geschehens, bin auf dem Weg dorthin also nicht in der Lage, zu berichten und weiß schließlich nicht, wie sich von dort aus Beiträge übermitteln lassen. Wenn ihm das alles zu unsicher erscheint, wird dieser Korrespondent im Büro bleiben.

Der Vorteil für den Zeitungskorrespondenten liegt auf der Hand, denn im Notfall kann seine Redaktion auf das zurückgreifen, was die Agenturen liefern, während ihr eigener Korrespondent vor Ort ist, sich ein Bild von der Lage macht und anschließend eine Reportage liefert oder eine Analyse. Der andere Rhythmus seines Mediums gibt dem Zeitungskorrespondenten einen etwas größeren Spielraum, wenn die Redaktion einverstanden ist und ihn reisen lässt. Es empfiehlt sich eine zurückhaltende, homöopathische Dosierung, denn wer zu oft seine Redaktion mit dem Hinweis auf Dienstreisen vertröstet, hört vielleicht irgendwann mit leicht neiderfülltem Unterton: »Der ist ja nur noch unterwegs«. Auf den Reisen aber kann der Zeitungskorrespondent im ganzen Land Kontakte knüpfen und nicht nur da, wo er wohnt und arbeitet.

Der besondere Dreh:
Der Magazin-/Wochenzeitungsjournalist

Zeitdruck ist nicht das Problem für die Korrespondenten wöchentlich erscheinender Publikationen, zunächst jedenfalls nicht: Die Agenturjournalisten beneiden die Kollegen von den Tageszeitungen, die nur einmal am Tag Redaktionsschluss haben, und die wiederum kommen sich gehetzt vor im Vergleich zu den Kollegen von den Wochenzeitungen, die nur an einem Tag in der Woche termingerecht mit ihrer Geschichte fertig sein müssen. Aber auch das kann knapp werden, wenn etwas Wichtiges kurz vor diesem Termin passiert, der Bericht darüber noch unbedingt ins Blatt muss und natürlich mehr enthalten soll als die aktuellen Medien sowieso schon bieten, denn das ist die eigentliche Arbeit.

Der besondere Dreh ist gefragt und schwieriger zu finden denn je. Bis vor ein paar Jahren war die Rollenverteilung bei den Printmedien relativ eindeutig. Die Tageszeitung war für das *Aktuelle* zuständig, im »Spiegel« (damals noch Monopolist auf dem Markt) wurde montags der *zusammenfassende Überblick* geliefert, immer kommentierend, analysierend und mit viel Hintergrundinformationen. Donnerstags kamen dann noch »Die Zeit« und der »Stern« dazu, die eine mit vielen Gedanken, der andere mit vielen Bildern, um auf ihre Weise das Geschehen der Woche zu beleuchten.

Wer heute jedoch eine überregionale Tageszeitung aufmerksam liest, der erfährt zu den meisten Themen mehr, als er sich merken kann. Die großen Tageszeitungen haben erkannt, dass sie – auch in Konkurrenz zu den schnelleren elektronischen Medien Radio, Fernsehen und Internet – mehr bieten müssen, als das, was ihre Leser schon im Radio gehört oder am Abend zuvor in der »Tagesschau« gesehen haben. Hans Werner Kilz, Chefredakteur der »Süddeutschen Zeitung« bringt dies auf den kurzen Nenner: »Die Printmedien haben im Wettlauf um die aktuelle Nachricht gegen Radio und Fernsehen verloren« (»Münchner Merkur« vom 13. April 2000).

Deshalb geht es auf den Zeitungsseiten hintergründig zu, wird kommentiert und analysiert, um bei wichtigen Ereignissen umfassend und weit über die aktuelle Faktenlage hinausgehend zu informieren. *Erklärung, Erläuterung, Einordnung* sind die Schlagworte, mit denen sich das Bemühen der Tageszeitungen um vertiefte Berichterstattung beschreiben lässt.

Das Dilemma des Wochenzeitungskorrespondenten besteht nun darin, für seine Publikation eine Geschichte finden zu müssen, die in diesem Umfeld konkurrenzfähig ist. Das heißt, er muss entweder Themen ausgraben, die den Kollegen nicht aufgefallen sind, oder bei wichtigen Themen, auf die ein Wochen-Magazin nicht verzichten kann, auf Aspekte eingehen, die in der aktuellen Berichterstattung nicht behandelt wurden. Beides ist sehr schwierig, denn wenn zum Beispiel der Papst durch das Heilige Land reist, wird er von so vielen Journalisten begleitet, die tagtäglich über diese Reise berichten, dass kaum ein Schritt unbeobachtet bleibt. Doch genau das wird vom Korrespondenten erwartet: Eine eigene Geschichte, die mehr erzählt als das, was schon alle wissen.

Die Zulieferung zu größeren Geschichten wird Wochenzeitungskorrespondenten immer wieder abverlangt. Wenn zum Beispiel eine Geschichte in das Magazin soll, die das Wirken des Papstes in allen Aspekten darstellt. Dann ist der am Vatikan akkreditierte Korrespondent ebenso gefragt wie derjenige, der den Papst auf der wichtigen Reise durch das Heilige Land aus nächster Nähe beobachten konnte. Die Korrespondenten liefern in diesem Fall Material, das in der Zentrale zu einer umfassenden Geschichte verarbeitet wird. Als Autor wird dann oft ein Kollege aus der Redaktion auftreten, die Korrespondenten sind lediglich Mitarbeiter, die ihr Fachwissen beisteuern.

Eine besonders gute Einbindung in alle nur möglichen gesellschaftlichen Kreise seines Gastlandes ist überlebensnotwendig für einen Korrespondenten, der zwar nur einmal in der Woche einen Beitrag nach Deutschland übermitteln muss, von dem aber dann eine außerordentlich gute Qualität erwartet wird. Nur aus engen Kontakten auf allen Ebenen – das reicht vom viel zitierten Taxifahrer über Forschungsinstitute und Universitäten bis hin zu Ministerien – können Informationen gewonnen werden. Daraus resultieren Hinweise auf Themen, die möglicherweise öffentlich noch gar keine Themen sind, und damit im Idealfall zu einer Exklusivgeschichte werden. Das wünscht sich zwar jeder Korrespondent, dafür arbeiten alle, doch nur sehr selten gelingt es, an eine solche Geschichte zu kommen.
Das liegt unter anderem daran, dass Publikationen, die in Deutschland immer mal wieder durch Enthüllungen von sich reden machen, im Ausland viel seltener solch' interessante Informationen haben. »Der Spiegel« oder »Focus«, »Die Zeit« oder »Die Woche« spielen in Washington und Moskau nun einmal keine so bedeutende Rolle wie in Berlin. So wie in Deutschland den hier wichtigen Medien das eine oder andere geheime Papier zugespielt wird, passiert das im Ausland, nur profitieren dann logischerweise die einheimischen Zeitungen davon.

Also hilft nur eines: Auf die Menge der Kontakte setzen, was in sich schon sinnvoll ist, weil so ein viel dichteres, intensiveres Bild des Gastlandes entsteht. Das gibt jeder Geschichte mehr

Tiefe. Außerdem entwickeln sich im Laufe der Zeit Kontakte zu wichtigen Quellen, wenn zum Beispiel der freundliche Hinterbänkler im Parlament stellvertretender Minister wird.

Tägliche Kontaktarbeit bedeutet das. Die Auswertung der frei verfügbaren Quellen kann für den Korrespondenten eines Wochenmagazins nur die Basis der Arbeit sein, denn was er da erfährt, wissen alle anderen Korrespondenten auch. Für ihn kommt es darauf an, mehr oder anderes in Erfahrung zu bringen. Und das heißt: Mit dem Verlassen des Büros beginnt die Arbeit erst richtig. Möglichst schnell – schließlich erwartet die Redaktion vom ersten Tag im Ausland an gute Geschichten – muss ein Netzwerk an Kontakten geknüpft werden, das von Woche zu Woche tragfähiger wird. Die üblichen Anlaufstellen, wie Behörden, Ministerien, Universitäten und Institute gehören dazu, aber zusätzlich Organisationen und Gruppen, die im internationalen Abkürzungskauderwelsch gerne als NGOs bezeichnet werden, nämlich Nicht-Regierungs-, also inoffizielle -Organisationen.

Etwas vereinfacht und plakativ lassen sich die Anforderungen vielleicht so zusammenfassen: Für den Korrespondenten eines Wochenmagazins beginnt die richtige Arbeit, wenn die Agentur- und Radiokorrespondenten eine Pressekonferenz schon längst eilig verlassen haben, um darüber zu berichten. Dann werden *Hintergrund-Informationen* eingesammelt und Kontakte geknüpft, die früher oder später in die Berichte einfließen.

Der menschliche Faktor spielt eine große Rolle. Zum einen machen Einzelschicksale die Politik erst erfahrbar. Der Bericht über Hunderttausende von Albanern, die während des Kosovo-Krieges im Frühjahr 1999 aus dem Kosovo geflohen sind, vermag durch die große Zahl von Flüchtlingen zu beeindrucken, doch erst das Schicksal eines einzelnen Flüchtlings gibt der Geschichte ein Gesicht und einen Namen. Die Ergänzung der aktuellen Berichterstattung in einem Wochenmagazin ist deshalb immer wieder die *Konzentration auf eine Person*, die in sich das politische Problem gewissermaßen bündelt.

Zum anderen lässt sich ein Land am besten erklären, wenn der Korrespondent selbst bis zu einem gewissen Grad Teil dieses Landes geworden ist. Ausländer bleibt er immer, aber nur wer selbst schon mit mehr erfindungs- als erfolgreichen Handwerkern zu tun hatte, kann aus eigener Erfahrung über die Berufsausbildung in seinem Gastland berichten. Die Befindlichkeit einer Bevölkerung erschließt sich im täglichen Umgang. Beim Einkaufen und Tanken, auf Behörden und am Strand. Nicht selten ist die Summe solcher Beobachtungen und Begegnungen aufschlussreicher und sagt mehr aus über ein Land als ein Interview mit dem Außenminister. Aber auch das bedarf intensiver *Kontaktpflege* in Vorzimmern und Pressestellen.

Die wöchentliche Erscheinungsweise stellt also bei genauer Betrachtung hohe Ansprüche an den Korrespondenten, so dass der Neid der täglich oder sogar stündlich Beiträge produzierenden Kollegen sich relativiert. Es sind einfach völlig unterschiedliche Anforderungen, denen die Korrespondenten der verschiedenen Medien gerecht werden müssen.

Immer am Mikro: Der Radiojournalist

60 Sekunden bis 60 Minuten ist die formale Spannweite dessen, was von einem Radiokorrespondenten erwartet wird. Zumindest dann, wenn er oder sie für den öffentlich-rechtlichen Rundfunk arbeitet, also für einen Sender, der zur ARD gehört. Da gibt es die so genannten gehobenen Programme, die mehr sein wollen als ein reines Unterhaltungsprogramm und die mehr bieten wollen als kurze, knappe und präzise Informationen zur vollen Stunde. In diesen Radiokanälen – ob sie nun *Bayern2Radio* heißen oder *WDR 5* – ist deshalb Platz für längere Sendungen, die den Korrespondenten die Gelegenheit geben, die Lebensverhältnisse der Indianer in den USA oder den Winter in Sibirien in aller Ausführlichkeit zu beschreiben.

Der Spagat ist demzufolge in übertragenem Sinne die Arbeitsstellung eines Radiokorrespondenten. Er soll so schnell sein wie die Nachrichtenagenturen, um die Infokanäle und schnellen Wellen auf dem Laufenden zu halten – mit Beiträgen zwischen vierzig und achtzig Sekunden. Außerdem muss er aber in der Lage sein, Hintergrundberichte, Analysen und Kommentare zu

liefern, die die aktuelle Berichterstattung ergänzen und vertiefen. Diese Beiträge sind meist zwischen drei und fünf Minuten lang.
Dazu kommen aber in regelmäßigen Abständen spezielle Wünsche aus den Funkhäusern: »Wie wäre es mit einem 30minütigem Beitrag über die Umweltpolitik in Brasilien?«, fragt die *Umweltredaktion* aus Baden-Baden. Aus München fragt der *Kirchenfunk*: »Die Religionen und Jerusalem, vielleicht sogar 60 Minuten?«. Hamburg meldet sich mit der Bitte: »Manchester United – der wirtschaftlich erfolgreichste Fußballclub Europas – wie wäre es mit einem Porträt?«

Die Vielfalt der ARD-Radiosender erfährt deren Korrespondent tagtäglich. Die sogenannte *Regelberichterstattung* – Staatsbesuche, die große Politik und die Katastrophen dieser Welt –, läuft in geregelten Bahnen ab: Der Korrespondent übermittelt seinen Beitrag – meist in einer *Kurzfassung* von einer Minute und einer *Langfassung* von drei Minuten – dem Sender, der für ihn zuständig (*federführend* heißt das im ARD-Jargon) ist, und von dort werden diese Beiträge an alle anderen Rundfunkanstalten der ARD verteilt. Auch Kommentare und Hintergrundberichte gelangen auf diesem Weg in die Hörfunk-Redaktionen der ARD. All das läuft über den so genannten *Sternpunkt* des ARD-Hörfunks in Frankfurt. Das ist der zentrale Speicher, in den alle Korrespondenten der ARD – egal ob im In- oder Ausland – ihre Beiträge ablegen, und die ganze ARD kann sich aus diesem Angebot bedienen.
Doch damit nicht genug: Alle Sender der ARD haben Zugriff auf ihren gemeinsamen Korrespondenten in Tel Aviv oder Prag und können sich – wie bereits erwähnt – mit Extrawünschen melden. Bei aktuellen Ereignissen sind es die moderierten *Magazin-Sendungen*, die sich nicht mit dem vorgefertigten Beitrag des Korrespondenten begnügen wollen, sondern Wert darauf legen, dass der Moderator selbst ein Gespräch mit dem Korrespondenten führt.
Egal, ob »live on air« oder aufgezeichnet, die Folge für den Korrespondenten ist, dass er im Fünf- oder Zehn-Minuten-Takt von einem Sender nach dem anderen angerufen wird und zuerst einen genauen Zeitpunkt für das Gespräch ausmachen und dann im gleichen Rhythmus ein ums andere Mal die gleiche Ge-

schichte erzählen muss. Einziger Unterschied: Die Dauer der Gespräche, wobei es ungefähr nach dem Motto geht »Je flotter die Welle, desto kürzer das Gespräch«.

Ständige Präsenz wird von den Radiokorrespondenten erwartet, weil die Programme jederzeit bereit und in der Lage sind, auf aktuelle Ereignisse zu reagieren. Nicht nur zur vollen Stunde in den Nachrichten oder zu bestimmten Stunden, wenn die aktuellen Redaktionen Sendungen haben, sondern im Grunde genommen rund um die Uhr versucht das Radio, seinem Ruf als *schnellstes Medium* gerecht zu werden. Insoweit geht es dem Radiokorrespondenten nicht anders als den Agenturkollegen. Er muss erstens immer auf dem Laufenden und zweitens ständig erreichbar sein. Letzteres ist im Zeitalter der Handys einfacher als ersteres, denn der Radiokorrespondent befindet sich in Konkurrenz mit allen Nachrichtenagenturen.

Was immer eine Agentur meldet und in einer Redaktion der ARD für interessant befunden wird, landet beim Radiokorrespondenten: »Wir haben da gerade gelesen, dass die Haie vor der australischen Küste in diesem Jahr besonders aggressiv sind. Uns würde ein kleiner Beitrag, Länge eine Minute, gut ins Programm passen.« Wer jetzt ahnungslos fragt, »Welche Haie?«, sollte bedenken, dass er damit Gefahr läuft, als schlecht informierte Schlafmütze zu gelten.
In den ARD-Redaktionen wird grundsätzlich (Ausnahmen bestätigen wie so oft in diesem Fall die Regel) unterstellt, dass ein Korrespondent alles, aber auch wirklich alles über sein Land weiß. Das Liebesleben der Jugendlichen und das Verhalten der Haie gehören zur Themenpalette, die Regierungskrise wie die tropischen Regenstürme.

Die thematische Vielfalt ist analog zur Vielfalt der ARD-Radioprogramme schier unbegrenzt. Wahrscheinlich lässt es sich einfacher negativ formulieren: Es gibt eigentlich kein Thema, das nicht in einem Radioprogramm Platz findet. Das ist gut für Korrespondenten, die dem aktuellen Druck nicht täglich ausgesetzt sind, denn darin besteht ihre Chance, Beiträge im Programm unterzubringen. Die Bodenreform in Brasilien findet ebenso ihr Publikum wie die Verfassungsreform in der Ukraine oder die

Theaterlandschaft in Polen. Anstrengender ist das für Kolleginnen oder Kollegen, die an Orten postiert sind, die sowieso schon im Mittelpunkt des Interesses stehen, und die dann über die aktuelle Berichterstattung hinaus zusätzlich gefordert sind. Da wird die Vielfalt gelegentlich zur Last.
Zudem ist die inhaltliche wie formale Spannweite der ARD-Radioprogramme ebenfalls beachtlich. Sie reicht von hoch-seriösen gehobenen Programmen bis hin zu eher in flachen Gewässern dümpelnden Programmen, denen kein Thema zu bunt und kein Aspekt zu abseitig ist. Der Radiokorrespondent bedient also das akustische Pendant zur Qualitäts- wie zur Boulevard-Zeitung.

Die Vielfalt der Darstellungsformen zu beherrschen, wird deshalb von diesen Korrespondenten selbstverständlich verlangt. Vorbei sind die Zeiten, zu denen es für einen Hörfunkkorrespondenten ausreichend war, einen wohl formulierten Beitrag versprecherfrei per Telefon an die Heimat-Redaktion zu übermitteln. Das genügt heute nicht mehr. Versprecherfrei sollte es immer noch sein, doch das Verlesen von Manuskripten ist nur noch dann gewünscht, wenn Redaktionen nach Kommentaren oder Hintergrundanalysen fragen und die Einschätzung des Korrespondenten hören wollen. Schon bei Kurzbeiträgen für die aktuellen Programme sollte – wann immer möglich – ein *Originalton* eingesetzt werden, schließlich werden die Radioprogramme für Hörer gemacht, und die wollen und sollen etwas hören.
Der Radiokorrespondent muss die Gestaltungsmöglichkeiten des modernen Radio-Journalismus voll ausschöpfen, denn die Redaktionen verlangen viel: Vom *Mini-Feature*, das in einer Minute und 30 Sekunden alles Wichtige über die Regierungskrise in Italien enthält, über die fünfminütige *Analyse* der Bedeutung des 1. Mai für Russland, den *Kommentar* zu den kulturpolitischen Aspekten des Rechtsruckes in Österreich in der Länge von 10 Minuten bis hin zum *Feature von 30 oder gar 60 Minuten*. Die Beiträge – egal wie lang – entstehen meist unter erheblichem Zeitdruck und ohne Unterstützung durch einen Techniker oder eine Technikerin, denn – wie in fast allen Funkhäusern der ARD – bearbeiten die Journalisten ihr Material selber am Schnittcomputer bis hin zur Fertigstellung des sendefertigen Beitrages.

Die veränderte Bedeutung des Radios hat logischerweise Auswirkungen auf die Korrespondententätigkeit. Mit anderen Worten: Der erwähnte Spagat des Radiokorrespondenten findet nur noch in der Wahrnehmung einer Minderheit von Hörern statt. Das Publikum hat sich von den so genannten gehobenen Programmen, wo längere Features, Analysen, Kommentare und Berichte gesendet werden, mehrheitlich verabschiedet und längst den Programmen zugewendet, die Informationen in homöopathischer Dosierung weitergeben. Die erfolgreichen, massenattraktiven Radioprogramme der ARD brauchen Auslandskorrespondenten nicht für die *vertiefende Hintergrundberichterstattung*, sondern für die *schnelle, auf den Punkt gebrachte Information* von 40 Sekunden bis zu den viel zitierten 1'30, das heißt 1 Minute und 30 Sekunden. Was darüber hinausgeht, wird einer kleinen interessierten Öffentlichkeit angeboten, erreicht aber schon lange nicht mehr die Masse der Radiohörer.

Oberflächenberichterstattung ließe sich das kritisch nennen, doch der Wandel in der Medienlandschaft hat dazu geführt, dass Radiokorrespondenten heute nicht mehr mit den Zeitungskollegen um die bessere Analyse oder Bewertung eines Ereignisses konkurrieren, sondern sich mit den Nachrichtenagenturen einen ständigen Wettlauf liefern. Alle versuchen, als erster mit einer Meldung anzukommen. Die Gewinnchancen für den Hörfunkkorrespondenten sind denkbar schlecht, denn das Spiel heißt »Einer gegen alle«:

An der Agenturgläubigkeit der Redaktionen hat sich (immerhin eine Konstante im Wandel) über die Jahre hinweg fast nichts geändert: Was die Agenturen melden, soll der eigene Korrespondent tunlichst bestätigen, tut er das nicht, gibt es leise Zweifel an seiner Glaubwürdigkeit oder Arbeitsbereitschaft.
Der berechtigte Stolz der ARD auf ihr weltumspannendes Korrespondentennetz (im Fernsehen wie im Radio) hat noch nicht ausreichend Niederschlag in den Redaktionen gefunden, wo es eigentlich ebenso stolz heißen müsste: »Der eigene Korrespondent hat immer Recht«. Das Gegenteil ist der Fall, denn im Alltag muss der Radiokorrespondent sich immer wieder sagen lassen: »... aber die Agenturen melden«, ergänzt durch den Hinweis

»und die Bilder von der Bombenexplosion sehen wir gerade bei CNN«. Die Redaktionen wollen als Beitrag bekommen, was auf dem Markt ist.
Dem eine eigene Färbung zu geben, das Einerlei der agenturgeleiteten Berichterstattung durch lebendige Formulierungen und selbst erarbeitete Informationen aufzubrechen, darin besteht die Herausforderung für alle Radiokorrespondenten.

Bei den kommerziellen Radiostationen ist das Audio-Angebot der Deutschen Presse-Agentur dpa/Rufa die Basis der Berichterstattung. Deren Korrespondenten wird in erster Linie die schnelle Berichterstattung über aktuelle Ereignisse abverlangt. In der Regel auf der Basis der vorliegenden Agenturmeldung, und nicht länger als 40 Sekunden. Was in den Nachrichten der kommerziellen Radiostationen zu hören ist, kann deshalb durchaus als die mehr oder minder spannend vorgetragene Agenturmeldung bezeichnet werden – innerhalb von 40 Sekunden lässt sich schließlich nicht viel mehr sagen als das, was notwendigerweise in den ersten Sätzen einer gut formulierten Meldung steht.
Das gilt vor allem dann, wenn der Autor der Agenturfassung anschließend als Radiokorrespondent auftritt. Da, wo eigene Korrespondenten für den Hörfunk tätig sind, sieht es etwas, aber nicht viel anders aus. Das liegt an den Anforderungen. Hintergrund, Analyse, Kommentierung sind einfach nicht gefragt bei den kommerziellen Radiostationen, so dass deren Korrespondenten nicht in die Verlegenheit kommen, sich im Spagat der öffentlich-rechtlichen Korrespondenten zwischen aktueller und hintergründiger Berichterstattung üben zu müssen.

Eine gewisse Angleichung ist dennoch nicht zu übersehen. Zwar haben die Korrespondenten der ARD-Radiosender ungleich mehr journalistische Möglichkeiten als ihre Kollegen und Kolleginnen von der kommerziellen Konkurrenz, doch da, wo öffentlich-rechtliches Radio tatsächlich ein Massenpublikum erreicht, sind die Anforderungen schon sehr ähnlich: Im Vordergrund steht die Aktualität, denn nur auf diesem Gebiet hat das Radio als schnellstes Medium einen Vorsprung vor Zeitung und Fernsehen.

Stets im Bild: Der Fernsehjournalist

Das Klagelied vom zunehmenden Zeitdruck können die Fernsehkorrespondenten ebenso wie ihre Agentur- oder Radiokollegen variantenreich intonieren. Der *Wettbewerb* ist härter, der *Zeitdruck* intensiver geworden: Die »20-Uhr-Tagesschau« ist kein Solitär der aktuellen Berichterstattung, jetzt reicht der Bogen vom Morgen- bis zum Nachtmagazin, die alle versorgt werden wollen, wenn deutsche Touristen irgendwo auf der Welt als Geiseln genommen werden oder der Wahlkampf in den USA tobt.

Die Informationskompetenz der öffentlich-rechtlichen Fernsehsender, also von ARD und ZDF, beruht nicht zuletzt auf der Arbeit ihrer Korrespondenten im Ausland, die aus sibirischen Dörfern berichten wie aus den Slums von Rio de Janeiro. Vor allem aber sind sie gefragt, wenn aktuelle Ereignisse in ihrem Berichtsgebiet in Deutschland Interesse finden. Die Chance, mit einem Auslandsbericht in einer ARD-»Tagesschau« oder einer ZDF-»heute«-Sendung zu landen, hat sich mit der gestiegenen Zahl dieser Sendungen deutlich erhöht.

Der Rhythmus der Nachrichtensendungen im öffentlich-rechtlichen Fernsehen ist schneller geworden, und damit die Nachfrage nach Berichten aus aller Welt größer. Vor allem dann, wenn dramatische Ereignisse, wie etwa der Krieg im Kosovo im Jahr 1999, die öffentlich-rechtlichen Fernsehsender zu besonderen Anstrengungen auf dem Informationssektor treiben. Jeder »Tagesschau«, jeder »heute«-Sendung folgt dann eine Sondersendung, für die natürlich wieder die Auslandskorrespondenten zuliefern sollen. Dazu kommen Morgen-, Mittags- und Nachtmagazine, die neben der Tageszeit angepasster Unterhaltung all das an harten News bieten, was zu einem umfassenden Informationsangebot gehört.

Die Einschätzung der Lage wird Korrespondenten dann gerne abverlangt, wenn die Lage besonders unübersichtlich ist. Wie könnte es anders sein. Erst jetzt zeigt sich, ob der Korrespondent sein Berichtsgebiet wirklich in- und auswendig kennt. Der nahöstliche Friedensprozess stockt, die Freilassung der Geiseln auf den Philippinen, in Ägypten oder wo auch immer verzögert sich, der Bürgerkrieg in Sierra Leone geht in eine neue Runde ... was immer passiert, der Korrespondent sollte erstens wissen, warum es passiert ist, und zweitens, wie es weiter geht. Freundlich und mit fester Stimme, ohne Stocken und Zögern live in die Kamera sprechend, muss der Korrespondent auf diese und andere Fragen eine Antwort wissen – die nicht länger als 30 Sekunden sein darf. Die Kompetenz des Korrespondenten, nicht zuletzt durch seine Präsenz vor Ort ausgewiesen, ist ein Pfund, mit dem die Sender gerne in Live-Schaltungen wuchern. Nicht immer, aber immer öfter genügt der fertige Bericht des Korrespondenten nicht, er wird ergänzt durch die Schaltung »zu unserem Korrespondenten in Rom/Washington/Tokio«.

Die ständige Aktualisierung bereits gesendeter Berichte ist folgerichtig zu einer Pflichtaufgabe für die Auslandskorrespondenten geworden, die darüber nicht immer glücklich sind. Ist es schon für Radio- oder Agenturkorrespondenten schwierig genug, einen oft über Stunden unveränderten Sachverhalt – etwa bei einer Geiselnahme im philippinischen Dschungel – in immer wieder neue Worte zu fassen, so kommt für den Fernsehkorrespondenten erschwerend hinzu, dass er auf *Bilder* angewiesen ist. Der Wettlauf gegen die Zeit (bis zur nächsten Sendung) findet auf diese Weise seine Ergänzung durch einen Wettlauf um das beste Material (für die nächste Sendung).

»Fernsehen ist Logistik« – mit diesem Spruch und einer jeweils schwankenden Prozentzahl – Logistik zu 20, 30 oder 40 Prozent – werden schon seit Jahrzehnten Fernsehkorrespondenten zitiert, was dafür spricht, dass Logistik in der Tat ganz wichtig ist. Wer die richtigen Bilder haben will, muss nämlich entweder sein *eigenes Kamerateam* an den besten Platz schicken, was bei unvorhergesehenen Ereignissen oft hohen organisatorischen Aufwand erfordert, oder er muss über die richtigen Beziehungen verfügen und die *Bilder einkaufen*, die für einen guten Bericht notwendig sind.
Beides ist möglich, eines von beiden muss auf jeden Fall funktionieren, denn ein Fernsehkorrespondent ohne vorzeigbare Bilder kann zwar notfalls seinen Kopf vor die Kamera halten und erzählen, welch' verheerende Wirkung der Anschlag auf Sri

Lanka hatte, doch erst die Bilder davon entfalten im Fernsehen ihre Wirkung. Sie zu organisieren, ist also eine der wichtigsten Aufgaben für Fernsehkorrespondenten und ihre Mitarbeiter.

Organisation ist fast alles, weil der Fernsehkorrespondent nicht wie seine schreibenden oder für das Radio berichtenden Kollegen auf das *Telefon* ausweichen kann (oder dies nur im allergrößten Notfall tut). Wenn Flüchtlinge aus dem Kosovo über die Grenze nach Albanien strömen, wo die Infrastruktur sowieso schon mehr als dürftig ist, dann kann der Radiokorrespondent seinen Bericht mit Hilfe eines Satellitentelefons in die Heimat übermitteln – in diesem Fall klingt die schlechte Leitungsqualität sogar authentisch, weil sie den Eindruck von Dramatik vermittelt.
Der Fernsehkorrespondent dagegen muss, um seine Heimatredaktion zufrieden zu stellen, möglichst dramatische oder gar exklusive Bilder von seinem Kamerateam aufnehmen lassen, das Material bearbeiten, mit Text unterlegen und anschließend den fertigen Beitrag überspielen. Der organisatorische Aufwand und der Bedarf an Mitarbeitern (Bild, Schnitt, Ton), die bei der Realisierung helfen, ist ungleich höher als bei den Korrespondenten anderer Medien.

Teamarbeiter statt Einzelkämpfer – so ließe sich der Fernsehkorrespondent also im Vergleich zu seinen Kollegen, die für das Radio, Agenturen oder Zeitungen berichten, charakterisieren. Während alle anderen im Grunde genommen auf sich alleine gestellt arbeiten, ist der Fernsehkorrespondent normalerweise immer mit einem *Team* unterwegs. Das kann ein Team aus Deutschland sein, was wegen der Kosten immer seltener der Fall ist, oder ein einheimisches Team, das für Bild und Ton sorgt. Und dann braucht der Fernsehkorrespondent noch jemanden, der diese Bilder bearbeitet, seinen Text aufnimmt, abmischt und zur Redaktion sendet.
All' das will organisiert sein, verlangt zudem aber ein größeres Maß an *Teamfähigkeit* als bei den Kolleginnen und Kollegen von den anderen Medien, die ihr Einzelkämpferdasein meist sehr genießen. Fernsehen ist – nicht anders als in der Heimat – eben das Medium mit dem größten Aufwand und – das sei nicht vergessen – der größten Wirkung.

Die Reportage ist neben der aktuellen Berichterstattung eine weitere Stärke des öffentlich-rechtlichen Fernsehens, die von den Fähigkeiten der Auslandskorrespondenten lebt. Hier haben die Korrespondenten mehr als im aktuellen Bereich die Chance, eine *eigene Handschrift* zu zeigen. In ARD und ZDF gibt es dafür »Weltspiegel« oder »Auslandsjournal«, deren Beiträge von der Brillanz der nicht alltäglichen Bilder leben und davon, dass die Themen nicht schon bis ins kleinste Detail in allen Medien behandelt sind. Darüber hinaus finden längere Sendungen immer noch Platz in ARD und ZDF, sei es eine aufwändige Reportage über eine Fahrt entlang der Wolga oder eine Bahnreise in den Anden.
Der Blick ins Ausland durch die Kamera eines guten Kameramannes ist unverändert ein öffentlich-rechtliches Gütezeichen. Kurz: Der aktuelle Druck hat zugenommen, doch der Bedarf an längeren Beiträgen besteht unverändert.

Die kommerzielle Konkurrenz bietet ihren Korrespondenten, mit denen sie an viel weniger Plätzen vertreten ist, nicht annähernd so viel Sendefläche wie das öffentlich-rechtliche Fernsehen. Im Mittelpunkt steht die Versorgung der täglichen Hauptnachrichtensendung, aber nur dann, wenn das Ereignis im Ausland spektakulär genug ist, um Interesse zu finden. Politische Auslandsberichterstattung wird eher klein geschrieben, es dominieren *Katastrophen, Kriege und Kuriosa*.
Die Qualität des Korrespondenten bemisst sich unter Wettbewerbsbedingungen an seiner Fähigkeit, möglichst spektakuläre Bilder zu organisieren, denn davon lebt – mehr noch als die in dieser Hinsicht konservativeren Öffentlich-Rechtlichen – das kommerzielle Fernsehen. Im Zweifelsfall aber laufen die Bilder von außerredaktionellen Anbietern in der Zentrale auf, so dass es gar nicht eines Korrespondenten bedarf. Die Nachrichtenagenturen Reuters und AP liefern nicht nur Texte, sondern auch Bilder aus aller Welt, die in der Redaktion dann nur noch bearbeitet werden müssen. Das erklärt übrigens auch, warum von manchen Ereignissen immer wieder und in allen Fernsehkanälen dieselben Bilder zu sehen sind.

Ohne direkte Kenntnis der Bilder müssen deshalb gelegentlich Korrespondenten auftreten. Es kann nämlich passieren, dass in der Zentrale bereits Bilder über eine Agentur angekommen sind, die der Korrespondent selbst noch gar nicht sehen konnte, weil er vor Ort mit etwas anderem beschäftigt war oder aus technischen Gründen an diese Bilder nicht kommen konnte. Also wird dem Korrespondenten gesagt, welches Material in der Redaktion vorliegt, wie der dazu passende Text ungefähr lauten könnte – und dann wird aus dem Text des Korrespondenten und den Bildern ein Beitrag abgemischt. Oder der Korrespondent tritt live auf und die Zentrale spielt die Bilder dazu ein. Der gewünschte Effekt: Dem Publikum wird mit Text und Bild umfassende Information geboten, wenngleich beides erst in der Zentrale zusammen gekommen ist.

Die Fernseh-Nachrichtenkanäle n-tv und N 24 haben selbstverständlich ganz andere Ansprüche, weil sie Nachrichten-Versorgung rund um die Uhr bieten wollen. Deshalb greifen sie in erster Linie auf Material zurück, das auf dem Markt zu kaufen ist, denn ein die Welt umspannendes Korrespondentennetz wollen sie sich (noch nicht?) leisten. Wer freilich einen der wenigen Korrespondentenposten eines dieser Sender hat, muss immer mit einem Einsatz rechnen. *Ständige Verfügbarkeit* ist also die erste Job-Qualifikation, wobei selbstverständlich vorausgesetzt wird, dass der Korrespondent umfassend informiert ist.

Beim amerikanischen Vorbild CNN ist zu beobachten, was dies bedeutet: Notfalls ohne Bilder – weil es sich um ein politisches Ereignis handelt, das sich hinter den wie üblich geschlossenen Türen abspielt – müssen die Korrespondenten in der Lage sein, Minute um Minute zu füllen. Wenn in der CNN-Zentrale etwas für bedeutend gehalten wird, dann wird an den Ort des Geschehens geschaltet und der Korrespondent muss berichten – egal, ob er über Bildmaterial verfügt oder lediglich seinen Kopf zeigen kann und ständig redend nichts anderes macht als bebildertes Radio. Dies ist sicher die schwierigste Herausforderung für einen Fernsehkorrespondenten, dem vor dem Auftritt oft nur die Zeit bleibt, den Krawattenknoten zu lockern.
Das bedeutet aber: Der Korrespondent muss viel wissen, weil ihm sonst bald die Worte fehlen, und er muss über ein Netzwerk an Mitarbeitern und Informanten verfügen, die ihn ununterbrochen mit Informationen versorgen. Hier macht sich Erfahrung

wirklich bezahlt. Wer schon lange im Land ist und viel erlebt hat, kann logischerweise mehr erzählen als derjenige, der erst vor drei Wochen angekommen ist. Und manchmal muss bei Nachrichtenkanälen eben erzählt werden und erzählt werden und erzählt werden.
Erfahrene CNN-Korrespondenten, das lässt sich gelegentlich beobachten, haben eine unnachahmliche Fähigkeit, ein Minimum an Informationen in einem Maximum an Zeit auszubreiten – dabei hilft ihnen die Kunst, eine Art Endlosschleife einzulegen und die stets gleichen Informationen mit immer anderen Worten zu wiederholen. Auch das will gekonnt sein.

Mehr als Journalismus wird – abschließend auf einen kurzen Nenner gebracht – von denjenigen erwartet, die für das Fernsehen als Korrespondenten ins Ausland gehen. Weil Fernsehen das Medium ist, das den größten technischen Aufwand verlangt, muss ein Korrespondent unter schwierigen Bedingungen in der Lage sein, sich und *sein Team zu organisieren*. Das ist in den Hauptstädten der Welt noch relativ problemlos, wird aber zur echten Herausforderung, wenn es gilt, Bilder und Berichte aus einem Bürgerkriegsgebiet nach Deutschland zu übermitteln. Abgesehen von der Gefahr für Leib und Leben, der sich alle Reporter in solchen Situationen oft aussetzen, trägt der Fernsehkorrespondent zusätzlich die Verantwortung für das Wohlergehen seines Teams. Dies ist eine zusätzliche Aufgabe, der sich bewusst sein sollte, wer fürs Fernsehen ins Ausland geht.

Das Berichtsgebiet

Je kleiner desto besser, weil übersichtlicher. Auf diese ebenso banale wie richtige Faustregel lässt sich die Antwort auf die Frage reduzieren, welche Größe das Berichtsgebiet idealerweise hat, beziehungsweise wie viele Länder dazu gehören sollten. Die Realität sieht natürlich anders aus. Da gibt es Korrespondenten, die einen ganzen oder zumindest halben Kontinent journalistisch im Griff haben müssen und Kollegen, die nur ein Land beobachten (das aber die Größe der Schweiz auf der einen und die der USA auf der anderen Seiten haben kann).

Ein Land als Berichtsgebiet

Es hat erhebliche, auf der Hand liegende Vorteile, wenn ein Korrespondent nur über ein Land berichten muss. Das fängt mit der Sprache an und hört mit der Tatsache auf, dass der Korrespondent, in dem Land, über das er berichtet, wirklich (wenn auch nur auf Zeit) zu Hause ist. Die Berichterstattung ist in jedem Fall viel unmittelbarer und die Informationsbeschaffung einfacher, weil sich alles gewissermaßen vor der Haustüre – beziehungsweise in der Zeitung, die am Morgen vor der Türe liegt – des Korrespondenten abspielt. Jeder Bericht ist so ein Heimspiel. Dieses Privileg genießen die Korrespondenten in den meisten europäischen Ländern.

Rom, Paris, London und Brüssel sind die klassischen Korrespondentenplätze in Europa, ergänzt durch Prag oder Warschau, Wien, Madrid oder Stockholm. Istanbul oder Ankara kommen dazu und dann wird die Aufteilung schon viel großzügiger.
Asien, Afrika und Südamerika müssen sich im Vergleich zu Fläche, Länder- und Bevölkerungszahl mit viel weniger Korrespondenten begnügen. In Moskau und Washington sind dagegen für die meisten Medien mehrere Korrespondenten postiert, die aber kommen in diesen beiden riesigen Ländern kaum aus der Hauptstadt heraus und sollen doch über das ganze Land – von Miami bis Boston, von Wladiwostok bis St. Petersburg – berichten.

Mit zunehmender Entfernung und abnehmender Bedeutung der Länder wächst die Wahrscheinlichkeit, dass sie in Gruppen zusammengefasst und von einem Korrespondenten beobachtet werden. Dabei ist ein gewisser *Eurozentrismus mit Schlagseite nach Westen* nicht zu übersehen – jedenfalls dann, wenn man die Verteilung der entsandten Korrespondenten rund um den Erdball einmal unter diesem Gesichtspunkt betrachtet. Da gibt es keinen großen Unterschied zwischen Nachrichtenagenturen, den großen überregionalen Zeitungen, sowie Fernsehen und Hörfunk.

Ländergruppen als Berichtsgebiet

Wer sich auf solche Herausforderungen einlässt, steht vor einer mit Sicherheit reizvollen, aber unzweifelhaft schwierigen Aufgabe. Der Zuschnitt der Ländergruppen, also die Größe des Berichtsgebiets, ist höchst unterschiedlich. Regeln gibt es dafür eigentlich keine, denn oft sind die Ländergruppen aus irgendwelchen Zufälligkeiten entstanden. So hatte der ARD-Hörfunk zum Beispiel bis zum Kosovo-Krieg von 1999 einen Korrespondenten in Belgrad stationiert. Der musste dann während und wegen des Krieges Belgrad verlassen, die Berichterstattung wurde von Wien aus fortgesetzt. Außerdem gehören neben Österreich noch Albanien, Rumänien, Bulgarien, Ungarn, Kroatien, Bosnien-Herzegowina, Mazedonien und Slowenien zum Berichtsgebiet des ARD-Hörfunkstudios in Wien. In Prag wiederum arbeitet ein weiterer Korrespondent für den ARD-Hörfunk, der über Tschechien und die Slowakei berichtet, und in Warschau sitzt der nächste Vertreter des ARD-Hörfunks – zuständig für Polen. Natürlich ließe sich darüber diskutieren, ob die Aufteilung der Länder und Ländergruppen so sein muss, aber im Laufe der Jahre hat sich die Verteilung der Korrespondenten in dieser Region der Welt eben so entwickelt.

Der Standort ist von entscheidender Bedeutung, wenn ein Korrespondent über mehrere Länder berichtet. Ist – lautet die Frage zum Beispiel – Singapur oder Bangkok oder Jakarta, der richtige Platz, um Südostasien journalistisch in den Griff zu bekommen? Die Antwort hängt von einer Vielzahl von Faktoren ab, u. a.:

Das Berichtsgebiet

- Wo laufen die meisten Informationen zusammen?
- Wo gibt es die besten Flugverbindungen in die anderen Länder des Berichtsgebiets?
- Wo lassen sich eventuell benötigte Visa schnell beschaffen?
- Wo kann der Korrespondent frei und ohne die Gefahr staatlicher Repressalien arbeiten?
- Wo sind die technischen Voraussetzungen gegeben, die Beiträge schnell und in guter Qualität nach Deutschland zu übermitteln?
- Wo sind die Mietpreise bezahlbar?
- Wo gibt es eine gute Schule für die Kinder?

Der ideale Standort ist selten, weil es kaum einen Ort gibt, der optimale Arbeitsbedingungen für das gesamte Berichtsgebiet garantiert, deshalb gilt es oft nur abzuwägen, wo die Vorteile überwiegen.

Die Organisation des Informationsflusses

Bei Korrespondentenposten für ganze Ländergruppen ist es von entscheidender Bedeutung, sich Gedanken darüber zu machen, wie man an die Informationen aus allen Ländern des Berichtsgebietes kommt. Der Korrespondent muss sicherstellen, dass er erstens an seinem festen Standort immer auf dem Laufenden über die Entwicklung in den anderen Ländern ist, und dass er zweitens auf den unumgänglichen Reisen nicht von Informationen abgeschnitten ist. Im Zeitalter des Internet ist dies erheblich einfacher geworden, da zum Beispiel Zeitungen aus fast allen Ländern der Welt inzwischen elektronische Ausgaben haben und manche lokale oder regionale Radiostation ihre Sendungen über das Internet verbreitet.

Eigene Quellen müssen selbstverständlich dazu kommen. Der Korrespondent sollte in jedem Land, das zu seinem Berichtsgebiet gehört, mindestens einen Ansprechpartner haben, den er anrufen kann, wenn auf die Schnelle Informationen benötigt werden, oder den er gegebenenfalls beauftragen kann zu recherchieren, wie sich die Wirtschaftskrise in Brasilien auswirkt, während der Korrespondent in Argentinien damit beschäftigt ist, einen Beitrag über die bevorstehenden Wahlen zu schreiben.

Diese Zweigleisigkeit gibt es immer wieder, denn es kommt oft vor, dass in zwei Ländern des Berichtsgebiets etwas passiert, wofür sich die Redaktionen in Deutschland interessieren. Für den freien Journalisten ist dies gut, aber nur dann, wenn er beide Aufträge unter einen Hut bringt und so die Redaktionen zufrieden stellen kann.

Gute Informanten in allen Ländern sind deshalb für den Korrespondenten unverzichtbar. Das können Kollegen der *einheimischen Medien* sein, Mitarbeiter der *deutschen Botschaften* oder internationaler Organisationen, wie etwa des *Komitees vom Internationalen Roten Kreuz*, oder *Unterorganisationen der Vereinten Nationen*. Einen guten Einblick haben nicht selten die Mitarbeiter so genannter *Nicht-Regierungsorganisationen (NGOs)*, die bestimmte Projekte in einem Land betreuen – sei es die Hilfe für Kinder in brasilianischen Slums, die Betreuung von Flüchtlingen in Krisengebieten in Afrika oder Asien oder der Bau von Wasserleitungen in den palästinensischen Gebieten. Über solche Organisationen kann sich der Korrespondent Zugang zu Gesprächspartnern verschaffen, die er braucht, wenn die Anfrage kommt: »Wir hätten gerne mal ein Stück über das Leben der Frauen auf dem Land in Äthiopien«. Wer dann weiß, wo er anrufen muss, hat zumindest einen kleine Startvorteil bei der Recherche.

Vor Dienstantritt muss der Korrespondent die wichtigsten, im Idealfall alle, Länder seines Berichtsgebiets besucht haben. Denn nur so kann er ein Gespür für die Länder bekommen, die Menschen, die dort leben, und deren Probleme. Seriös lässt sich nur über ein Land berichten, das man kennt. Angelesenes Wissen reicht nicht aus, um zu beurteilen, was in Kolumbien vor sich geht, wenn man die Grenze dieses Landes noch nie überschritten hat. Die Reisen durch die Länder sind außerdem notwendig, um sich ein Informantennetz aufzubauen. Der Wert *persönlicher Beziehungen* kann gar nicht überschätzt werden. Es ist ein großer Unterschied, ob man jemanden anruft, sich als Vertreter einer ausländischen Nachrichtenagentur oder Zeitung vorstellt und um Informationen bittet, oder ob man einen Bekannten anruft, mit dem man schon einmal zu Mittag gegessen oder am Abend ein paar Bier getrunken hat.

Das Berichtsgebiet

Der Vorteil für den Informanten: Er weiß, wem er etwas sagt und wie der damit umgeht, denn manchmal geht es um vertrauliche Informationen. Das ist gleichzeitig der Vorteil für Korrespondenten: Von einem Freund oder Bekannten erfährt er mehr als von einem offiziellen Gesprächspartner und außerdem kann der Korrespondent die Information eines ihm persönlich bekannten Informanten viel besser einschätzen als das Statement eines Pressesprechers.

Diese Vertrauensbasis ist nur aufzubauen, wenn der Korrespondent sich die Zeit dafür nimmt – und das ist vor Dienstantritt eher möglich als danach, wenn jede Reise (speziell bei freien Journalisten) darauf überprüft werden muss, was sie bringt.

Informationsbeschaffung im Ausland

Wer im Ausland journalistisch arbeitet, hat gegenüber den Kolleginnen und Kollegen in Deutschland einen Nachteil, denn von ihm wird verlangt, dass er über sein Land, beziehungsweise Berichtsgebiet alles weiß: Alles ist wörtlich zu verstehen. Der Korrespondent ist aus Sicht der Redaktion Spezialist für alle Fragen. Er muss gegebenenfalls die Regeln des unerklärlichen Baseballspiels erläutern und die Außenpolitik der USA gegenüber China leicht verständlich darstellen können, wenn er in Washington stationiert ist. Die Spezialisten zu Hause haben es da etwas einfacher, weil sie sich auf Sport, Wirtschaft, Kultur, Innen- oder Außenpolitik konzentrieren können. Korrespondenten aber können ihr Wissen nicht über Fachgebiete definieren, sondern über Ländergrenzen. Das trifft auf den Bayern- und Sachsen-Korrespondenten in Deutschland übrigens ebenso zu, wie auf den Korrespondenten in Singapur, Rom oder Tokio. Aus diesem Grund muss die Informationsbeschaffung *gut organisiert* und *umfassend* sein.

Die einheimischen Medien als wichtige Quelle

Die Grundlagenarbeit für die Auslandskorrespondenten leisten – daran kann nicht der geringste Zweifel bestehen – die *einheimischen Medien*. Der Tag des Auslandskorrespondenten beginnt mit den Frühnachrichten der Radiostation seines Gastlandes, geht mit der Morgen-Lektüre der Tageszeitungen weiter und endet mit den Spätnachrichten im Fernsehen.

Die Kenntnis der einheimischen Medien ist das A und O der Korrespondentenarbeit. Hier wird den Korrespondenten ein journalistisches Angebot unterbreitet, das sie in journalistischer Eigenarbeit nie zu Stande bringen könnten – jedenfalls dann, wenn es sich um die Medien eines halbwegs freien Landes handelt. Was Tausende von Journalisten in den USA zum Beispiel täglich recherchieren, berichten, kommentieren, analysieren und reportieren, das kann ein auf sich allein und ein paar Informanten gestellter Auslandskorrespondent gar nicht leisten.

Allein die Qualitätszeitungen »New York Times«, »Washington Post«, »Los Angeles Times« und »Wall Street Journal« haben den Umfang kleiner Taschenbücher, ganz zu schweigen von den Wochenend-Ausgaben, die schon Hunden zum Schicksal geworden sein sollen, als der Austräger das Zeitungspaket schwungvoll in den Vorgarten warf.
Dazu kommt von den frühen Morgenstunden an ein durch nichts zu stoppendes Angebot aus Radio und Fernsehen, von dem vieles elektronischer Müll ist, das aber ständig beobachtet werden muss, weil Politiker am Morgen notfalls von Talkshow zu Talkshow eilen, um sich dem Publikum mitzuteilen.

Die Fülle des Angebots zu sichten und zu erkennen, was für die deutschen Leser, Hörer und Zuschauer von Interesse sein könnte, das ist die erste Aufgabe des Auslandskorrespondenten. Er muss ganz einfach wissen, was in den Medien seines Gastlandes läuft, und zwar nicht nur in den Qualitätszeitungen, sondern auch in der Boulevard-Presse, in den Wochenzeitschriften, in Magazinen, bunten Blättern und Fachzeitschriften. Kurz: Eine Zeitung zu viel kann ein Korrespondent gar nicht gelesen haben, schlimmstenfalls eine zu wenig.
Für Fernsehen und Radio gilt das Gleiche, im Zweifelsfall läuft beides gleichzeitig, um nur ja nichts zu verpassen. Korrespondentenarbeit ist also zunächst einmal gleichbedeutend mit dem Selbstversuch, sich einer ständigen medialen Berieselung in seinem Gastland auszusetzen. Das ist anstrengend und geht einem gelegentlich auf die Nerven, weil nicht alles, was da geschrieben oder gesendet wird, dem Korrespondenten gefallen kann – aber darum geht es nicht, im Gegenteil: Kein Korrespondent sollte seine Lektüre auf die Zeitungen beschränken, deren politische Linie ihm liegt oder deren Feuilleton ihm den größten Lesespaß bereitet. Primärer Zweck ist schließlich, sich einen Überblick zu verschaffen.

Der Bezug zur wirklichen Welt kann dabei leicht verloren gehen, besonders in einem Land der besonders freien Presse, wie den USA. Wer den Tag mit den seriösen Informationen des »National Public Radio« beginnt, sich dann durch die »Morningshows« der verschiedenen Anbieter zappt und nach dem Frühstück schwarze Hände hat, weil er die »Washington Post« und »USA Today« zumindest oberflächlich schon mal durchgelesen hat, dann in seinem Büro die unendliche Nachrichtenschleife des Fernsehinformationssenders CNN vom Bildschirm flimmern lässt, während er die »New York Times« und das »Wall Street Journal« durcharbeitet, der sollte spätestens jetzt sein Büro verlassen und ein paar Menschen treffen, um die Medienwirklichkeit nicht für die Wirklichkeit zu halten.

Die Einordnung der Medien ist mindestens genauso wichtig wie ihr ständiger Konsum, denn es ist ja bekanntlich nicht alles für bare Münze zu nehmen, was täglich gesendet und gedruckt wird. Der Korrespondent muss wissen, welche Boulevard-Zeitung zitiert werden kann und welche eher im Bereich der Fiktion arbeitet. Ebenso sollte ihm bei den seriösen Qualitätsblättern *der politische Standort* bekannt sein, um die Berichterstattung beurteilen zu können.

Sind Radio und Fernsehen *unter staatlicher Aufsicht, öffentlich-rechtlich organisiert oder kommerziell*? Daraus lassen sich Schlüsse ziehen. Das staatliche Fernsehen bietet im Zweifelsfall die *offizielle* Sicht der Dinge, nicht unbedingt die *objektive*.

Bei Zeitungen, Zeitschriften und elektronischen Medien ist es in Zeiten der ständig zunehmenden Unternehmensverflechtung und -verschachtelung von Bedeutung, *wer wem gehört*, *wer wen kontrolliert*. Kann das amerikanische Nachrichtenmagazin »Time« nach dem Zusammenschluss des Mutterunternehmens »Time-Warner« mit dem Internet-Unternehmen AOL noch objektiv über Entwicklungen auf dem Sektor Internet und E-Commerce berichten?

Welche veröffentlichten Stimmen der Opposition gibt es in *Einparteienstaaten* und *Diktaturen*? Wie frei sind sie, ihre Meinung zu sagen, in welchem Maße werden sie zensiert? Wo gilt es, zwischen den Zeilen zu lesen, wo ist entscheidend, was weggelassen wird? Der Korrespondent muss, was er da von den einheimischen Medien geliefert bekommt, gewissermaßen wie durch einen Filter aufnehmen, nämlich das Geschriebene oder Gesendete gleich beurteilen: Verwertbar oder nicht verwertbar, ernst zu nehmen oder eher nicht, von welchen Interessen geleitet, *wer steht hinter der Information?*

Die Auswertung der Presse ist ein heikles Kapitel oder besser: eine ziemlich große Grauzone. Da sitzt der Korrespondent am Schreibtisch und liest mit Interesse, dass die »Washington Post« berichtet, es gebe im amerikanischen Außenministerium Überlegungen, das Verhältnis zu Deutschland neu oder anders zu bewerten. Ein durchaus interessantes Thema. »Was tun?«, überlegt der Korrespondent, »ein Anruf im Außenministerium bringt bestenfalls die Auskunft, dass selbstverständlich alles so bleibt – die Story wäre gestorben«. Eine andere Quelle für die Geschichte gibt es nicht, die »Washington Post« zitiert nur nicht näher genannte Quellen im Ministerium, so dass daraus ein Bericht unter der Überschrift wird: `»Washington Post« berichtet, dass ...`

Ein Bericht über einen Bericht also, nicht sehr attraktiv, aber nicht ganz selten. Es hebt natürlich die Attraktivität der Geschichte, wenn sich der Korrespondent nicht hinter einer Zeitung versteckt, sondern so tut, als habe er selbst in Erfahrung gebracht, was im amerikanischen Außenministerium gedacht wird. Da heißt es dann: `In Washington gibt es Überlegungen ...`, was so falsch nicht ist, denn in Washington gibt es eine Zeitung, in der die entsprechenden Überlegungen stehen. Seriös aber ist das nicht, wenn der Bericht auf den Recherchen einer einzigen Zeitung beruht. Die sollte dann wenigstens genannt werden; damit schützt der Korrespondent zudem sich selbst für den Fall, dass der Bericht dementiert wird.

Die Quellenangabe ist immer dann angebracht, wenn es sich um Exklusiv-Informationen einer Zeitung oder eines Senders handelt, die der Korrespondent nicht überprüfen kann, weil er keinen Zugang zu der Quelle hat. Das klingt nicht sehr elegant, ist aber die *einzige seriöse Lösung*. Wenn der israelische Rundfunk in Erfahrung gebracht hat, dass Israeli und Palästinenser in Oslo Geheimgespräche über einen Friedensvertrag führen – wie 1992 geschehen –, dann gebührt ihm auch der weltweite Ruhm, mit dieser Meldungen zitiert zu werden `(Nach Angaben des israelischen Rundfunks ...)`. Anders sieht es aus, wenn der israelische Rundfunk die Parlamentsdebatte über diesen Vertrag überträgt, der Hörfunkkorrespondent sie am Radio verfolgt und darüber berichtet, weil er in seinem Studio technisch besser ausgerüstet ist und deshalb schneller berichten kann als ihm dies vom Parlament aus möglich wäre. In diesem Fall wird kein Korrespondent auf die Übermittlung durch das Radio verweisen. Genauso arbeiten alle USA-Korrespondenten, die Pressekonferenzen des Präsidenten mit Hilfe des Nachrichtenkanals CNN verfolgen und nicht im Weißen Haus, wo für sie sowieso kein Platz wäre.

Für Journalisten zugängliche Ereignisse, die von den Medien des Gastlandes übertragen werden, werten Auslandskorrespondenten also normalerweise ohne Quellenangabe aus. Besonders die Hörfunk- und Fernsehkorrespondenten sind in dieser Hinsicht dankbare Abnehmer. Das Fernsehen kommt an *Bildmaterial*, ohne ein eigenes Team einzusetzen, und der Hörfunkkollege verfügt über *Originaltöne*, an die er sonst nur sehr schwierig heran kommen würde.

Beim Hörfunk findet das in einem rechtlichen Niemandsland statt. Alle tun es, keiner fragt. Der Aufwand, dessen es bedürfte, dies zu regeln, steht in keinem Verhältnis zur Bedeutung der Radio-Berichterstattung, also werden Politikerstimmen aus aller Welt weiterhin in deutschen Radiostationen erklingen.

Beim Fernsehen ist dies anders, da ist die Übernahme des Bildmaterials durch Verträge geregelt. Oft werden die benötigen Bilder eingekauft. Die ARD zum Beispiel hat Verträge mit den Agenturen Reuters und AP, die es den Korrespondenten ermöglichen, in Fällen, in denen sie kein eigenes Team einsetzen können, an Bilder zu kommen. Die Mitglieder der EBU – *European Broadcasting Union* – sind ebenfalls in ein Vertragssystem eingebunden, das den Austausch von Fernsehbildern regelt. (Weitere Informationen über die EBU unter *www.journalistische-praxis.de*).

Das trägt zum zusätzlichen organisatorischen Aufwand bei der Fernsehberichterstattung bei, ermöglicht es den Korrespondenten aber andererseits, selbst dann mit Bildern aufwarten zu können, wenn das eigene Team mit Aufnahmen an einem ganz anderen Ort beschäftigt war.

Die Korrespondenten der Printmedien und der Agenturen verfahren wie die Radiokorrespondenten und bedienen sich bei Ereignissen, die Journalisten zugänglich sind, der einheimischen

Medien, wenn sie nicht selbst vor Ort sein können. Die Quellenangabe entfällt, weil man sagen könnte (und alle Korrespondenten das so sehen), dass es sich bei der Live-Übertragung einer Pressekonferenz mit dem Nato-Generalsekretär nicht um eine eigene journalistische Leistung, sondern eher um einen technischen Vorgang handelt. Außerdem funktioniert das weltweit so: Auslandskorrespondenten in Deutschland sind dankbar für »Phoenix«, das Gemeinschaftsprogramm von ARD und ZDF, das ihnen Bundestagsdebatten und Pressekonferenzen live ins Büro bringt.

Eigene journalistische Leistungen der Medien im Gastland müssen anders behandelt werden, das gebietet der journalistische Anstand. Kein Korrespondent sollte es nötig haben, sich mit fremden Federn zu schmücken. Wer einen Bericht über das brutale Vorgehen des israelischen Militärs gegen die Palästinenser im wesentlichen auf Fakten stützt, die die israelische Tageszeitung »Haaretz« recherchiert hat, der darf dies seinen Lesern, Hörern oder Zuschauern in Deutschland nicht verheimlichen. Die journalistische Leistung des amerikanischen Nachrichtenmagazins »Time«, herauszufinden, wie ein Unternehmer die US-Regierung mit finanziellen Zuwendungen zu einem bestimmten wirtschaftspolitischen Kurs bewegt, verdient ebenfalls genannt zu werden, wenn ein Korrespondent diese Informationen nach Deutschland weitergibt. Außerdem gilt neben der journalistischen Fairness (»Ehre wem Ehre gebührt«) der Umkehrschluss: Auf diese Weise schützt sich der Korrespondent. Sollte das israelische Militär die Darstellung in »Haaretz« oder die US-Regierung den Bericht in »Time« dementieren, ist er mit einer sauberen Quellenangabe allemal auf der sicheren Seite.

Reportage-Elemente sollten – das kann nur als Forderung formuliert werden, obwohl es eine Selbstverständlichkeit sein müsste – nicht in den eigenen Beitrag übernommen werden. Der Alltag in einem amerikanischen Seniorenheim – liebevoll und detailverliebt in einer amerikanischen Zeitung beschrieben – darf dem deutschen Korrespondenten bestenfalls als *Hintergrundinformation* dienen. Die journalistische Leistung eines Kollegen zu übernehmen und den Eindruck zu erwecken, selbst gesehen und erlebt zu haben, was man nur gelesen hat, widerspricht allen journalistischen und juristischen Grundsätzen. Mehr gibt es dazu nicht zu sagen.

Ohne Quellenangabe finden zahllose Informationen aus den Medien des Gastlandes Eingang in die Berichterstattung. Jeder Korrespondent hat sein mehr oder minder kleines Archiv, das im wesentlichen aus Zeitungsartikeln besteht. Wenn zum Beispiel die Frage zu beantworten ist, wie sich die Kriminalität in Spanien in den letzten zehn Jahren entwickelt hat, findet der Korrespondent in seinem Archiv einen hoffentlich noch nicht veralteten Artikel mit ein paar Zahlen, auf die er zurückgreifen kann. Immer wieder fließen Informationen der einheimischen Medien in Berichte der Korrespondenten mit ein, deswegen setzen sie sich ja der medialen Dauerberieselung aus, um einen möglichst umfassenden Überblick zu haben. Nur so lassen sich politische, gesellschaftliche oder wirtschaftliche Entwicklungen beurteilen und einschätzen. Aus vielen Berichten und Informationen versucht der Korrespondent, sich ein Bild zu machen und dies dann an das Publikum in Deutschland weiterzugeben. Die Bedeutung der einheimischen Medien bei der Entstehung dieses Bildes kann gar nicht unterschätzt werden.

Die Grundlage der Berichterstattung sind sie in demokratischen Staaten in jedem Fall. Etwas verkürzt und zugespitzt ließe sich über einen wesentlichen Teil der Arbeit von Auslandskorrespondenten sagen: Journalisten schreiben über das, was Journalisten schreiben. Genau deshalb ist es so wichtig, aus diesem Kreislauf auszubrechen, sich zusätzliche, eigene Quellen zu erschließen und das Gelesene durch das Erlebte, Erfahrene und selbst Recherchierte zu ergänzen.

Augen und Ohren auf: Gesprächspartner

Das Loblied auf die Taxifahrer dieser Welt muss jetzt gesungen werden, denn sie sind es, die den Korrespondenten am Flughafen in Empfang nehmen und ihm auf der Fahrt ins Hotel einen ersten politischen Überblick aus Sicht der Bevölkerung verschaffen. »Klischee!«, rufen Sie jetzt aus und liegen damit ziemlich daneben. Denn erstens müssen Sie dem Taxifahrer ja nicht beim Besteigen des Autos auf die Nase binden, dass Sie der wichtige Korrespondent einer wichtigen Zeitung, Fernseh- oder Radiostation auf dem Weg zum ersten Auslandseinsatz sind, und zweitens sollten Sie auf alle Fälle eines können: *Zuhören*.

Unwichtige Gesprächspartner gibt es nicht – lautet die Grundregel bei Begegnungen im Gastland. Deshalb ist der Taxifahrer wichtig, der Ihnen in Israel seine Lösung für den Konflikt mit den Palästinensern erzählt – im Zweifelsfalle ungefragt – oder in Albanien die todtraurige Geschichte von seinem kranken Kind Mitleid erregend vorträgt, um das Trinkgeld zu steigern – oder der in Washington tausend Gründe findet, warum er Sie nicht in den übel beleumundeten 7. Bezirk fahren kann, wo ausschließlich Schwarze wohnen, obwohl er selbst ein Schwarzer ist. In allen Fällen haben Sie etwas über ihr Gastland erfahren – ungefiltert und inoffiziell, aber authentisch.

Die Liste lässt sich fortsetzen, denn es handelt sich nicht um ein Plädoyer für das Besteigen jedes Taxis, sondern dafür, immer und überall Augen und Ohren zu öffnen, die Antennen auszufahren und Ihre Umgebung wie ein Schwamm aufzusaugen. Schließlich wollen Sie mehr wissen als das, was Sie in der Zeitung lesen. Die Stimmung im Lande erschließt sich nur in unzähligen Gesprächen – von der Kasse im Supermarkt bis zum Friseur. In kleinen Begegnungen lässt sich oft die große Politik konkretisieren.

Kontaktfreudigkeit könnte deshalb als wichtige Grundtugend eines Auslandskorrespondenten bezeichnet werden, aber wer ein Einzelgänger ist, landet vermutlich sowieso nicht im Journalistenberuf. Es klingt vielleicht sogar etwas zynisch, aber selbst aus *Freundschaften* lässt sich für Korrespondenten beruflicher Nutzen ziehen. Wenn Sie nämlich Freunde in einem Kibbuz in Israel besuchen, erfahren Sie mit Sicherheit mehr über das Leben und den Alltag in diesen oft als typisch israelisch bezeichneten Gemeinschaftssiedlungen als bei einer offiziellen Recherche-Visite. Oder wenn Sie mit Freunden das Pessachfest feiern. Oder mit palästinensischen Freunden im Gazastreifen eine Wasserpfeife rauchen.

Planbar ist das nicht, Freundschaften entstehen aus Zufällen, setzen aber Offenheit Ihrerseits gegenüber den Menschen im Ihrem

Gastland voraus. Eine *Grundsympathie* gegenüber dem Land und den Leuten, über die Sie berichten, ist Voraussetzung dafür. Es klingt zwar reichlich abgedroschen, ist aber immer noch richtig:

Ein Korrespondent kennt keine Freizeit. Natürlich entspannen Sie sich am Strand, aber Sie registrieren dennoch, wie die Israelis neben Ihnen den Abfall liegen lassen, mit ihren Kindern umgehen, Sandburgen bauen (eher nicht) oder telefonieren (eher ja). Im Supermarkt in den USA fällt Ihnen auf, wie voll die Regale sind und wie gut der Service ist, und vom Putzmann im Büro erfahren Sie, mit welchen Jobs sich Einwanderer aus Costa Rica in den USA durchschlagen.

Zitate aus dem wirklichen Leben finden auf diese Weise Eingang in die Berichte der Korrespondenten und geben ihnen Farbe und Authentizität. Es muss ja nicht dazu führen, dass alle Ihre Beiträge mit einer persönlichen Skizze anfangen, was als Stilmittel schon leicht abgenützt, wenn auch unverändert beliebt ist, aber es gibt der Berichterstattung allemal Tiefe, die über die Darstellung der offiziellen Politik weit hinausgeht.
Es ist eben ein Unterschied, ob der Bericht über das Leben der Kosovo-Flüchtlinge in Albanien während des Kosovo-Krieges gespickt ist mit Zahlen, Daten und Fakten oder ob diese ergänzt werden durch die Beschreibung eines Zeltes, in dem eine fünfköpfige Familie auf morastigem Boden haust. Um dies beschreiben zu können, müssen Sie ran an die Menschen.

Vertrauen schaffen ist dazu notwendig. Der Korrespondent muss sich Menschen völlig anderer Kulturkreise und sozialer Schichten (denn in fast allen Ländern gehört ein Auslandskorrespondent zur Schicht der Privilegierten) nähern können, ohne ihnen zu nahe zu kommen. Peter von Zahn hat das vor über 30 Jahren präzise mit den Worten »unemotionale Nähe und Genauigkeit«[1] beschrieben. Kein Korrespondent muss mit den Flüchtlingen, die er in Hütten oder Zelten trifft, mitweinen, keiner muss mit den aufständischen Soldaten wo auch immer solidarisch in die Schlacht ziehen, nein: Er soll beobachten, dabei sein, sich ein Bild machen und den Hörern/Lesern/Zuschauern detailgenau beschreiben, was er gesehen hat. Das ist – kurz gefasst und im Idealfall – die Beschreibung des Korrespondentenjobs.

Offizielle Gesprächspartner sucht der Korrespondent mindestens genauso intensiv wie den alltäglichen Kontakt mit allen Menschen in seiner Umgebung. Offizielle Kontakte sind in der Regel leicht zu machen und beginnen beim *Regierungspresseamt* – so es denn eines gibt – des Gastlandes. Dort, wo man den *Presseausweis* für Korrespondenten oder die *Akkreditierung* erhält, sitzt meist eine Dame oder ein Herr, der für diese Korrespondenten zuständig ist. Er ist der erste Empfänger der neuen Visitenkarte des neuen Auslandskorrespondenten. Und wenn Sie dann weiter nichts tun, passiert wahrscheinlich nichts.
Es liegt an Ihnen, was aus einem solchen Kontakt wird. Der Austausch der Visitenkarten allein genügt nicht, Sie müssen schon aktiv werden, anrufen, zum Essen einladen, wenn Sie glauben, dass es sich lohnt. Zugegeben, das lässt sich meist erst danach beurteilen, eine Anfangsinvestition müssen Sie leisten.

Das Außenministerium gehört ebenfalls zu den Adressen, die jeder Auslandskorrespondent kennt. Besser noch, er kennt den Sprecher des Ministeriums und denjenigen, zu dessen Arbeitsgebiet Deutschland gehört. Darauf, die für Ihre Arbeit wichtigen Leute im Außenministerium persönlich kennen zu lernen, sollten Sie – am besten zu Beginn Ihres Aufenthaltes – ein paar Tage verwenden. Da die bilateralen Beziehungen zwischen Deutschland und Ihrem Gastland immer wieder Thema der Berichterstattung sein werden, lohnt es sich allemal, die Personen zu kennen, die gegebenenfalls eine kompetente Auskunft geben können.

Pressesprecher sind – wie der Name sagt – dazu da, mit der Presse zu sprechen. Wozu sie – unausgesprochen – außerdem da sind, ist zu verhindern, dass Sie, der Korrespondent, mit denjenigen sprechen, die entweder wirklich wichtig sind oder über die wirklich wichtigen Informationen verfügen. Der Versuch, an solchen Pressesprechern vorbei an Informationen zu kommen, kann oft ziemlich lästig sein und die Arbeit mühsam machen. Abgesehen davon, dass dies in Deutschland oft nicht anders ist, haben Sie im Ausland den Nachteil, dass Ihre Leser oder Zuschauer reichlich irrelevant sind und berechnende Pressesprecher die Zeit ihres Ministers oder Präsidenten nicht für Gespräche mit aus ihrer Sicht unbedeutenden Medien zur Verfügung stellen. Da müssen Sie auf die Frage des Pressesprechers des Jerusalemer Bürgermeisters »Wie viele Hörer haben Sie denn in Deutschland?« schnell alle Hörfunkprogramme der ARD zusammenrechnen, um auf eine Zahl zu kommen, die Sie dem gewünschten Interview näher bringt.

Im Regierungspresseamt vieler Länder erhalten Korrespondenten eine Liste mit *Telefonnummern* von Ministerien über Behörden bis zu Universitäten. Daraus müssen Sie sich diejenigen aussuchen, die etwas zu sagen haben. Direkter Kontakt ist notwendig, um den Professor kennen zu lernen, der Profundes über die Wirtschaftsentwicklung in Asien zu sagen weiß. Im Laufe der Zeit entsteht so Ihre eigene Liste von den Personen, die zu interviewen sich lohnt. Aus der Vielzahl der Kontakte wird so ein Netzwerk. Immer kann irgendwo irgendjemand befragt werden, um entweder ein zitierbares Statement oder eine Hintergrundeinschätzung abzugeben.

Fern der westlich orientierten Zivilisation stellt sich das alles viel schwieriger dar. Wo Telefonleitungen nicht oder nur gelegentlich funktionieren, hilft Ihnen die schönste Telefonliste, die es in solchen Weltgegenden eher selten gibt, nicht weiter. Die Suche nach Gesprächspartnern dauert länger, wenn Sie persönlich erscheinen müssen und nicht anrufen können. Das bedeutet: Ochsentour. Institutionen abklappern, die im Lande von Bedeutung sind, Leute suchen, die Einfluss haben oder ihn vielleicht in Zukunft haben werden.
In autoritären Staaten helfen die offiziellen Kontakte bestenfalls oberflächlich, aber Sie wollen ja wissen, was sich unter der Oberfläche abspielt, deshalb müssen Sie – bei aller Vorsicht – eigene Wege gehen, um an Informationen zu kommen, die wirklich weiter helfen.

Ohne Vorurteile müssen Sie sich in jedem Fall Ihren Gesprächspartnern nähern; denn es ist der Gesprächsatmosphäre wenig dienlich, wenn Ihr Gegenüber merkt, dass Sie seine Haltung grundsätzlich ablehnen. Es gehört zur journalistischen Offenheit und Neugier, einen israelischen Siedler, der im palästinensischen Gazastreifen lebt, seine Position darstellen zu lassen – selbst wenn man fest davon überzeugt ist, dass er kein Recht hat, hier zu leben. Wer sich ein umfassendes Bild verschaffen will, wie das jeder Korrespondent tun sollte, der muss umfassende Kontakte haben. Das kann durchaus bedeuten, dass Sie mit Ihnen überaus unsympathischen Leuten sprechen müssen, weil die wichtig sind oder für Ihre Geschichte von Relevanz.

Prominente Gesprächspartner würden alle Korrespondenten gerne interviewen, aber der Weg zu ihnen ist, wie gesagt, meistens von außerordentlich hartnäckigen Pressesprechern verstellt. Interviews mit Präsidenten oder Regierungschefs sind nur nach intensiver und zeitraubender Vorarbeit zu bekommen, wobei *Staatsbesuche* oft eine günstige Gelegenheit sind. Wenn der Präsident von Tschechien auf dem Weg nach Deutschland ist, dann nutzt er schon einmal die Chance, seine Botschaft vorab über die deutschen Medien zu verbreiten.
Abgesehen davon, dass bei solchen Interviews, die oft einer Gruppe von Korrespondenten gegeben werden, keine sensationellen Neuigkeiten zu erwarten sind, lohnt es sich allemal, einem wichtigen Politiker oder Schauspieler oder Schriftsteller einmal etwas näher zu kommen. Erst aus der persönlichen Beobachtung lässt sich ein Eindruck von seiner Persönlichkeit gewinnen. Erlebt zu haben, wie der israelische Friedensnobelpreisträger Shimon Peres aus dem Stegreif einen druckreifen Vortrag über die deutsch-israelischen Beziehungen hält, einmal im schlichten Amtszimmer des albanischen Präsidenten gesessen zu sein oder im Wahlkampf-Flugzeug eines amerikanischen Präsidentschaftskandidaten, ist ein Mosaikstein im Bild des Landes, mit dem der Korrespondent sich beschäftigt. Vom reinen Nachrichtenwert her sind solche eher flüchtigen Kontakte nicht sonderlich wertvoll, sie werden vielmehr wertvoll, wenn sie Nachrichten und Berichte, Reportagen und Analysen um Details ergänzen, die sie unterscheidbar machen im schier unendlichen, oft gleichförmigen Nachrichtenfluss.

Visitenkarten sollten Sie eigentlich immer bei sich haben, damit Sie nicht darauf angewiesen sind, Ihren Namen und Ihre Telefonnummer auf einen feuchten Bierdeckel kratzen zu müssen, sollten Sie jemanden getroffen haben, von dem Sie gerne wieder einmal hören möchten. Welchen Titel Sie sich auf der Visitenkarte geben ist weniger wichtig als alle Telefon- und Faxnummern, sowie die E-Mail-Adresse. Es lohnt sich, gut zu überlegen, in welcher Sprache das Kärtchen beschriftet ist, denn nicht überall wird Englisch verstanden oder akzeptiert und ein Palästinenser könnte sich über das Hebräisch auf der Visitenkarte des Jerusalemer Korrespondenten ärgern. Da Sie, wie bereits erwähnt, immer im Dienst sind, darf die private Telefon-Nummer (falls sich das Büro nicht zu Hause befindet) nicht fehlen, denn nichts wäre schlimmer als ein Anruf, der Sie nicht oder zu spät erreicht. Es könnte ja sein, dass dieser eine Anruf ...

Der menschliche Faktor gilt in der Welt der Geheimdienste als besonders wichtig, für Korrespondenten sollte das genau so sein. Geheimdienste wollen sich nicht nur auf die Auswertung aller Quellen verlassen – und dann übersehen, dass der DDR jede Basis abhanden gekommen ist, was vielleicht spürbar gewesen wäre, wenn die Stimmung der Bevölkerung erfasst worden wäre ..., aber das ist eine andere Geschichte. Für Korrespondenten geht es darum, ein Land und seine Menschen nicht nur theoretisch zu verstehen, sondern zu spüren, wie ein Seismograph zu erfassen, was sich tut. Das ist einfacher für Korrespondenten, die nur über das Land berichten müssen, in dem sie leben, und schwieriger für diejenigen, die spüren sollen, was in drei, vier, fünf oder noch viel mehr Ländern vor sich geht. Für alle aber ist es unerlässlich, die Menschen ernster zu nehmen als alle schlauen Abhandlungen, weil sie nur dann ein Land begreifen können.

[1] Peter von Zahn, Reporter der Windrose. Erinnerungen 1951 – 1964 (Deutsche Verlagsanstalt, Stuttgart 1994, S. 250)

Lesen, lesen, lesen ...

... ist eine notwendige Ergänzung der mehrfach erwähnten und betonten persönlichen Kontakte; schließlich besteht der Korrespondentenalltag nicht nur aus einer nicht enden wollenden Medienaufnahme und zahllosen Gesprächen mit allen Einheimischen, die einem über den Weg laufen.

Die Literatur seines Gastlandes sollte ein Korrespondent zumindest in groben Zügen kennen, um nicht aus allen Wolken zu fallen, falls einer der Autoren den Literaturnobelpreis knapp verfehlt oder das Feuilleton ohne solch' gewichtigen Grund mal einen Beitrag will. Optimal ist es natürlich, die Werke in der Originalfassung lesen zu können, aber Übersetzungen sind ein Notbehelf, ohne den es oft nicht geht. Unabhängig davon aber ist die Literatur eines Landes für jeden Korrespondenten eine unverzichtbare Bereicherung.

Keiner blickt den Israelis so tief und liebevoll in die schwierige Seele wie der Schriftsteller Amos Oz, keiner seziert ihre Probleme so gnadenlos wie David Grossmann. Es öffnet die Augen, dies zu lesen, gibt dem Verständnis eine zusätzliche Dimension. So gilt das für jedes Land, ohne dass Korrespondenten gleich zu Bücherwürmern werden müssten. Bestseller wie Geheimtipps gehören zur Lektüre, um zu wissen, was jenseits von Brot und Spielen die Menschen bewegt oder zumindest interessiert.

Politische Literatur ist im Vergleich dazu viel näher am Korrespondentenalltag. Biographien und Autobiographien, historische Abhandlungen und aktuelle Politik – es gibt nichts, worüber es nicht Bücher gibt. In den meisten Ländern jedenfalls. Da ist es manchmal schwierig, die Spreu vom Weizen zu trennen. Auf jeden Fall ist es sinnvoll, eine gute Buchhandlung zu kennen, wo der Korrespondent gelegentlich einen Tipp bekommt, was zu lesen sich lohnt.

Dazu gehören immer die Werke von oder über Politiker, die im politischen Alltag eine Rolle spielen, wobei die Qualität gerade solcher Bücher überaus schwankend ist, was aber auch etwas über die Politiker aussagen kann. Kurz: Solche Werke sind unverzichtbar, weil sie eine hilfreiche Ergänzung sind, wenn es gilt ein Porträt zu zeichnen oder falls – soll ja vorkommen – mal ganz schnell, weil überraschend, ein Nachruf geschrieben werden muss. Wenn Sie dann nicht auf das angewiesen sind, was Sie im Kopf haben, sondern nachschlagen können, wie das damals war im Amtsenthebungsverfahren gegen Bill Clinton, setzen Sie sich viel leichter an den PC.

Nachschlagewerke gehören zur Standardausrüstung jeder Korrespondentenbibliothek. Angefangen von einer aktuellen Ausgabe des Duden über den »Fischer-Weltalmanach« bis hin zu den wichtigsten Werken über Ihr Land, beziehungsweise Berichtsgebiet sollten Sie mit Hilfe Ihrer Bücher in der Lage sein, alle Fragen zu beantworten, die einem Korrespondenten so gestellt werden können – gehen Sie ruhig davon aus, dass die eine oder andere Frage Sie etwas ins Schwitzen bringt. Die Beziehungen zwischen den USA und Vietnam im Wandel der Zeiten zu beschreiben, bedarf schon der Unterstützung durch *politische Lexika*.

Die wichtigsten Daten der Geschichte seines Gastlandes hat der eingearbeitete Korrespondent mit Sicherheit aus dem Stegreif parat, aber mal nachschauen zu können, wann Henry Kissinger welches Abkommen unterzeichnet hat, ist sehr beruhigend. Dazu müssen Sie wissen, was wo steht. Sie sollten also zumindest das Inhaltsverzeichnis der wichtigsten Bücher kennen, um – ohne alle gleich gelesen zu haben – schnell etwas zu finden.

Ein Archiv, bestehend aus langsam vor sich hin vergilbenden Zeitungsausschnitten, ist nur dann gut und sinnvoll, wenn es über Jahre hinweg gepflegt wurde und von Ihnen weiter gepflegt wird. Das kostet Zeit – und damit Geld – und ist in Zeiten des *Internet-Zugangs zu Zeitungsarchiven* und der auf *CD-ROM gespeicherten Zeitungen* ganzer Jahrgänge ein eher veraltetes Vorgehen. Wer aber um die technischen Probleme der vernetzten Welt weiß, wird ein Archiv nicht achtlos wegwerfen, das in dunklen Schränken lagert. Wenn es übersichtlich gestaltet und einigermaßen gut sortiert ist, leistet ein solches handgearbeitetes Nachschlagewerk dem Korrespondenten gute Dienste. Besonders in der Anfangszeit, wenn der Korrespondent noch nicht auf allen Gebieten sattelfest ist (was er seiner Redaktion nie gestehen wird), dient es der *Faktenabsicherung* und *Orientierung*.

Das Archiv der eigenen Beiträge wird im Laufe der Zeit zum besten Nachschlagewerk für jeden Korrespondenten. Nicht, weil er ständig von sich selbst abschreiben will, sondern weil er sich auf seine eigenen Werke ohne Zögern verlassen kann. Wer sich daran erinnert, beziehungsweise über die *Stichwortsuche* im PC heraus findet, was er vor einem Jahr über die Wasserversorgung in Albanien geschrieben hat, der kann guten Gewissens die Grunddaten in einen neuen, aktualisierten Beitrag übernehmen. Es lohnt sich, die wichtigsten eigenen Werke *auf*

Diskette gespeichert auf Reisen bei sich zu haben, dann können Sie auch von unterwegs ein Hintergrundstück über das Land liefern, das Sie gerade wegen Recherchen in einem Nachbarland verlassen haben.

Internet, Agenturen, Übersetzungsdienste

Das Arbeiten in der Welt des Internets ist für Korrespondenten zu einer Selbstverständlichkeit geworden. Wer heute in München jeden Morgen in seinem Computer die elektronische Ausgabe der israelischen Zeitung »Haaretz« vorfindet und nachlesen kann, was die Korrespondenten in Tel Aviv und Jerusalem nicht viel früher lesen, der weiß, in welchem Maße sich die Berichterstattung dadurch verändert hat.

Das Internet verschafft den Korrespondenten Zugang zu Informationen, an die sie noch vor wenigen Jahren sehr viel mühsamer gekommen sind. Natürlich: Das ist wie immer von Land zu Land verschieden, doch die Tendenz ist erkennbar, dass durch das Internet die *Quantität* der zur Verfügung stehenden Informationen zugenommen hat.

Heute müssen Sie nicht mehr warten, bis Ihnen der Zeitungszusteller die »Jerusalem Post« und »Haaretz« in den Briefkasten steckt. Sie werfen vielmehr Ihren Computer an, klicken sich bei der gewünschten Zeitung ein und lesen auf dem Bildschirm die *elektronische Ausgabe*, die zudem, anders als die gedruckte, ständig aktualisiert wird. Ein Quantensprung, denn um dies zu tun, müssen Sie nicht in Israel sitzen, sondern können sich auf der jordanischen Seite des Roten Meeres aufhalten.

Sie haben im Übrigen die Gelegenheit, sich darauf noch *vor Antritt der Korrespondententätigkeit* vorzubereiten, denn es gibt im Internet präzise Informationen darüber, welche Zeitungen in welchem Land elektronische Ausgaben haben. Sie können also rechtzeitig schon in der Heimat im Computer Lesezeichen anlegen, um dann vor Ort sofort mit der Arbeit beginnen zu können. Meist ist es zudem möglich, in den *Archiven* der Zeitungen zu recherchieren, so dass auch zu weniger aktuellen Themen Informationen zu finden sind, was allerdings oft mit Extrakosten verbunden ist.

Um sich in der Welt der elektronischen Zeitungsausgaben umzusehen, müssen Sie nur unsere Internetseite *www.journalistische-praxis.de* aufsuchen. Dort finden Sie ein aktuelles Angebot und die Verbindungen zu Zeitungen in vielen Ländern.

Ein Informationsmarktplatz ist das Internet bekanntermaßen, es bedarf nur eines gewissen Zeitaufwandes, um zu wissen, was wo zu recherchieren ist. Zum Beispiel hat der amerikanische Geheimdienst CIA sehr detaillierte Länderprofile – aus seiner Sicht selbstverständlich – ins Netz gestellt, die als Basisinformation eine vorzügliche Ergänzung anderer Informationen sind.
Nach und nach sind immer mehr Regierungen, internationale Organisationen (von UN bis NATO), Organisationen und Institutionen (Universitäten sind meist gute Adressen) im Netz vertreten, so dass die größte Schwierigkeit darin liegt, im Einzelfall die richtige Seite im Internet zu finden.
Auch hier finden Sie unter *www.journalistische-praxis.de* nützliche Hinweise.

Die Pflege der Lesezeichen, die jedem als private Wegweiser durch den Irrgarten des Internets dienen, ist deshalb eine ständige Aufgabe. Wer jedes Mal von vorne anfängt, sich seinen Weg zu suchen, der verliert wertvolle Zeit. Die Nutzung des Internets ist sowieso schon ein Zeit fressendes Unterfangen (allen Beteuerungen der PC-Freaks zum Trotz), so dass Sie für sich markieren und als elektronische Lesezeichen im Computer ablegen sollten, was Sie für nützlich und hilfreich halten. Wie Sie Ihre Lesezeichen sortieren, bleibt Ihr Privat-Vergnügen, es sollte nur übersichtlich sein, denn allein das hilft Ihnen in der unübersichtlichen Welt des Internets.

Nachrichtenagenturen im Internet zu finden, ist nur eine Frage der Zeit, beziehungsweise des richtigen Netz-Providers. Vorbei die Zeiten, da bei den Zeitungs-, Fernseh- oder Radiokorrespondenten die Ticker einer Agentur die Stille des Nachdenkens beim Schreiben störten oder die Heimatredaktionen ebenso dringend wie verstohlen gebeten wurden: »Könnt Ihr mir mal die Agenturmeldung über die Unruhen in Armenien faxen?«
Heute genügt ein kurzer Blick auf die richtige Seite im Internet

und Sie wissen, welche Vorlage Ihnen die Nachrichtenagenturen liefern, beziehungsweise was die Redaktion gleich von Ihnen verlangen wird. Davon ausgehend, dass Sie als guter Korrespondent über die gleichen Informationen verfügen wie die Kollegen von den Agenturen, ist dies nur ein kollegialer Blick über den Zaun.

Mehr darf es nicht sein, denn der Nutzung dieser Informationen aus dem Internet sind genaue Grenzen gesetzt, die Sie beachten müssen. Entgegen dem allgemeinen Eindruck ist das Internet kein rechtsfreier Raum. Die Vorschriften über die Nutzung der Nachrichtenagenturen wie anderer Informationen im Netz sollten Sie im eigenen Interesse erstens lesen und zweitens beherzigen – alles andere ist nicht in Ordnung, darüber dürfen Sie keine Illusionen haben.

Die elektronische Recherche ist zu einem der wichtigsten Hilfsmittel für Auslandskorrespondenten geworden. Auf dem Bildschirm des PC laufen alle Informationen zusammen, die Sie für Ihre Arbeit brauchen. In Ihrem Berichtsgebiet bricht eine Ihnen bisher unbekannte Krankheit aus? – im Netz finden Sie die Antwort von Experten aus aller Welt. Sie sollen darstellen, wo Truppen der Vereinten Nationen stationiert sind, um Frieden zu schaffen? – drei »Maus-Klicks« genügen und Sie lesen den Bericht der Vereinten Nationen, inklusive der Klage über das fehlende Geld für solche Aufgaben. Zum Recherchieren im Internet gibt es selbstverständlich weitere Informationen unter *www.journalistische-praxis.de*.

Die Glaubwürdigkeit der Quellen muss Ihnen bekannt sein, denn auf diesen weltweiten Marktplatz kann sich jeder mit jeder beliebigen Ware stellen – und Sie müssen wissen, ob wahr ist, was Ihnen da aufgetischt wird. Die Beliebigkeit der eigentlich wertvollen Ware Information wird im weltweiten Netz täglich aufs Neue demonstriert.
Deshalb hängt die Qualität der Korrespondentenarbeit – daran hat der Einsatz der Computer nichts geändert – von der Seriosität der Quellen ab. Es ist nämlich völlig egal, ob Sie einer klassischen Zeitungsente aufsitzen oder elektronischem Müll zum Opfer fallen – Sie müssen beurteilen können, was da vor Ihnen auf dem Bildschirm flimmert. Nicht die Leistungsfähigkeit des

Computers ist entscheidend, sondern die *journalistische Urteilsfähigkeit* des Korrespondenten.

Die E-Mail-Adresse ist aus zwei Gründen unverzichtbar. Zum einen können Sie sich elektronisch schicken lassen, was sonst nur Ihren Briefkasten verstopfen würde, zum anderen lässt sich per E-Mail sehr leicht und unkompliziert Kontakt über Grenzen hinweg halten: Das ist für Korrespondenten hilfreich, die über mehrere Länder zu berichten haben. Übersetzungsdienste, Pressemitteilungen, Verlautbarungen, Einladungen – all' das und noch viel mehr kommt in zunehmendem Maße ohne Briefmarke ins Haus. Sie sortieren und drucken sich nur das auf Papier aus, was Ihnen dafür geeignet erscheint.

Umgekehrt können Sie E-Mails nutzen, um kostengünstig über Ländergrenzen hinweg Kontakte zu pflegen und zu recherchieren. Das geht schnell, zu jeder beliebigen Zeit und ohne großen Aufwand. Die Vorteile liegen auf der Hand, allerdings nur in den Ländern – diese Einschränkung muss wieder einmal gemacht werden –, in denen der technische Fortschritt diese Arbeitsweise erst möglich macht. Das sind erstaunlich viele, aber es wird noch eine Weile Flecken auf der Welt geben, die Sie nur zu Fuß oder andere abenteuerliche Weise erreichen, nicht aber per E-Mail – und das können durchaus journalistisch interessante Ausflüge sein.

Übersetzungsdienste gibt es in manchen Ländern, in denen davon ausgegangen werden kann, dass nicht alle Korrespondenten die Landessprache beherrschen. Wer dennoch wissen will, was in den Zeitungen des Landes steht, abonniert sich einen solchen Übersetzungsdienst, der dann jeden Morgen per Fax oder E-Mail ins Büro kommt und dem Korrespondenten so einen Überblick – in englischer Sprache meist – über das verschafft, was an diesem Tag Thema in den Zeitungen ist. Das kostet natürlich Geld und kann zudem kein maßgeschneidertes Angebot sein: Den Korrespondenten des japanischen Fernsehens interessieren andere Aspekte als den deutschen Hörfunkkollegen, was solche Übersetzungsdienste aber nicht berücksichtigen können, da sich ihr Angebot an alle Korrespondenten richtet und damit lediglich einen allgemeinen Überblick bietet.

Bei kommerziellen Übersetzungsdiensten kann es ratsam sein, sich erst einmal auf ein zeitlich befristetes *Probe-Abonnement* einzulassen, um zu testen, ob sich die Ausgaben dafür lohnen.

Kostenfrei bieten deutsche Botschaften gelegentlich einen solchen Service für Korrespondenten an, was den Vorteil hat, dass Sie auf diese Weise aus deutschem Blickwinkel die Zeitungen lesen, denn die Botschaften lassen natürlich alles übersetzen, was im Entferntesten mit Deutschland zu tun hat. So erfahren Sie, wenn eine Delegation bayerischer Politiker den Gazastreifen besucht. Zumindest für Agenturkorrespondenten kann dies hilfreich sein, die auf diese Weise Regionalzeitungen mit Meldungen bedienen können.

Die Technik allein ist noch nicht journalistischer Fortschritt. Die Tatsache, dass Sie sich ein scheinbar umfassendes Bild von – sagen wir: der Lage in Afghanistan – verschaffen können, ohne Ihren Schreibtischstuhl vor dem PC zu verlassen, ist eine große Arbeitserleichterung und eine große Gefahr gleichermaßen, denn im Grunde ist es egal, wo Ihr Schreibtisch mit PC steht. Ob in Hamburg, Berlin, Köln oder München – das spielt keine Rolle. Deshalb muss es eine Rolle spielen, dass der PC des Korrespondenten auf alle Fälle näher am Ort des Geschehens steht als der PC der Kollegen in Deutschland.

Und was für das Zeitungslesen, Radiohören und Fernsehen gilt, das gilt ohne Abstriche für die Arbeit am Computer: Wer glaubt, was ihm da vor Augen flimmert, sei die reale Welt, der soll ganz schnell aufstehen und vor die Tür seines Büros treten, um frische Luft einzuatmen und die Wirklichkeit wahrzunehmen. Darin liegt die Chance eines guten Auslandskorrespondenten.

Zensur? Gibt's das noch?

Die Pressefreiheit ist ein gefährdetes Gut. Wir, mitten in Europa, neigen dazu, dies hin und wieder zu vergessen, weil hier zu Lande beim Stichwort Zensur höchstens über Selbstzensur von Journalisten gesprochen wird. Dabei muss man gar nicht weit reisen, um in Länder zu gelangen, in denen die Berichterstattung alles andere als frei ist.

»**Reporter ohne Grenzen**« ist eine Journalistenvereinigung, die sich im wesentlichen mit diesem Thema beschäftigt. Ihre Bilanz für das Jahr 2000 ist wenig ermutigend: Danach sind knapp 300 Medien weltweit zensiert oder gar verboten worden. Fast die Hälfte der Staaten, die Mitglied der Vereinten Nationen sind, besteht darauf, Radio und Fernsehen von Staats wegen zu kontrollieren. Die Organisation konstatiert, dass im Jahr 2000 die Pressefreiheit in 28 Ländern besonders bedroht ist, in weiteren 65 Ländern wird die Lage als Besorgnis erregend charakterisiert. 20 Staaten bezeichnet die Journalistenvereinigung noch 1999 als »Feinde des Internet«, weil sie versuchen, die neuen Kommunikationswege zu kontrollieren. Unter *www.journalistische-praxis.de* finden Sie ergänzende Informationen.

Die einheimische Presse leidet in erster Linie unter der Zensur oder der Gängelung durch den Staat, denn es soll ja verhindert werden, dass die Bevölkerung über bestimmte Entwicklungen im eigenen Land oder in der Welt informiert wird. Dazu kommt der Versuch zu verhindern, dass Informationen von außen ins Land gelangen. Ausländische Zeitungen sind verboten oder werden mit der Schere, beziehungsweise mit Druckerschwärze um nicht genehme Inhalte reduziert. So weit, so schlecht – und aus der ehemaligen DDR uns Deutschen bestens bekannt, aber leider noch nicht überall Vergangenheit.

Für Auslandskorrespondenten bedeutet die Arbeit in solchen Ländern, falls sie überhaupt ein Visum oder eine Aufenthaltsgenehmigung bekommen, eine ständige Gratwanderung. Mit der Regierungspropaganda, die ihnen reichlich geboten wird und der sie kaum entkommen können, dürfen sie sich nicht zufrieden geben, denn sie wollen über das berichten, was wirklich im Lande vor sich geht.
Deshalb brauchen die Journalisten andere Gesprächspartner als die offiziellen Vertreter der Regierungslinie. Das können Oppositionelle sein, Gewerkschafter, Vertreter von unabhängigen Verbänden, Studenten wie Professoren. Die sind aber nicht einfach auf der Straße zu finden. Undemokratische und misstrauische Regierungen halten Bürger, die Kontakt zu ausländischen Journalisten haben, für potenzielle Dissidenten, was wiederum zur Folge hat, dass die Bürger nicht unbedingt darauf erpicht

sind, dem Korrespondenten allzu deutlich zu sagen, was ihre Meinung ist – und schon gar nicht bei einem Interview auf der Straße. Fingerspitzengefühl ist notwendig, um zu wissen oder gelegentlich zu spüren, was möglich ist und was nicht.
Eines ist klar: Es kann nicht im Interesse des Korrespondenten liegen, seine Gesprächspartner in Schwierigkeiten zu bringen – und dazu genügt in Ländern mit einem autoritären Regime manchmal ein Interview mit der Auslandspresse. Gewisse konspirative Verhaltensweisen, etwa Gespräche auf der Parkbank unter freiem Himmel, sind bei solchen Gelegenheiten nicht immer zu vermeiden.
Da tun sich die Kolleginnen und Kollegen leichter, die sich ohne Mikrofon und Kamera bewegen und sich nur Notizen machen. Die Kontakte laufen in solchen Fällen oft über Informanten, die Ihnen helfen, die richtigen Gesprächspartner zu finden. Entweder erben Sie solche Informanten von Ihrem Vorgänger, der Sie mit einer Adressen- und Telefonnummernliste versorgt, oder Sie bauen sich selbst solche Kontakte neu auf. Das ist schwierig, wenn Sie einkalkulieren, dass dies für Ihre Gesprächspartner wirklich gefährlich werden kann.
Vorsichtsmaßnahmen dienen aber nicht zuletzt dem *Selbstschutz*, denn ein Regime, das die Menschenrechte seiner Bürger missachtet, ist gegenüber Ausländern nicht unbedingt freundlicher.

Unabhängige Gesprächspartner sind deshalb von großer Bedeutung, denn nur von ihnen ist ein unabhängiges Urteil zu erwarten. Oft sind es Oppositionsgruppen, die – am Rande der Legalität arbeitend – für die Korrespondenten zu wichtigen Informanten werden. Der Kontakt zu ihnen ist nicht immer leicht herzustellen, denn aus verständlichen Gründen wollen sie sich nur gegenüber Personen äußern, die sie für vertrauenswürdig halten. Das ist nur möglich, wenn sich der Korrespondent über einen längeren Zeitraum immer wieder sehen lässt und so wahrscheinlich zu einem akzeptierten Gesprächspartner wird. Der *persönliche Kontakt* ist in solchen Fällen unverzichtbar, bloß per Telefon, Fax oder E-Mail lässt sich Vertrauen nur schwerlich erwerben.

Zum Sprecher der Opposition dürfen Sie dennoch nicht werden, selbst wenn Ihre Sympathien – was in Ländern mit autoritären Regimes nicht überrascht – der Opposition gelten sollten. Aber auch bei der Berichterstattung über demokratische Staaten kann es Konflikte geben, die den Korrespondenten nicht kalt lassen. Im Kampf zwischen Israelis und Palästinensern zum Beispiel war es in den Zeiten des Palästinenseraufstandes Intifada ab 1987 und dessen weitaus blutigerer Fortsetzung ab Herbst 2000 leicht, Partei zu ergreifen für die Palästinenser, die gegen die brutal vorgehende Besatzungsmacht Israel kämpften. Doch ein Korrespondent hat seinen Beruf verfehlt, wenn er sich zum Anwalt einer Sache – und sei es die vermeintlich oder tatsächlich gute – macht. Wer das will, soll bei »Amnesty International« mitarbeiten.

Abgesehen davon, dass das Bild vor Ort selten so eindeutig schwarz-weiß ist wie es sich aus der Ferne darstellt, kann es keinem Journalisten genügen, sich nur auf der einen Seite des politischen Spektrums zu informieren. Zur Zeit der Apartheid in Südafrika gehörte nicht nur der Kampf der schwarzen Bevölkerungsmehrheit um ihre Rechte in die Berichte, sondern auch die Begründung der Weißen für ihre Politik der Rassentrennung. Dies ist der Vollständigkeit halber notwendig und um zu verstehen, was in diesem Land passiert.

Offizielle Begleitpersonen gibt es in manchen Ländern für Journalisten noch immer. Ob sie als Dolmetscher firmieren oder dem Korrespondenten einfach als Hilfspersonal zur Seite gestellt werden, ist egal, denn sie sind nichts anderes als *Aufpasser*, die verhindern sollen, dass sich der ausländische Journalist der Kontrolle der Regierung entzieht.

Eindimensional ist nichts, unter den Aufpassern gibt es solche und solche: Unbestechliche Vertreter ihres Regimes und umgängliche Anwälte des Unvermeidlichen. Letztere sehen vielleicht mal weg, wenn Sie den vorgeschriebenen Pfad verlassen wollen oder Ihre Kamera nicht in die vorgeschriebene Richtung halten. Dass Sie dies stets auf eigene Gefahr tun, muss Ihnen bewusst sein. Ihr Aufpasser sitzt im Zweifelsfall am längeren Hebel und Sie im Knast. Oder Sie fliegen aus dem Land oder Sie bekommen keine Aufenthalts- und Arbeitserlaubnis mehr. Regeln gibt es für solche Fälle nicht, nur den Hinweis: Verlassen Sie sich auf Ihren gesunden Menschenverstand und auf Ihr journalistisches Gespür.

Die Reise- und Bewegungsfreiheit ist oft dort eingeschränkt, wo es um die Pressefreiheit nicht zum Besten steht, denn das eine hat mit dem anderen zu tun. Wer sich informieren will, muss reisen und sich bewegen können. Regierungen, die dies verbieten, haben kein Interesse an einer unabhängigen Berichterstattung, sondern wollen sie vielmehr gezielt behindern.

Dazu gehört, dass vor das Reisen bürokratische Hürden gesetzt werden. Die Reise muss beantragt und genehmigt werden. Es gibt selbstverständlich keine Rechtsgrundlage, auf die sich ein Korrespondent berufen könnte, wenn ihm eine Reisegenehmigung nicht erteilt wird. Also heißt es, wieder einen Antrag stellen und warten. Das kann frustrierend lange dauern und ist keineswegs immer von Erfolg gekrönt.

Die Grenzen der Berichterstattung verlaufen mit Sicherheit nicht da, wo sie autoritäre Regimes gerne hätten. Diese Grenzen müssen Sie im Ernstfall selbst definieren: Was können Sie noch riskieren, wo wird es für Sie, Ihre Mitarbeiter und Gesprächspartner gefährlich? Eines ist sicher, der Verlauf dieser Grenze lässt sich nicht in der Redaktion erkennen, sondern erst vor Ort, wo Sie entscheiden, wie weit Sie gehen können.

Bob Simon, erfahrener Korrespondent des US-amerikanischen Fernsehsenders CBS plädiert engagiert für das *Überschreiten von Grenzen*, weil er dies, so wie er seinen Beruf versteht, für unerlässlich hält, zumindest für gute Korrespondenten. Simon schreibt: »Zeig' mir einen zufriedenen Menschen mit einem gesunden Respekt vor Autoritäten und keinerlei Illusionen über Unverletzlichkeit und ich werde Dir jemanden zeigen, der nichts im Journalismus zu suchen hat. Okay, er könnte es in Washington zu etwas bringen ... Aber er wird es niemals im Ausland schaffen. Er wird es einfach nicht bringen. ... Und wenn es nicht Verrückte wie uns gäbe, wenn es nicht Banden von selbstmörderischen Depressiven gäbe, die durch die Wüste streifen und Grenzen überschreiten, ... wer würde Euch dann erzählen, was los ist?«[1]

Vielleicht klingt es etwas pathetisch, was Bob Simon da schreibt, aber der Amerikaner ist nicht nur ein erstklassiger Journalist, der mit diesen Worten sein berufliches Credo umschreibt, sondern er tut dies zudem in seinem Buch über den

Golfkrieg von 1991. Damals geriet er mit seinem Team in die Gefangenschaft von irakischen Soldaten, weil er zusammen mit drei Mitarbeitern die Grenze zum Irak unerlaubter Weise überschritten hatte. Simon war für CBS in Saudi-Arabien postiert und unterlag eigentlich der Zensur durch das dort stationierte amerikanische Militär, das auch die Bewegungsfreiheit der Berichterstatter einschränkte. Dem entzog sich Bob Simon zusammen mit seinem Team. Sie gingen einen Schritt weiter, und dann zu weit: Vierzig Tage Haft und Folter in irakischen Gefängnissen waren die Folge, haben aber an den journalistischen Überzeugungen von Bob Simon nichts geändert. Das Überschreiten von Grenzen kann eben beides sein: notwendig und gefährlich. In Kriegsgebieten gilt das allemal.

[1] Bob Simon, Forty Days (G. P. Putnams Sons, New York 1992, S. 291), ein Buch, das unaufgeregt-lakonisch über Journalismus reflektiert, und das nach vierzig Tagen Haft und Folter im Irak.

Krisen- und Kriegsgebiete

Fast alle selbstkritischen oder nachdenklichen Reflektionen über die Kriegsberichterstattung fangen an mit einem schon etwas angejahrten, aber unverändert in diesem Zusammenhang beliebten Zitat, wonach das erste Opfer des Krieges die Wahrheit sei. Das muss nicht notwendigerweise so sein, doch die Gefahr ist erfahrungsgemäß ziemlich groß, dass in Kriegs- oder Konfliktgebieten die Wahrheit unter die Räder kommt (seit dem Kosovo-Krieg von 1999 könnte man so etwas *Kollateralschaden* nennen, weil die Alliierten diesen Begriff verwendeten, um Schäden an nicht militärischen Zielen verschleiernd zu bezeichnen). Es bedarf also besonderer journalistischer Anstrengungen, um der Wahrheit möglichst nahe zu kommen.

Die Standortwahl ist bei der Kriegsberichterstattung oft schon die erste Entscheidung darüber, aus welcher Perspektive der Korrespondent berichten kann. Auf welcher Seite der Barrikade oder Grenze der Reporter steht, beeinflusst seinen Blickwinkel und seine Berichterstattung, beziehungsweise die Möglichkeit der Berichterstattung. Es ist eben ein Unterschied, ob Sie das Tränengas einatmen, das Polizisten auf Demonstranten abfeuern, oder ob Sie hinter den Polizisten stehen, die gegen die Demonstranten vorgehen. Noch klarer wird das im Kriegsfall: Ob Sie in Bagdad die Luftangriffe der Alliierten auf den Irak im Golfkrieg von 1991 erleben oder in Saudi-Arabien im Hauptquartier der Alliierten über diese Angriffe aus Sicht der Alliierten informiert werden, hat Folgen: für die Berichterstatter und für ihre Berichte.

Die Freiheit der Standortwahl ist davon abhängig, ob die Krieg führenden Parteien Sie von da berichten lassen, wo Sie das gerne tun würden.
Der Vietnamkrieg wird oft als Beispiel für die Zeiten zitiert, zu denen es den Korrespondenten noch möglich war, sich weitgehend ungehindert vom Militär dort umzuschauen, wo die Kämpfe tatsächlich stattfanden. Heute lässt sich aber nicht mehr leugnen, dass damals in den 60er Jahren die US-amerikanische Regierung versucht hat, die Berichterstattung in ihrem Sinne zu beeinflussen. In den letzten Jahren ist verstärkt die Tendenz erkennbar, die Reporter immer weiter weg vom wirklichen Kriegsgeschehen zu halten und mit *ausgesuchten Informationen* zu versorgen.

Am liebsten wäre es den Militärs auf der ganzen Welt (in dieser Hinsicht gibt es kaum ideologische Unterschiede), die Korrespondenten würden sich ausschließlich auf das offizielle Material stützen, das in den Pressezentren der Armee verteilt wird. Dort aber findet der richtige Krieg nicht statt, sondern nur der um die richtige Sicht der Dinge. In jedem Fall sind die Korrespondenten heute mehr als früher darauf angewiesen, sich erst einmal den *Zugang* zu den Ereignissen zu verschaffen. Die Regierung in Belgrad wollte kurz nach Beginn der NATO-Angriffe auf das Kosovo im März 1999 keine Berichterstatter mehr im Lande sehen und warf fast alle Korrespondenten raus. Später durften dann einige zurück und konnten unter schwierigen Bedingungen aus Belgrad berichten. Besonders problematisch ist das immer für die Fernsehkorrespondenten, die auf die technische Unterstützung im Lande angewiesen sind und nicht frei filmen dürfen, was sie gerne aufnehmen möchten. Es ist schließlich ein großer Unterschied, ob einem Fernsehteam erlaubt wird, ein zerschossenes Kinderheim zu filmen oder eine zerstörte Kaserne; vor allem aber hat dies auf das Publikum eine völlig unterschiedliche Wirkung. Und genau darum geht es. Durch diese gar nicht so subtile Methode versuchen undemokratische Regierungen speziell im Falle eines Krieges Berichte in ihrem Sinne zu beeinflussen, indem sie nur die Verwendung *ausgesuchten Materials* zulassen.

Im Kosovo selbst waren damals zu Beginn des Krieges nur noch wenige Korrespondenten stationiert, die dann aber unter oft abenteuerlichen Umständen – wie sich Lebensgefahr in solchen Fällen umschreiben lässt – diese serbische Provinz verlassen haben. Sie befanden sich in doppelter Gefahr: Die NATO bombardierte dieses Gebiet, das offiziell zu Serbien gehört, dessen albanische Bevölkerungsmehrheit aber für die Unabhängigkeit kämpfte, so dass nicht auszuschließen war, dass ein Korrespondent Opfer der Angriffe werden konnte. Zum anderen waren die serbischen Militärs in dieser Region alles andere als gut auf die Vertreter westlicher Medien zu sprechen, die für sie ja zugleich Vertreter der Mächte waren, die Krieg gegen Serbien führten.

So kam es, dass es schon bald keine wirklich zuverlässigen Berichte aus dem Kosovo mehr gab, weil alle Korrespondenten dieses Gebiet verlassen mussten. Rund um das Kosovo waren Tausende von Korrespondenten stationiert und versuchten sich aus den Berichten der albanischen Flüchtlinge ein Bild zu machen von dem, was dort vorging, wo zum einen Bomben der NATO auf die serbischen Stellungen fielen – und wo gleichzeitig zum anderen die Serben brutal die Kosovo-Albaner vertrieben. Ein äußerst unbefriedigender Zustand, der nach dem Krieg (wie nach jedem Krieg) auf zahlreichen Symposien beklagt wurde.

Grenzüberschreitungen sind lebensgefährlich, aber oft die einzige Chance, der Wahrheit ein kleines Stückchen näher zu kommen. Ratschläge kann es hier nicht geben, jeder einzelne muss in der aktuellen Situation entscheiden, wie weit er – in des Wortes wahrer Bedeutung – zu gehen bereit ist. Keine einfache Entscheidung, denn immer wieder sterben Journalisten, die versuchen, in Kriegsgebieten dorthin zu gelangen, wo wirklich gekämpft wird. Ob sich das lohnt? Nein, natürlich hat es sich weder für den Korrespondenten der »Süddeutschen Zeitung«, Egon Scotland, gelohnt, auf dem Balkan zu sterben noch für den »Stern«-Reporter Gabriel Grüner, den Fotografen Volker Krämer und ihren mazedonischen Mitarbeiter Senol Alit, die am Ende des Kosovo-Krieges ums Leben kamen, ebenso wenig wie für den Reuters-Korrespondenten Kurt Schork, der Mitte 2000 aus einem umkämpften Gebiet in Sierra Leone nicht mehr zurückkam. Und doch: Alle würden vermutlich wieder tun, was sie getan haben, denn nicht Abenteuerlust trieb sie oder der Kitzel des Gefährlichen, sie übten nur ihren Beruf aus: professionell, besonnen, keine Draufgänger, sondern vor Ort auf der Suche nach authentischen Informationen, nicht am Schreibtisch und nicht auf Pressekonferenzen.

Eine gewisse Risikobereitschaft ist mithin unerlässlich, um aus einem Kriegs- oder Krisengebiet halbwegs seriös berichten zu können. Zumindest die Bereitschaft, das Hotel zu verlassen, ist gefordert, denn anders war zum Beispiel nicht wirklich in Erfahrung zu bringen, was sich auf den Straßen des von Israel besetzten Gazastreifens abspielte, als dort im Herbst 2000 der Aufstand der Palästinenser, die so genannte Al-Aksa-Intifada, begann.
Die Fotografen und Kameramänner haben gar keine Wahl, sie müssen dort hin, wo die Action ist, denn ohne Bilder heim zu kommen, können sie sich gar nicht leisten.
Natürlich hat die Bereitschaft, Risiken einzugehen, in den Zeiten verschärften journalistischen Wettbewerbs zugenommen, aber niemand wird gezwungen, eine Grenze zu überschreiten, vor der er zurückschreckt. Es liegt im Ermessen jedes einzelnen Korrespondenten, welchen Schritt er noch tut. Freilich sollte jeder, der als Korrespondent in ein Land geht, grundsätzlich damit rechnen, dass er in ungemütliche, ja gefährliche Situationen kommen und nicht davonlaufen kann.

In manchen Weltgegenden ist das wahrscheinlicher, in anderen eher nicht, aber niemand kann davon ausgehen, dass immer die Sonne scheint und er nie in einen Regen kommt. Wer dies nicht zumindest theoretisch in Kauf nimmt, sollte sich ernsthaft überlegen, ob er Korrespondent werden will, denn nur dann lässt sich ausschließen, Zeuge eines Umsturzes, eines Aufstandes oder von Unruhen zu werden – und selbst in Gefahr zu geraten.

Die eigene Befindlichkeit spielt deshalb eine große Rolle speziell bei der Kriegsberichterstattung. Niemand sollte sich darüber hinweg täuschen: Ein Krieg zerrt an den Nerven unbeteiligter journalistischer Beobachter. Erstens ist Kriegsberichterstattung gerade in den Anfangstagen einer militärischen Auseinandersetzung so fordernd in jeder Hinsicht, dass Nachdenken über die eigene Tätigkeit kaum noch möglich ist, zweitens kann sich wohl kaum jemand dem Sog eines solchen Ereignisses entziehen, das einen umfassend und ausschließlich beschäftigt.

Deshalb ist es wichtig, sich selbst zu kontrollieren und zu überprüfen, ob die journalistischen Kriterien, und damit die Berichterstattung, unter dem Druck der Ereignisse leiden. Wer ständigem Bombardement ausgesetzt ist, der gerät in die Gefahr, sich als Teil des Konfliktes zu verstehen – und sollte spätestens dann eine Pause einlegen.

Distanz ist und bleibt entscheidend, besonders dann, wenn es extrem schwer ist, sich den Ereignissen zu entziehen, was nun einmal in einem Krieg der Fall ist. Vor Ort ist diese notwendige Distanz manchmal gar nicht herzustellen, weil ein Bericht über den Kampf der selbst ernannten Kosovo-Befreiungsarmee nur möglich ist, wenn der Korrespondent bereit ist, sich auf diese Leute einzulassen. Gerade Konfliktparteien – fast egal, wo auf der Welt – neigen dazu, Journalisten als Transportmittel für ihre Anliegen zu betrachten.

Auslandskorrespondenten gelten dafür als besonders geeignet, weil sie die Anliegen der Rebellen/Freiheitskämpfer/Milizionäre/Guerilleros (passende Bezeichnung aussuchen) weltweit verbreiten können. Deshalb bekommen Korrespondenten gelegentlich Zugang zu eroberten/umkämpften/befreiten (passende Bezeichnung aussuchen) Gebieten, weil auf diese Weise eine Seite im Kampf zeigen kann, wie die Lage aus ihrer Sicht ist. Die russische Armee nimmt Journalisten mit in die zerschossene tschetschenische Hauptstadt Grosny, um zu beweisen, dass es keinen Widerstand mehr gibt. Die tschetschenischen Rebellen ihrerseits haben das Anliegen, ihren Widerstand als erfolgreich darzustellen.

Da es im Kriegs- oder Konfliktfall nur selten möglich ist, sich ein Bild von beiden Seiten zu verschaffen, bleibt eine *zurückhaltend-distanzierte Betrachtungsweise* oft die einzige Möglichkeit, mit den präsentierten Fakten umzugehen. Sensibel zu bleiben und nicht zynisch zu werden, ist vielleicht das Schwierigste bei der Berichterstattung über einen Krieg.

Die klare Benennung der Quellen gehört dazu, denn nur so kann das Publikum zu Hause einschätzen, auf welcher Basis die Berichte entstanden sind. Es ist für die Leser, Hörer und Zuschauer wichtig zu wissen, aus welcher *Quelle* der Korrespondent seine Informationen bezieht: Sind es die Mitteilungen eines Armeepressesprechers, die Berichte von Flüchtlingen aus dem Kriegsgebiet oder die Verlautbarungen der Rebellen? Der einzelne Korrespondent hat vor Ort meist gar nicht die Wahl, unter den verschiedenen Quellen auszuwählen, da er durch die Wahl seines Standorts schon entschieden hat, von welcher Seite er die Informationen bekommen kann.

Umfassende Berichterstattung ist deshalb bei Kriegen oft nur gewährleistet, wenn mehrere Korrespondenten im oder um das Kriegsgebiet postiert sind und sich aus der *Summe ihrer Berichte* ein Bild ergibt. Auf diese Weise ergänzen sich Reportagen aus dem Kampfgebiet (wenn dies überhaupt möglich ist), die offiziellen Verlautbarungen der einen wie der anderen Seite und Informationen aus unabhängigen Quellen.

Internationale Organisationen wie Beobachter der Vereinten Nationen, Friedenstruppen oder das Internationale Komitee vom Roten Kreuz (IKRK) sind in solchen Fällen bei der Informationsbeschaffung sehr hilfreich. Gute Kontakte lohnen sich allemal, da dort zu erfahren ist, was *unabhängige Beobachter* zu sagen haben, die nicht die Interessen der Krieg führenden Parteien vertreten.
Die Büros solcher Organisationen sind in Konfliktfällen eigentlich immer *Informationsbörsen*, an denen es neben handfesten Informationen ebenso flüchtige Gerüchte zu erfahren gibt. Außerdem wissen die Mitarbeiter internationaler Organisationen meist weiter, wenn der Korrespondent ein Dach über dem Kopf braucht, wieder einmal halbwegs vernünftig essen möchte oder im Schutz einer großen Organisation in gefährliche Gebiete gelangen will. Auch bei der *Flucht oder Evakuierung* aus diesen Gebieten, was ja nicht immer zu vermeiden ist, kann der

Kontakt zu internationalen Organisationen überlebenswichtig sein.
Die Logistik solcher Institutionen ist nicht zu unterschätzen, ist Krisenmanagement doch ihr Geschäft. Da stehen Hubschrauber, Jeeps und gepanzerte Fahrzeuge zur Verfügung und manches Mal gelingt es einem Korrespondenten, einen Platz auf der Holzsitzbank zu ergattern und dahin zu kommen, wohin es für ihn alleine zu weit, zu unwegsam oder zu gefährlich gewesen wäre.

Zwischen den Fronten befindet sich der Korrespondent und damit auf dem ihm angemessenen Platz. Nicht immer ist es so leicht, tatsächlich zwischen den Fronten zu stehen, wie im Konflikt zwischen Israelis und Palästinensern, wo es Korrespondenten möglich ist, am Vormittag bärtige palästinensische Islamisten zu interviewen und wenige Stunden später extremistische israelische Siedler, die beide Anspruch auf dasselbe Land erheben. In Israel und Palästina bewegen sich Journalisten ohne allzu große Mühen von der einen auf die andere Seite und können sich durch eigenen Augenschein ein Bild machen. In vielen anderen Konfliktgebieten ist das nicht möglich, weil die Grenzen zwischen den verfeindeten Parteien undurchlässig sind oder nur unter Gefahr überschritten werden können.

Alleingänge vermeiden Korrespondenten deshalb besser, die sich in gefährliche Gebiete begeben. Der journalistische Ehrgeiz, eine Exklusivgeschichte aufzutun, sollte nicht zu Sorglosigkeit führen. Es bietet immerhin einen gewissen Schutz, wenn Korrespondenten in einer Gruppe unterwegs sind, außerdem sollte immer irgendjemand (Kollegen, Botschaft, internationale Organisationen oder die Familie, die allerdings meist weit weg ist) wissen, wo der Korrespondent in einem umkämpften Gebiet unterwegs ist, so dass im Falle eines Falles Hilfe geholt werden kann.
Berichterstattung kann unter solchen Umständen – es sei wiederholt – zu einer Gratwanderung werden, für die es keine Patentrezepte gibt. Deshalb ist Vorsicht keine Feigheit, sondern Selbstschutz. Die Bereitschaft, notwendige Risiken bei der Berufsausübung auf sich zu nehmen, darf nicht umschlagen in sinnloses Abenteurertum.

Kollegen oder Konkurrenten?

Alle Korrespondenten sind gleichermaßen Kollegen wie Konkurrenten. Wer anderes behauptet, lügt sich in die Tasche. Das schließt nicht aus, dass Korrespondenten befreundet sein können, aber wenn es um die Arbeit geht, will jeder als erster mit der besten Geschichte auf dem Markt sein. Und die meisten sind davon überzeugt (ohne dies immer laut den Kollegen ins Gesicht zu sagen), dass die Konkurrenz zwar gut, sie selbst aber ein kleines bisschen besser sind.

Auslandskorrespondenten unter sich

Die Gemeinschaft der Auslandskorrespondenten zeichnet sich dennoch überwiegend durch Gemeinsamkeiten aus, von denen nicht alle den Korrespondenten zum Vorteil gereichen. Daran hat sich offensichtlich über die Jahre hinweg nichts geändert. Das amerikanische »Time«-Magazin schrieb vor rund dreißig Jahren: »Wo immer Auslandskorrespondenten stationiert sind, neigen sie dazu, sich zu einem inoffiziellen Club zusammenzutun ... Keiner von ihnen beherrscht fließend die Landessprache ... Ihre Berichterstattung neigt zu Verzerrungen. Die komplizierten Grautöne eines komplizierten Landes verschwinden in einem vereinfachten Schwarz-Weiß-Bild.«[1]
Nun lässt sich trefflich darüber streiten, ob die Kritik an der Berichterstattung (sie bezog sich damals auf den Vietnam-Krieg) so stimmt, aber es ist schon auffällig, dass ein Korrespondent dreißig Jahre später eine nahezu wortgleiche Einschätzung formuliert. Robert Fisk hat seine Erfahrungen als langjähriger Nahost-Korrespondent der britischen Zeitung »Independent« gemacht: »Ein Problem unter Journalisten ist, dass sie ständig miteinander reden. Bewußt oder unbewußt formulieren sie ihre Berichte am nächsten Tag in Übereinstimmung mit den anderen, und so wird eine Sicht verbreitet, die relativ identisch ist und ziemlich sicher dem einfachsten und sichersten Blickwinkel entspricht.«[2]

Journalistischer Herdentrieb also? Freiwillige Gleichschaltung? Natürlich nicht, aber es gibt Mechanismen, die dazu

führen, dass in Radio und Fernsehen, bei Nachrichtenagenturen und in Zeitungen der amerikanische Präsident mit genau den gleichen Aussagen zitiert wird, obwohl er eine lange Rede gehalten und zu vielen Themen vieles gesagt hat.
Das ist kein Zufall und keine geheime Absprache der Korrespondenten, sondern die Folge der *journalistischen Erwartungshaltung*: Wochenlang beschäftigen sich die Medien mit den Plänen der USA, ein neues Raketenabwehrsystem zu entwickeln und deshalb wird begierig der eine kurze Satz aufgenommen und weiter transportiert, den der Präsident zu diesem Thema gesagt hat, weil – da haben die zuvor zitierten Kritiker nicht ganz unrecht – die Korrespondenten im Vorfeld das eine oder andere Gespräch miteinander geführt und sich dabei die Frage gestellt haben, was der Präsident wohl zu diesem Thema sagen wird.
Wobei die Bewertung in hohem Maße von *den nationalen Interessen* abhängt, denn während die deutschen Korrespondenten vielleicht an den Äußerungen zu den Handelsbeziehungen zwischen den USA und Deutschland interessiert sind, ist für die Korrespondenten aus Asien ein ganz anderer Aspekt von Interesse.

Ein inoffizieller Club ist die Gemeinschaft der Auslandskorrespondenten schon. Das hat zunächst einmal ganz einfach damit zu tun, dass sich im Ausland Kolleginnen und Kollegen begegnen, die vor ziemlich ähnlichen Problemen stehen und froh sind, jemanden zu treffen, der ihnen weiterhelfen kann, wenn es darum geht, eine preiswerte Wohnung in Washington oder einen zuverlässigen Handwerker in Israel zu finden (beides ist gleich schwierig, deshalb ist man für jeden Hinweis dankbar). Das verbindet genauso wie die detailgenaue Schilderung bereits erlittener Missgeschicke im neuen Heimatland, wobei die ersten und beliebtesten Themen die Möbelpacker und das unmögliche Verhalten der Beamten beim Zoll sind, später kommen dann – wenn Kinder mit ins Ausland gegangen sind – die Schulsorgen dazu.

Eine Antrittsparty ist nicht die schlechteste Variante, mit den Kolleginnen und Kollegen der anderen deutschen Medien den Kontakt aufzunehmen und die ersten Erfahrungen im neuen Land mit denjenigen auszutauschen, die schon ein paar Jahre länger da sind und erzählen können, wie viel aufregender alles war, als sie ins Land kamen. Wenn das Haus oder die Wohnung bezogen und das Büro eingerichtet ist, einfach eine Karte an alle schicken (der Pressesprecher der deutschen Botschaft hat mit Sicherheit eine halbwegs aktuelle *Adressenliste*), ausreichend Wein und Bier kaltstellen, den Partyservice auftischen lassen oder selbst kochen und backen – und sich dann auf einen langen Abend und eine kurze Nacht gefasst machen. Wenn Sie Glück haben, treffen Sie den einen oder anderen Kollegen, mit dem Sie gut zurecht kommen, wenn Sie Pech haben, einige, die Sie wohl nicht werden leiden können, aber auf alle Fälle haben Sie Ihren Bekanntenkreis um ein paar Leute erweitert, die Sie bei Alltags- wie Berufsproblemen um Rat fragen können

Der kollegiale Austausch ist eine Selbstverständlichkeit, da die wenigsten Journalisten über die Fähigkeit verfügen, ihre Meinung für sich zu behalten, und dazu neigen, sie zunächst einmal gegenüber Kollegen und Kolleginnen auszubreiten.
Es gibt immer wieder Gelegenheiten, bei denen sich die Korrespondenten unvermeidlicherweise treffen. Die Palette reicht vom Empfang zum Tag der deutschen Einheit in der deutschen Botschaft über Hintergrundgespräche mit Politikern bis zu Pressekonferenzen.
Davor und danach, sowie manches Mal während der Veranstaltung wird die Politik des Landes durchdekliniert. Der Friedensprozess in Nahen Osten bekommt zum wiederholten Male den Totenschein ausgestellt, die Bürokratie der Europäischen Union in Brüssel wird zerpflückt und die russische Politik interpretiert. Die Korrespondenten erzählen sich, was sie wissen (nicht alle erzählen alles, logisch) und was sie meinen, mit wem sie gesprochen haben und wo sie im Land gewesen sind, so dass im günstigsten Fall jeder von jedem ein bisschen profitiert.

Kollegiale Hilfe findet darüber hinaus statt, wenn die Frage lautet: »Kannst du mir mal (die meisten Korrespondenten duzen sich innerhalb kürzester Zeit, was mit zu den Zeichen des inoffiziellen Clubs gehört. Den vertrauten Umgang fördert die englische Sprache zusätzlich, die es nahe legt, sich mit Vornamen anzusprechen) die Telefonnummer des Präsidentenberaters ge-

ben oder weißt du, wer die hat?« Im Normalfall rückt dann jeder Korrespondent die Nummer heraus, verbunden mit dem Hinweis »... und sag' ihm einen schönen Gruß von mir«.
Wer Hilfe braucht im Ausland – und irgendwann ist jeder mal darauf angewiesen –, findet die bei den Kollegen. Es kommt schließlich mal vor, dass dem Hörfunkkollegen ein wichtiger O-Ton entgangen ist, den er jetzt unbedingt verwenden muss, oder dass jemand eine Pressekonferenz nicht besuchen konnte, von der er aber doch ein paar Informationen benötigt.
In solchen Fällen kann man sich auf die kollegiale Hilfsbereitschaft verlassen und von den Fernsehkollegen einen O-Ton bekommen und von einem anderen Korrespondenten eine kurze telefonische Zusammenfassung der Pressekonferenz. Schließlich weiß jeder Korrespondent (oder sollte es zumindest wissen), dass er selbst einmal in die Lage kommen kann, auf kollegiale Hilfe angewiesen zu sein, und dass dem eher geholfen wird, der hilfsbereit ist.
Bevor der Eindruck entsteht, es handle sich bei den Auslandskorrespondenten um die Bruderschaft der barmherzigen Samariter, sei der unvermeidliche Hinweis hinzugefügt: Ausnahmen bestätigen die Regel, denn auch Auslandskorrespondenten sind nur Menschen, und unter denen gibt es solche und solche, aber im Wesentlichen besagt die Erfahrung, dass kollegiale Hilfe eine Selbstverständlichkeit ist.

Der journalistische Wanderzirkus ist eine spezielle Variante der journalistischen Arbeit im Ausland. Er wird immer dann aktiv, wenn Kriege, Krisen oder Konferenzen auf der Tagesordnung stehen. Dann sind alle Hotels ausgebucht, klingeln die Handys selbst im Dschungel der Philippinen und das örtliche Taxigewerbe hat Hochkonjunktur.
Der Kosovo-Krieg im Jahr 1999 oder die wochenlange Entführung deutscher und anderer Touristen auf den Philippinen ein Jahr später waren solche Ereignisse, die dazu führen, dass eine Hundertschaft von Journalisten wie ein Hornissenschwarm einfällt. Bei solchen Gelegenheiten tritt das geballte Pressecorps auf:
Journalisten aus nahezu allen Ländern der Welt balgen sich um die oft kümmerlichen Krumen Information, die ihnen vorgeworfen werden und bieten dabei nicht immer ein elegantes Bild. Da

reißen erwachsene Journalisten dem Pressesprecher einen im Zweifelsfalle nichts sagenden Zettel aus der Hand, stoßen sich Kameramänner und Fotografen ihr Arbeitsgerät an die Köpfe und versuchen Tonleute wie Hörfunkkorrespondenten ihre Mikrofone möglichst nahe vor den Mund der gerade wichtigen Personen zu halten. Die Kollegen sind in diesem Moment allemal Konkurrenten, denn jetzt geht es in erster Linie um das beste Bild, den schnellen Zugriff auf ein Minimum an Information – und wenn ein Kollege im Weg steht, dann wird geschoben und gedrückt.

Besonders bei unorganisierten Ereignissen, also irgendwelchen Krisen, die ja eher selten vorhersehbar sind, beobachten sich die Korrespondenten ganz genau, um nur ja nichts Wichtiges zu verpassen, denn es könnte ja sein, dass genau dort etwas Entscheidendes passiert, wohin sich gerade zwei Kollegen auf den Weg machen, also geht man unauffällig und ganz zufällig mal in diese Richtung. Gerüchte haben bei solch' unübersichtlichen Ereignissen stets Konjunktur, so dass es eine der entscheidenden journalistischen Aufgaben ist, im Brodeln der Gerüchteküche nicht den Überblick zu verlieren.
Aber selbst bei diesen Gelegenheiten kristallisiert sich schnell ein Platz heraus, an dem sich die Korrespondenten nach getaner Arbeit treffen, um sich auszutauschen. Wie es der Zufall will, handelt es sich nicht selten um die Bar des einzigen halbwegs erträglichen Hotels.

Poolbildung ist die Alternative und bei politischen Großereignissen, wie Friedenskonferenzen, Weltwirtschafts- oder EU-Gipfeln eigentlich die Regel. Da werden die Korrespondenten an die Leine genommen und müssen sich den Anordnungen der Veranstalter beugen. Poolbildung bedeutet, dass ein paar ausgewählte Journalisten – meist je einer von einer Nachrichtenagentur, einer Fernsehanstalt, einer Radiostation und einem Printmedium – Zugang zu einem Termin bekommen und die Ergebnisse ihrer Arbeit allen anderen Kollegen zur Verfügung stellen müssen.
Mit dieser Methode lässt sich die Berichterstattung relativ einfach kanalisieren, deshalb ist sie umstritten und bei Journalisten aus guten Gründen alles andere als beliebt. Vor allem dann,

wenn – wie im Golfkrieg von 1991 – die Poolbildung ganz offensichtlich eine unabhängige Berichterstattung verhindern soll.

Bei weniger kontroversen Veranstaltungen wie einem beliebigen Gipfeltreffen lässt sich die Poolbildung akzeptieren, weil sowieso alle das gleiche Bild vom präsidialen Händeschütteln wollen, doch im Golfkrieg lag die Poolbildung in erster Linie im Interesse der USA, die kontrollieren wollten, welche Bilder um die Welt gehen. Das Material musste erst die Hürde der Militärzensur nehmen, bevor es veröffentlicht werden konnte, so dass zum Beispiel der Zensur zum Opfer fiel, womit sich die amerikanischen Bomberpiloten vor ihren Einsätzen in Stimmung brachten: mit Pornovideos.

Egal, wie unwichtig oder wichtig solche Details sind, für Journalisten ist es eine Beschränkung der Pressefreiheit, wenn ein Soldat darüber befindet, was geschrieben oder gesendet werden darf. Allerdings gibt es selten eine Chance, sich der Poolbildung und damit der Kontrolle über das Materials durch andere zu entziehen, weil der »Veranstalter« eines Ereignisses, sei es ein Gipfeltreffen oder ein Krieg, durchaus in der Lage ist, die Bedingungen zu diktieren, unter denen die Journalisten arbeiten können. Wenn die Korrespondenten keinen Zugang zu bestimmten Ereignissen haben, sind sie auf die Bilder und Informationen angewiesen, die ihnen von den Poolmitgliedern zur Verfügung gestellt werden.

Der Hinweis, dass alle Informationen der Militärzensur unterliegen, darf bei den Berichten selbstverständlich nicht fehlen, weil er die Leser, Hörer und Zuschauer nicht im Unklaren lässt über die Bedingungen, unter denen die Korrespondenten arbeiten.

Auszubrechen aus dem Pool gestaltet sich schwierig, weil es nicht gern gesehen wird von den Veranstaltern ebenso wie von den Kollegen. Es macht einen Korrespondenten nicht beliebt, wenn er sich nicht an die Regeln hält, weil diejenigen, die sich den Vorschriften unterwerfen, sich ungern von ihren Redaktionen vorwerfen lassen: »… aber der Kollege vom Konkurrenz-Fernsehsender hat viel bessere Bilder!«. Im Golfkrieg war es der US-amerikanische Fernsehkorrespondent Bob Simon von CBS, der sich dem Poolsystem nicht unterwarf und eigene Wege ging, was ihm erst einen Exklusivbericht einbrachte und dann –

wie bereits erwähnt – vierzig Tage in irakischen Gefängnissen. In einem Krieg kann es höchst riskant sein, die Spielregeln zu missachten. Bob Simon hatte mit seinem Team die Grenze zum Irak überschritten. Das wäre ihm nicht passiert, hätte er sich an die Anweisungen der amerikanischen Militärs gehalten, doch der amerikanische Journalist wollte mehr sehen als das, was ihm zu sehen erlaubt war. Er tat dies, weil es seinem journalistischen Selbstverständnis entsprach: »Im Grunde unseres Herzens waren wir Voyeure, wie so viele unserer besten Kollegen. Du hast einen Blick auf das Verbotene geworfen, ein Ereignis enthüllt: Du hast dich nicht vereinnahmen lassen, hast einfach beobachtet, und dann der Welt erzählt, was du gesehen hattest. Das war das geheime Credo des Journalisten.«[3]

Kollegen und Konkurrenten sind die Auslandskorrespondenten also, weil sie alle ihren Job möglichst gut machen wollen und deshalb jeder nach dem besten Blickwinkel für seine Geschichte sucht. Trotz des verschärften Wettbewerbs unter den Medien sind sich aber am Schluss alle wieder einig, egal ob in Washington, Moskau, Paris, Harare oder Tokio: Es gibt keinen besseren Job im Journalismus als den des Korrespondenten, und die Einzigen, die bei der Berufsausübung stören, sind die Chefs in der Zentrale, die nach Ansicht der Auslandskorrespondenten keine Ahnung davon haben, wie das Leben und Arbeiten draußen wirklich abläuft.

[1] zitiert nach John R. MacArthur, Die Schlacht der Lügen. Wie die USA den Golfkrieg verkauften (dtv Sachbuch, München, 1993, S. 136), zum Thema Kriegsberichterstattung ein sehr aufschlussreiches Buch
[2] Interview mit Petra Steinberger in: Süddeutsche Zeitung vom 28. Mai 1998
[3] Bob Simon, Forty Days (G. P. Putnam's Sons, New York, 1992, S. 73)

Die Zusammenarbeit mit einheimischen Kollegen

Sie wissen einfach mehr und sind deshalb eine stets wertvolle Informationsquelle, die sich jeder Auslandskorrespondent zunutze machen sollte. Gemeint sind die Kolleginnen und Kollegen von den einheimischen Medien, die viel näher dran sind als Sie, der Sie gerade anfangen, erste Kontakte zu knüpfen und Adressen zu sammeln.

Das Hintergrundwissen der Kollegen vor Ort sollten Sie sich erschließen, weil Sie auf diese Weise an Informationen kommen, die Sie nicht nachlesen können, denn es steht nicht alles in der Zeitung, was einheimische Journalisten mit den Politikern ihres Landes erleben.
Nicht die Auslandskorrespondenten, sondern die Vertreter der Inlandspresse sind es, die Präsidenten, Regierungschefs, Minister oder andere wichtige Leute vielleicht noch aus der Schule oder von der Universität kennen und Ihnen damit einen ganz anderen Blick auf diese Persönlichkeiten des öffentlichen Lebens verschaffen können. Der langjährige politische Korrespondent einer wichtigen Zeitung (oder von Fernsehen oder Hörfunk) des Landes kann Ihnen meist mehr erzählen als Sie überhaupt verwenden können. Doch genau davon profitieren Sie, weil das zunächst oberflächliche Bild, das Sie sich verschaffen, an Tiefenschärfe gewinnt.

Als Interviewpartner oder Interpreten der Politik ihres Landes sind diese Kollegen zumeist gut geeignet. Eine kompetente Stellungnahme hat noch keinem Bericht geschadet. In der Adressenliste eines Korrespondenten sollten diese Kollegen deshalb nie fehlen, weil sie – anders als Politiker – zum Interview nicht erst lange gebeten werden müssen, sondern bereit sind, in ein unter die Nase gehaltenes Mikrofon zu sprechen und ihre Meinung kund zu tun.
Wenn Sie die Artikel der Kolleginnen oder Kollegen regelmäßig lesen, wissen Sie zumeist ungefähr, was Sie zu erwarten haben, denn dann dürfte Ihnen die politische Haltung des Kollegen nicht verborgen bleiben. CNN lebt davon, an allen wichtigen Plätzen der Welt einheimische, aber Englisch sprechende Kollegen vor die Kamera zu holen und sie ihr Land erklären zu lassen. Das verschafft den ansonsten stets geforderten CNN-Korrespondenten zumindest eine kleine Verschnaufpause und ist für die befragten Journalisten attraktiv, da ihre Meinung rund um die Welt transportiert wird.

Kontakte verschaffen Ihnen die Kollegen vor Ort gelegentlich auch, denn im Laufe der Jahre ist deren Adressenliste wesentlich umfangreicher geworden als Ihre je werden wird. Wenn Sie Glück haben, können Sie bei einem Interview mit einer wichtigen Persönlichkeit einfach einmal dabei sein, weil der Kollege Sie freundlicherweise mitnimmt. Das hängt natürlich wesentlich von Ihrer Beziehung zu dem Kollegen oder der Kollegin ab. Es muss das Vertrauen vorhanden sein, dass Sie sich nicht in den Vordergrund drängen und vielleicht versuchen, dem einheimischen Kollegen die Show zu stehlen, sondern sich an die zuvor vereinbarten Spielregeln und damit gegebenenfalls im Hintergrund halten.

Die Kontaktaufnahme können Sie entweder selbst beschleunigen, indem Sie Redaktionen besuchen (je nach Land mit einer Flasche Whiskey in der Hand oder manchmal besser nicht) und sich den Kolleginnen und Kollegen vorstellen, oder Sie überlassen es dem Zufall, der meist in Form von Pressekonferenzen oder Stehempfängen beim deutschen Botschafter eintritt. Da sitzt oder steht die einheimische wie ausländische Journalistenschar beieinander, und Sie wären kein Journalist, wenn es Ihnen bei dieser Gelegenheit nicht gelänge, mit ein paar Kollegen ins Gespräch zu kommen und sich vielleicht zu einem Bier oder einem Mittagessen zu verabreden.

Die Bezahlung findet oft auf genau diese Weise statt. Sie laden den Kollegen hin und wieder in ein gutes Lokal ein und übernehmen die Rechnung. Das kann genügen, wenn Sie den Kollegen nicht über die Maßen beanspruchen und nicht jeden Tag von ihm verlangen, dass er Sie mit Hintergrundinformationen versorgt. Anders sieht es aus, wenn es über den journalistischen Austausch hinaus geht, Sie den Kollegen also um konkrete Leistungen bitten, wie Interviews zu vereinbaren oder Ihnen Gesprächspartner zu besorgen. Das ist mehr als kollegialer Austausch und sollte bezahlt werden.
Es hängt aber ganz von Ihnen und dem Etat ab, den Sie dafür zur Verfügung haben, wie viele Dollar Sie auf den Tisch blättern. Und natürlich von dem Kollegen, den Sie nicht durch das Angebot von Geld beleidigen sollten, wenn er Ihnen aus Freundschaft einen Gefallen tun möchte. Sie selbst müssen merken, was Sie verlangen können und was nicht. Meist sind die einheimischen Kollegen froh, ein paar Euro oder Dollar bar auf die Hand (und – nicht verraten! – vorbei an der Steuer) verdienen zu können.

Die Situation der Medien in Ihrem Gastland lernen Sie auf diese Weise ganz nebenbei kennen, wenn Sie erfahren, unter welch' vorsintflutlichen Bedingungen in Albanien Radiosendungen entstehen, die Privatkriege der israelischen Medienzaren aus der Sicht von Betroffenen geschildert bekommen oder die Rechercheleistungen amerikanischer Journalisten aus der Nähe beobachten können. Da Sie ja als Auslandskorrespondent ein ständiger Nutzer der Presse des Landes sind, ist dies für Sie in jeder Hinsicht von Bedeutung, weil Sie die Medien viel besser einschätzen und manches, was Sie lesen, hören oder sehen, besser verstehen können.

Abgesehen davon erweitert es den Horizont, wenn man aus erster Hand erfährt, wie Journalisten in anderen Ländern arbeiten, nach welchen Kriterien sie entscheiden, welche technische Ausrüstung sie haben und wie die Medien organisiert sind (staatliches oder privates Fernsehen, Monopole oder scharfe Konkurrenz). Es ist ja nicht in jedem Fall das Nonplusultra, wie Journalisten in Deutschland arbeiten, so dass sich davon möglicherweise profitieren lässt – falls es Sie mal wieder an einen Schreibtisch in der Heimat verschlägt.

Korrespondenten und Diplomaten

Den diplomatischen Korrespondenten (welch' herrlicher Titel) gibt es heute eigentlich nicht mehr. Das hat nichts damit zu tun, dass Journalisten im Umgang eher undiplomatisch sind, sondern damit, dass eine diplomatische, also der Tagesaktualität entrückte Betrachtungsweise der Entwicklung in einem Land, von einem Korrespondenten zwar noch verlangt wird, aber kaum dessen Haupttätigkeit ausmacht. Diplomaten und Korrespondenten aber – das ist eine Kombination, die im Ausland immer wieder zu beobachten ist.

Diplomaten, Dinner und Empfänge

Diplomaten geben ständig Empfänge und Korrespondenten sind immer dabei – so lautet ein gängiges Vorurteil, das sogar stimmt, aber nicht ganz. Abendliche Empfänge sind die eine Seite der Medaille, auf deren anderer Seite die Alltagsarbeit steht, aber eines ist sicher:

Empfänge sind Kontaktbörsen. Empfänge können zwar furchtbar langweilig und steif sein, das sei unbestritten, aber auf diesem diplomatischen Parkett sind immer wieder Leute unterwegs, die für Sie von Interesse sind, denn die Diplomaten laden glücklicherweise nicht nur ihresgleichen und dazu ein paar Journalisten ein, sondern selbstverständlich Vertreter des Gastlandes. Je nach Anlass können das Politiker sein, Beamte aus Ministerien und anderen Behörden, Künstler, Unternehmer und Industrielle. Sicherlich treffen Sie bei solchen Gelegenheiten nicht einen repräsentativen Bevölkerungsquerschnitt Ihres Gastlandes, sondern eher die Vertreter des Establishments, aber Sie haben den Vorteil, sich diesen Personen nähern zu können, ohne ein Vorzimmer überwinden zu müssen. Gerade ein Neuankömmling in einem Land sollte deshalb zusagen, wenn die Einladung zu einem Empfang im Briefkasten liegt.

Der Pressesprecher der Botschaft ist aus diesem Grund eine der ersten Adressen, bei der Sie sich melden sollten. Denn um

Einladungen von deutschen Diplomaten zu bekommen, müssen Sie sich erst einmal in der Botschaft vorstellen, damit bekannt wird, dass Sie im Lande sind und für welches Medium Sie arbeiten.
Die Pressesprecher sind keine Journalisten, sondern Diplomaten, die für eine bestimmte Zeit an einer bestimmten Botschaft die Aufgabe haben, sich um die Journalisten des Gastlandes wie um die deutschen Korrespondenten zu kümmern. Das sollten Sie wissen, damit Sie sich nicht wundern, wenn Sie ein Pressesprecher verständnislos anschaut, bloß weil Sie einen Wunsch geäußert haben, der aus Ihrer journalistischen Sicht ganz selbstverständlich ist. Manchmal können Sie sich mit ein bisschen Nachhilfe in Journalismus revanchieren.
Es sind aber nicht nur Einladungen zu Empfängen, die der Pressesprecher im Auftrag der deutschen Botschaft verschickt, sondern zum Beispiel Informationen darüber, welche deutschen Politiker wann in das Land kommen und wo sie eine Pressekonferenz abhalten.
Manche Botschaften geben ihre eigene *Presseauswertung* an Korrespondenten weiter, so dass Sie vom Übersetzungsdienst der Botschaft profitieren können.
Damit kein schiefes Bild entsteht, müssen Sie wissen, dass bei einer solchen Presseauswertung die deutsche Perspektive entscheidend ist, also alles ausgewertet wird, was irgendwie mit Deutschland zu tun hat, so dass der falsche Eindruck aufkommen kann, die Presse des Landes konzentriere sich nahezu ausschließlich auf Deutschland.

Eine deutsche Behörde im Ausland so könnte man eine Botschaft durchaus nennen, zumal Titel und Hierarchien von großer Wichtigkeit sind. Da gibt es Kanzler und Legationsräte (besonders wichtig: der Unterschied zwischen vortragendem Legationsrat und dem, der nicht vorträgt), Botschafter und Attachés, den Konsul und – wenn die Botschaft groß genug ist – den Hausmeister.

Da diese Behörde unter anderem Ausweise ausstellt und verlängert, kann es für Sie durchaus hilfreich sein, über gute Kontakte zum Personal dieser Behörde zu verfügen, wenn Sie mal schnell einen zweiten Pass benötigen.

Zudem gibt es an Botschaften meist eine *Liste mit nützlichen Telefonnummern*, nämlich von Ärzten, Klavierlehrern und Handwerkern, die eigentlich für neu ankommende Diplomaten gedacht ist und diesen den Anfang im Land erleichtern soll. Da diese Liste aber keine geheime Verschlusssache ist, hat schon so mancher Journalist erfahren, wo man seine Kinder zur Schule schicken kann, wo man einen Arzt findet oder wo es bestimmte Delikatessen zu kaufen gibt. Natürlich können Sie das alles nach dem Motto »Do it yourself« herausfinden, aber warum sollten Sie es sich schwerer machen als unbedingt notwendig.
Um an diese Liste und andere nützliche Hinweise zu kommen, benötigen Sie freilich ein Mindestmaß an diplomatischen Geschick, denn es gehört nicht zu den Aufgaben deutscher Botschaften im Ausland, Journalisten bei der Ankunft in einem Land unter die Arme zu greifen. Mit anderen Worten: Es kommt auf Sie und Ihr Auftreten an, ob Ihnen die kleinen, hilfreichen Geheimnisse verraten werden.

Diplomaten als solche sind nicht unbedingt die natürlichen Freunde der Journalisten, da sie sich zunächst und in erster Linie als Vertreter Deutschlands im Ausland fühlen, was sie ja schließlich sind. Journalisten erscheinen da manchem Diplomaten eher als ein unvermeidliches Übel, mit dem man sich notgedrungen auseinander setzen muss. Umgekehrt empfinden viele Korrespondenten das gepflegt-elegante Auftreten der Damen und Herren aus dem Auswärtigen Amt gelegentlich als etwas befremdlich.

Die Begegnungen von Diplomaten und Korrespondenten können dennoch von gegenseitigem Nutzen sein, und zwar über die praktischen Hinweise hinaus, wo Sie was einkaufen können. Aber vielleicht dieser Tipp doch noch: In Ländern mit schwieriger Versorgungslage können Sie stets davon ausgehen, dass Diplomaten mit allem ausgestattet sind, was das Leben auch in solchen Ländern angenehm oder zumindest erträglich macht, so dass Sie notfalls von einem Diplomaten eine überlebensnotwendige Schachtel Zigaretten bekommen können.
Wichtiger aber ist das anschließende Gespräch mit Diplomaten, die ja in gewisser Weise dieselbe Aufgabe haben wie ein Korrespondent: Sie müssen sich beruflich mit einem Land auseinan-

dersetzen. Davon können Sie in hohem Maße profitieren, wenn Sie auf einen klugen Diplomaten treffen, der Ihnen vertraut und deshalb mehr erzählt, als in der Zeitung steht. Gängigen Vorurteilen gegenüber Diplomaten zum Trotz gibt es viele solche Fälle.

Der Sachverstand einer Botschaft ist für Korrespondenten eine umfangreiche Informationsquelle, denn eine Botschaft ist eine etablierte Institution, die trotz ständig wechselnden Personals gewachsene Kontakte im Land hat. Da zudem einzelnen Diplomaten Fachgebiete wie Politik, Wirtschaft oder Kultur zugewiesen sind, gibt es Spezialisten, die etwa die Frage beantworten können, welche Firmen im jeweiligen Land in welchem Umfang engagiert sind oder wann zum letzten Mal ein Bundesminister zu Gast war. (Das weiß vermutlich jeder Angehörige der jeweiligen Botschaft, denn bei Ministerbesuchen müssen alle rund um die Uhr arbeiten, damit jede Kleinigkeit zur Zufriedenheit des Ministers abläuft. Es gibt kaum etwas Schlimmeres, als einen Minister zwei Minuten auf seine Limousine warten zu lassen. Schlimmer ist nur, wenn es sich bei dem Minister um den Außenminister, also den Behördenchef, handelt. Spätestens bei solchen Gelegenheiten begreifen Sie, dass es Diplomaten nicht leicht haben.)

Über die politische und wirtschaftliche Entwicklung sind Botschaften meist sehr gut informiert, denn es gehört zu ihren Aufgaben, Berichte darüber nach Berlin zu schicken. Wenn Sie lange genug vor Ort sind, wissen Sie vielleicht manches Mal mindestens genau so viel wie Diplomaten, die erst wenige Wochen im Land sind, aber grundsätzlich lohnt es sich, die Einschätzung bestimmter Sachverhalte aus diplomatischer Sicht zur Kenntnis zu nehmen, weil dadurch zum Beispiel etwas über das bilaterale Verhältnis zwischen Deutschland und dem jeweiligen Land zu erfahren ist.
Dieser Austausch muss nicht notwendigerweise bei einem Empfang oder festlichen Dinner in der Residenz des deutschen Botschafters stattfinden, so manche Information aus diplomatischen Quellen gelangte beim Tennis in Journalistenohren.
Wer sich schon vor der Ankunft in einem Land mit der dortigen deutschen Botschaft in Verbindung setzten will, findet eine Liste

der Botschaften mit Adressen (postalisch und E-Mail) über die Internet-Seite *www.journalistische-praxis.de*

Schlapphüte und Uniformen können Sie an Botschaften ebenfalls antreffen, wobei letztere leichter zu erkennen sind. Das *Verteidigungsministerium* und der *Bundesnachrichtendienst* entsenden an einige Botschaften Mitarbeiter, die über ihre Aufgaben mit großer Zurückhaltung sprechen, Ihnen aber, wenn Sie ihr Vertrauen erworben haben, durchaus nützliche Hinweise geben können.

In Regionen der Welt, in denen es hin und wieder zu bewaffneten Auseinandersetzungen kommt, hilft es schon weiter, sich von einem Militärattaché unterschiedliche Kampfhubschrauber und verschiedene Panzertypen erklären zu lassen. Selbst die Vertreter des Geheimdienstes sprechen mit Journalisten, wobei man getrost davon ausgehen kann, keine Geheimnisse zu erfahren, aber doch die eine oder andere Einschätzung bestimmter Sachverhalte, wenn zum Beispiel im Berichtsgebiet das Thema Terror oder Geldwäsche von Bedeutung ist.

Allerdings sollte Ihnen bei solchen Informationen immer klar sein, von wem die Information kommt, denn sowohl der Gesandte des Verteidigungsministeriums wie der des Geheimdienstes vertreten logischerweise die Interessen ihres Auftraggebers – ohne diese Interessen im Einzelfall genau zu benennen. Aber selbst in diesem Fällen gilt: Wem es gelingt, ein auf gegenseitigem Vertrauen beruhendes Verhältnis aufzubauen (und zu diesem Zweck müssen Sie keinesfalls informeller Mitarbeiter der Pullacher Behörde werden), der bekommt schon einmal eine Information, die andere vielleicht nicht erhalten.

Nicht nur die deutsche Botschaft ist für Korrespondenten wichtig, obwohl die meisten Kontakte sicherlich zu deutschen Diplomaten bestehen, es ist von ebenso großem Interesse zu erfahren, wie andere Länder die Lage in Ihrem Berichtsgebiet beurteilen. Wegen des Einflusses der USA in vielen Regionen der Welt, lohnt es sich allemal, mit den US-amerikanischen Botschaften in Kontakt zu treten. Dort ist oft manches zu hören, was Sie an einer deutschen Botschaft nicht so schnell in Erfahrung bringen. Es scheint eine Mentalitätsfrage im Umgang mit Journalisten zu sein, dass amerikanische Diplomaten in dieser Hin-

sicht etwas offener und entspannter sind. Und natürlich stehen hinter den Informationen nicht selten handfeste Interessen. Das zu bewerten ist Sache des Korrespondenten, der wissen muss, was er mit bestimmten Informationen anfängt.
Botschaften der *Europäischen Union* haben es nicht geschafft, die Botschaften einzelner EU-Mitgliedsstaaten überflüssig zu machen, sie sind allerdings ein wichtiger Partner, wenn die EU in einer Region oder gegenüber einem Staat wie den USA gemeinsame, meist wirtschaftliche Interessen vertritt. Also sollten Sie an dieser Botschaft zumindest den Pressesprecher kennen und gelegentlich kontaktieren. Auch hier besteht über die Internet-Seite *www.journalistische-praxis.de* das Angebot, sich schon jetzt kundig zu machen, wo die Botschaften der EU zu erreichen sind.

Sensationen sind nicht zu erwarten bei all diesen mehr oder minder offiziellen Kontakten, aber sie sind Teil des Informationsgeflechts, das Sie sich in Ihrem Gastland, beziehungsweise Berichtsgebiet aufbauen müssen.
Die Botschaft Ihres Heimatlandes ist deswegen von relativ großer Bedeutung, weil natürlich Nachrichten, die in irgendeiner Weise mit Deutschland zu tun haben, auf großes Interesse bei den Heimatredaktionen stoßen. Wenn zum Beispiel ein Bundesbürger in den USA in der Todeszelle sitzt, macht das kaum Schlagzeilen in amerikanischen Zeitungen, wohl aber in deutschen. Da kann es hilfreich sein, den zuständigen Mann aus der Rechtsabteilung an der Botschaft zu kennen, der sich mit diesem Problem auseinander zu setzen hat.

Der Kern der German Community ist das Botschaftspersonal in fast allen Ländern, weil sich die lockere Gemeinschaft derer, die aus Deutschland stammen – vom Unternehmensvertreter bis zum Lehrer an der deutschen Schule –, zumindest am 3. Oktober beim Empfang des Botschafters trifft. Bei importiertem Bier und Bratwürsten aus der Heimat wird dann unter tropischem Himmel oder wo auch immer der deutschen Einheit gedacht (offiziell zumindest) und ein fröhlicher Abend verbracht, bei dem es ein Leichtes ist, Kontakte zu knüpfen.
Der Vorteil innerhalb dieser so genannten German Community ist die Gemeinsamkeit, die sich aus der Tatsache ergibt, dass

alle aus demselben Land stammen und für eine begrenzte Zeit im Ausland leben. Es gibt also jede Menge Anknüpfungspunkte für Gespräche und den *Austausch von Tipps*, wo man was am besten besorgen kann.

Der Nachteil der German Community sei nicht verschwiegen: Sie ist ein kleines Dorf mit allem, was dazu gehört, bis hin zu Klatsch und Tratsch. Je kleiner das Land und je kleiner die German Community ist, desto näher bis allzu nahe kann man sich dann kommen. Wem das zu viel wird, der muss sich einfach ein bisschen zurück ziehen – bis zum nächsten 3. Oktober.

Die Vertreter deutscher Unternehmen sind interessante Gesprächspartner für Korrespondenten, gerade weil sie einen einseitigen Blick auf ihr Gastland haben: Für die Vertreter der Firmen geht es in erster Linie um *wirtschaftliche Fragen*, sie wollen das Produkt aus Deutschland im Ausland an die Kunden bringen, deshalb beurteilen sie politische Entwicklungen unter dem Aspekt, was sie in wirtschaftlicher Hinsicht bedeuten.

Die sensiblen und von der Vergangenheit belasteten Beziehungen zwischen Deutschland und Israel lassen sich zum Beispiel daran messen, wie in Israel mit Waren aus Deutschland umgegangen wird. Seit der Mercedes-Stern selbst in Tel Aviv ein Statussymbol ist, lassen sich die bilateralen Beziehungen als fast normal bezeichnen.

Da überall zu erkennen ist – Stichwort Globalisierung –, dass Themen aus der Wirtschaft an Bedeutung gewinnen, ist es für Korrespondenten von großem Vorteil, die Meinung und Einschätzung von Unternehmensvertretern zu kennen. Wer investiert wo, wer setzt auf welche Politik und welche Politiker, was wird von der Regierungspartei erwartet, was von der Opposition? Die Beantwortung dieser Fragen durch Fachleute aus Industrie und Wirtschaft, die vor Ort leben und die Interessen ihrer Firmen vertreten, eröffnet den Korrespondenten einen anderen Blick auf die Lage in Berichtsgebiet.

Dieser Blick kann sogar wichtiger sein als die übliche politische Einschätzung, denn für viele Länder dieser Welt ist es entscheidend für die Zukunft, ob es gelingt, Investoren aus dem Ausland anzulocken. So lange kein Palästinenser, der im Ausland lebt, bereit ist, sein Geld in den palästinensischen Gebieten Gazastreifen und Westjordanland anzulegen, so lange ist auch die politische Zukunft dieser Gebiete wenig rosig. Genauso sind die Importzölle, mit denen sich Unternehmer in den USA herumschlagen müssen, die Waren aus Deutschland oder der Europäischen Union jenseits des Atlantik verkaufen möchten, ein Indiz dafür, wie es um die wirtschaftlichen Beziehungen zwischen Europa und den USA steht.

Handelskammern sind aus eben diesem Grund eine gute Adresse für denjenigen, der sich mit den deutsch-amerikanischen, deutsch-französischen oder anderen bilateralen Handelsbeziehungen beschäftigen möchte. Dort ist zu erfahren, welche Firmen wo aktiv sind; die Handelskammern ermöglichen einen Überblick über das gesamte wirtschaftliche Beziehungsgeflecht zwischen Deutschland und dem jeweiligen Partnerland.

Da viele politische Konflikte sich längst um wirtschaftliche Fragen drehen – der Bananenkrieg zwischen den USA und der Europäischen Union ist nur ein Beispiel –, ist es für einen Korrespondenten ratsam, bei der Handelskammer einmal vorbeizuschauen und sich mit den wichtigsten Informationen einzudecken, was bei solchen Institutionen kein Problem sein sollte, da *Statistiken und Broschüren* zu ihrer Grundausstattung gehören. Unter *www.journalistische-praxis.de* erfahren Sie, welche Handelskammern wo bestehen.

Fusionen machen Kontakte zu Firmen doppelt wichtig, denn jeder Korrespondent muss damit rechnen, um einen Beitrag gebeten zu werden, wenn eine deutsche Firma und eine Firma in seinem Berichtsgebiet sich zusammenschließen. Ob die Fusion zwischen einem japanischen und deutschen Unternehmen gut gehen kann, wird vermutlich der Repräsentant von BMW einschätzen können, der seit Jahren versucht, die Autos aus München in Tokio zu verkaufen.

Ein Firmenvertreter hat ganz andere, direkte Erfahrungen mit der Unternehmenskultur eines Landes als ein Korrespondent, der darauf angewiesen ist, sich zu informieren – und deshalb sind die Kontakte zu den Vertretern deutscher Unternehmen so wichtig. Natürlich können Sie als Korrespondent nicht alle Firmenvertreter kennen, wenn Sie in einem Land arbeiten, das enge wirtschaftliche Beziehungen zu Deutschland hat, aber ein paar Telefonnummern sollten Sie schon in Ihrem Verzeichnis haben.

Goethe und andere – deutsche Institutionen als Partner

Wenn Sie wissen wollen, welche Freunde Deutschland im Ausland hat, dann besuchen Sie am besten den Deutschkurs im örtlichen Goethe-Institut Inter Nationes. In Gaza oder in Ankara, in Paris oder Tokio werden Sie in mühsam erlerntem Deutsch (ein kleiner Trost für Sie, der Sie sich mit der Landessprache herumschlagen) überwiegend freundliche Worte über Ihre Heimat hören.

In einem Goethe-Institut Inter Nationes lernen Sie mit Sicherheit nicht einen repräsentativen Bevölkerungsquerschnitt Ihres Gastlandes kennen, sondern an Deutschland *überdurchschnittlich interessierte Bürger*. Aber genau die können Ihnen wichtige Hinweise liefern, wie bestimmte Entwicklungen in Deutschland im Ausland beurteilt werden, weil sie dieses Land vermutlich genauer beobachten als andere. Die Aufgabe der Goethe-Institute Inter Nationes, deutsche Kultur ins Ausland zu vermitteln, ermöglicht es Ihnen, die Frage zu beantworten, wie diese Kultur in Ihrem Gastland ankommt. Radio- oder Fernsehkorrespondenten, die einen *Originalton in deutscher Sprache* für einen Beitrag suchen, sind beim Goethe-Institut Inter Nationes immer gut aufgehoben.

Die Stiftungen der deutschen Parteien unterhalten in einigen Ländern der Welt Dependancen, die zu besuchen für Korrespondenten allemal lohnend ist. Egal, ob es sich um *praktische Projekte* handelt, wie die Ausrüstung von Schulen mit Computern, oder um *wissenschaftliche Untersuchungen* über die Rolle der Frauen in den Parteien Ihres Gastlandes, Sie werden fast immer eine neue Erkenntnis mit nach Hause nehmen, beziehungsweise irgendwann in einem Beitrag verwerten können.
Die politischen Stiftungen erfreuen sich zudem enger Beziehungen zu den jeweiligen *Partnerparteien*, so dass Sie als Korrespondent auf diese Weise hin und wieder mal, die Gelegenheit haben, sich einem Politiker in informellem Rahmen nähern zu können. Wenn auf einer Veranstaltung der Friedrich-Ebert-Stiftung in Tel Aviv der spätere Bundespräsident Rau und der damalige israelische Außenminister Peres Anekdoten von den An-

fängen der deutsch-israelischen Beziehungen erzählen, dann haben Sie plötzlich Aussagen auf Band, die Sie in keinem Archiv finden können.

Die Veranstaltungen der Stiftungen sind deshalb fast immer einen Besuch wert. Wegen der Themen, die gar nicht unbedingt tagesaktuell sein müssen, und wegen der Referenten und Gäste, die nicht unbedingt zur ersten politischen Garnitur gehören müssen – beides nämlich kann dazu führen, dass originellere Gedanken als die sonst üblichen geäußert werden. Deshalb macht der Korrespondent, was er immer macht: Er hört zu, sammelt Gedanken, Meinungen, Einsichten, und wenn er Glück hat, kann er das eine oder andere verwerten.

Die Leiter der jeweiligen Institution – vom Goethe-Institut Inter Nationes bis zu den Stiftungen der Parteien – ist zudem in aller Regel ein guter Kenner ihrer jeweiligen Partner im Gastland und damit wiederum für Sie ein wertvoller Informant, der Ihnen mit seinen Kontakten schon einmal weiterhelfen kann. Es ist ja recht übersichtlich sortiert, so dass Sie gleich wissen, wen Sie fragen müssen: Für den liberalen Bereich ist die Friedrich-Naumann-Stiftung der F.D.P. zuständig, für den konservativen die Konrad-Adenauer-Stiftung der CDU oder die Hanns-Seidel-Stiftung der CSU, für den linken die Friedrich-Ebert-Stiftung von der SPD und noch weiter links, sowie umweltorientiert arbeitet die Heinrich-Böll-Stiftung von Bündnis 90/Die Grünen. Geht's um Kultur: Frag' nach bei Goethe.
Deshalb lohnt es sich, unter *www.journalistische-praxis.de* nachzuschauen, denn dort erfahren Sie, welche Institutionen wo vertreten sind – von Goethe bis Böll.

Deutsche Politiker auf Reisen

Zu Hochform laufen Diplomaten und die Mitarbeiter der Stiftungen auf, wenn deutsche Politiker im Ausland betreut werden müssen. Die sich jährlich wiederholenden Berichte über die Reiselust deutscher Politiker und die damit verbundenen Kosten für den Steuerzahler haben eines nicht bewirkt: dass Zahl und Umfang dieser Reisen sich reduzieren.

Reisende deutsche Politiker machen nicht nur der Botschaft und der jeweiligen Stiftung Arbeit, sondern selbstverständlich den Korrespondenten, die darüber zu berichten haben, wie die Delegation aus Berlin in Washington empfangen wurde. Manches Mal bringen die Politiker Journalisten aus der Heimat mit, um sicherzustellen, dass ausreichend berichtet wird, das entlastet dann den Korrespondenten vor Ort, der nicht mehr jedes Händeschütteln registrieren muss.

Richtig intensiv wird die Arbeit, wenn der Bundespräsident, der Bundeskanzler oder wichtige Minister mit einer Maschine der Luftwaffe einschweben und für ein paar Stunden oder Tage in Ihrem Berichtsgebiet Station machen. Dann erwarten die Redaktionen von Ihnen Vorberichte, aktuelle Berichterstattung, vielleicht eine Reportage vom Gang des Kanzlers durch die Flure des Capitols oder die Gassen der Jerusalemer Altstadt und dann noch einen abschließenden Kommentar.

Die Presseabteilungen des jeweiligen Staatsgastes und der Botschaft sind in erster Linie daran interessiert, dass alles funktioniert und dass die Schar deutscher Journalisten bekommt, was sie will: ein Bild vom Kanzler, ein Interview und natürlich umfassende Informationen über den Inhalt aller politischen Gespräche. Deshalb ist die Berichterstattung über solche Ereignisse, die wie ein vom Wetterbericht angekündigtes Gewitter über Sie hereinbrechen, eigentlich eine leichte Übung. Gegenüber den aus Deutschland mitgereisten Kollegen haben Sie außerdem den Vorteil der Ortskenntnis und können deshalb vielleicht eine Abkürzung fahren, um schon vor der offiziellen Autokolonne beim nächsten Termin zu sein.

Organisation ist das Entscheidende bei den Visiten deutscher Politiker. Das wissen die Diplomaten, das trifft aber auch auf die Korrespondenten zu. Sie sollten den geplanten, aber selten exakt eingehaltenen Ablauf des Ereignisses kennen, um zu wissen, wann es wo welche Informationen, Bilder, Statements, Pressekonferenzen oder Interviewtermine gibt. Entsprechend müssen Sie planen, wann sie wo welche Beiträge absetzen können: von einer Telefonzelle, aus dem Hotelzimmer, aus dem Büro, dem Studio oder über eine gemietete Schnitt- und Abspieleinheit. Es kann nicht schaden, immer mal mit einer

Stunde Verspätung zu rechnen. Wenn's anders kommt, ist es umso besser. Gute Kontakte zur Botschaft sind bei der Vorbereitung nützlich, weil es ja die Diplomaten vor Ort sind, die für die eingeflogenen Politiker das Programm zusammenstellen müssen und deshalb schon frühzeitig Bescheid wissen, wie die Reise ungefähr ablaufen wird.

Die Politiker selbst sind nicht anders als in Deutschland je nach persönlicher Laune und Präferenz für Journalisten im Ausland mehr oder weniger zugänglich. Manche nutzen die Gelegenheit zu einem Gespräch mit den deutschen Korrespondenten, die bei dieser Gelegenheit nach langer Entwöhnung mal wieder etwas aus erster Hand über die politische Lage in Deutschland erfahren, weil die Politiker ihre innenpolitischen Probleme immer mit auf Reisen nehmen. Andere üben sich in Zurückhaltung, doch es kommt relativ häufig vor, dass sich im Ausland entspanntere Gespräche zwischen Journalisten und Politikern ergeben als in Berlin. Das führt nicht notwendigerweise zu Exklusivberichten, weil eher selten Geheimnisse ausgeplaudert werden, aber es kann zu einem besseren Verständnis der deutschen Position gegenüber Israel, Frankreich, Großbritannien oder den USA führen, einmal von einem handelnden Politiker zu hören, warum die Bundesregierung diese oder jene Haltung einnimmt.

Über den Umweg eines Staatsbesuches haben Korrespondenten zudem die Chance, an wichtige Politiker ihres Gastlandes heranzukommen. Wenn sich der deutsche Außenminister auf den Weg zu Gesprächen nach Polen macht, steigt die Wahrscheinlichkeit, im Vorfeld ein Interview mit dem polnischen Außenminister zu bekommen, der seinem Gast so schon mitteilen kann, was er zu erwarten hat. Im Windschatten deutscher Delegationen ist es schon Korrespondenten gelungen, dem ansonsten gegenüber Journalisten bestens abgeschirmten Palästinenserpräsidenten Arafat ein Mikrofon unter die Nase zu halten und ein paar Fragen zu stellen, die schon immer einmal gestellt werden mussten.

Unwichtige Politiker gibt es nicht, jedenfalls nicht für Agenturkorrespondenten oder freie Journalisten, die für jeden Abnehmer dankbar sind. Selbst die Delegation des Stadtrats von Würzburg, die eine Partnerstadt in Israel besucht, ist eine Meldung wert für die Deutsche Presse-Agentur, die damit einem Auslandsthema regionalen Bezug gibt und es so attraktiv macht für ihre Kunden in Unterfranken. Der freie Journalist wiederum kann, wenn die Delegation nicht von Journalisten begleitet wird, Kontakte knüpfen zu der einen oder anderen Regionalzeitung, die ihm über den aktuellen Beitrag hinaus später vielleicht wieder einmal die Gelegenheit verschaffen, ein Thema unterzubringen.

Der Korrespondent wird immer abwägen, ob es sich lohnt, sich journalistisch auf die Spur einer solchen Delegation zu machen, aber er sollte es zumindest nicht von vorneherein ausschließen.

Der Korrespondent als Repräsentant seines Landes

Eigentlich repräsentiert ein Korrespondent kein Land, sondern seine Zeitung, seine Agentur oder seine Rundfunkanstalt, kurz: seine Auftraggeber.

Repräsentationspflichten wie ein Diplomat hat ein Korrespondent also zunächst einmal nicht, aber – ob Sie es wollen oder nicht – in gewisser Weise repräsentieren Sie Ihr Land. Der Polier einer Baufirma oder der Ingenieur eines Elektronikkonzerns ist im Ausland für die Mehrheit der Bevölkerung, nämlich die Einheimischen, in erster Linie ein Deutscher, und dann erst ein Arbeitskollege, Nachbar oder Freund. Und so werden Sie also Korrespondent ebenfalls wahrgenommen, ob Sie das nun mögen oder nicht. Sie sind der oder die Deutsche, mit allem, was dazu gehört: historisch und aktuell, von der Last der Geschichte bis zu den aktuellen Äußerungen deutscher Politiker.

Welche Schlüsse Sie daraus ziehen, bleibt Ihnen überlassen, denn dafür kann es keine Vorschriften geben. Zumindest aber sollten Sie sich darüber im Klaren sein, dass Sie im Ausland nicht aus Ihrer angeborenen Rolle als Deutscher schlüpfen können, sondern ganz bewusst als solcher zur Kenntnis genommen werden, zumal Sie ja durch Ihre Arbeit als Journalist mit einer relativ großen Zahl von Menschen zusammentreffen.

Dabei werden Sie immer sagen, aus welchem Land Sie kommen und für welches Medium Sie arbeiten – und dann ziemlich schnell merken, welche Wertschätzung Journalisten genießen (weltweit eher am unteren Ende der Skala) und was Ihre Gesprächspartner von Deutschland halten (eine sehr große Spannweite, je nach Land).

Die Geschichte wird Sie dabei immer wieder einholen. Da die Deutschen mit dem Massenmord an den Juden ein Jahrhundertverbrechen begangen haben, müssen Sie damit rechnen, dass dies zum Thema wird. Nicht immer und nicht überall, aber hin und wieder. Wer also ins Ausland geht, sollte nicht nur seinen Beruf beherrschen, sondern sich zudem der deutschen Geschichte bewusst sein. Nicht mehr und nicht weniger.

Von einem Korrespondenten kann erwartet werden, dass er sich einer Diskussion über die Vergangenheit stellt, ohne sich zu blamieren, und zwar unabhängig davon, welche Meinung er in Einzelfragen hat. Eine solche Diskussion ist in Israel oder Polen sicher schwieriger als in Südafrika oder Singapur, aber Sie können getrost davon ausgehen, dass Sie nicht da in ein Gespräch über die deutsche Vergangenheit verstrickt werden, wo Sie dies erwarten, sondern dort, wo Sie überhaupt nicht darauf gefasst sind, jemanden zu treffen, der sich genau dafür interessiert und in Ihnen in erster Linie eines sieht: den Deutschen.

Das Deutschlandbild in Ihrem Gastland ist natürlich nicht nur von der Vergangenheit geprägt, sondern von aktuellen und wichtigen Ereignissen wie Fußball-Länderspielen, politischen Auseinandersetzungen oder dem Fahrverhalten deutscher Autos, kurz: von dem, was ein interessierter US-Bürger oder Franzose den Medien seines Landes entnehmen kann. Mit zunehmender Entfernung des Landes nimmt die Intensität der Berichterstattung ab und damit die Differenziertheit in der Betrachtung Deutschlands und der Deutschen.

Zu erfahren, was die Bürger der USA, was die Briten oder die Japaner von uns Deutschen halten, ist in zweierlei Hinsicht interessant. Zum einen, weil es zeigt, welches Image die Deutschen im jeweiligen Land haben, welche Klischees und Vorurteile, welche Wahrheiten und Erkenntnisse verbreitet sind. Zum anderen ist es gerade für einen Korrespondenten spannend, dies zu erleben, weil er selbst in umgekehrter Richtung daran beteiligt ist, das Bild eines Landes und seiner Bevölkerung zu zeichnen und sich selbstkritisch befragen sollte, in welchem Maße dieses Bild gängige Klischees transportiert.

Das Bild der Deutschen aber prägen Sie als Korrespondent mit, insbesondere in Ländern, die weit entfernt sind und keine besonders engen Beziehungen zu Deutschland haben. Natürlich tut das jeder Tourist, der seinen Abfall am Strand liegen lässt und dort nackt badet, wo das nicht üblich ist, aber von einem Korrespondenten ist mehr Sensibilität und Respekt gegenüber den Landessitten zu erwarten.

Während des islamischen Fastenmonats Ramadan zum Beispiel ist es nicht besonders angebracht, lautstark nach Essen und Trinken zu verlangen, während um Sie herum alle fasten und erst nach Einbruch der Dunkelheit wieder etwas zu sich nehmen dürfen. Das heißt nicht, dass Sie sich einen Monat lang am Fasten beteiligen müssen, sondern nur, dass Sie nicht demonstrativ etwas tun, was alle anderen als ungebührlich empfinden müssen. Egal, wie Sie sich verhalten, für die einheimische Bevölkerung sind Sie in gewisser Weise ein Vertreter Deutschlands, dessen Benehmen (möglicherweise falsche) Rückschlüsse erlaubt auf das Verhalten aller Deutschen.

Vielleicht lässt es sich so verallgemeinern: Wie Sie von einem Gast in Ihrem Haus erwarten, dass er nicht die Füße auf Ihren Tisch legt, sollten Sie sich wiederum in Ihrem Gastland so benehmen, dass Sie willkommen sind und wieder einmal eingeladen werden. In diesem Falle sind Sie mit Sicherheit ein guter Botschafter Deutschlands.

Die Erwartungen des Gastlandes an den Korrespondenten lassen sich auf einen kurzen Nenner bringen: Er soll das Land in den schönsten Farben darstellen. In dieser Hinsicht sind sich der Sprecher des Außenministeriums und nahezu jeder Bürger, den Sie auf der Straße befragen, einig. Dem wird kein Korrespondent entsprechen können, da er sich nicht als verlängerter Arm des staatlichen Fremdenverkehrsbüros versteht.

In demokratischen Staaten genügt der Hinweis auf die Presse des Landes, die im Zweifelsfall über dieselben Skandale berichtet wie der Korrespondent. Wer dies gewohnt ist, wird auch damit leben können, dass Auslandskorrespondenten in der Schweiz nicht nur über das Alpenglühen, sondern auch über Schwarzkonten oder Raubgold berichten. In undemokratischen Staaten ist das schwieriger, weil der Umgang mit freier Presse ungewohnt ist. Aber auch in diesem Fall wird sich kein Korrespondent davon abhalten lassen, zu berichten, was er nach seinen journalistischen Kriterien für richtig hält.

An die Arbeit: Aber wie?

Am einfachsten ist diese Frage für die Radio- und Fernsehkorrespondenten der ARD zu beantworten, die am Ort ihrer Tätigkeit ein technisch und personell gut ausgestattetes Büro vorfinden und sich die Frage, welche Ausrüstung nötig ist, erst gar nicht stellen müssen. Abgesehen vielleicht von der Frage, was an der vorhandenen Ausrüstung modernisiert werden muss. Dafür jedoch gibt es in den Funkhäusern technische Spezialisten, die den Korrespondenten mit Rat und Tat (Installieren der neuen Ausrüstung) beistehen. Anders sieht es vor allem für freie Journalisten aus, die sich im Ausland selbstständig machen wollen. Sie müssen sich sehr genau überlegen, mit welchem Equipment sie auf die Reise gehen. Die Entscheidung für die eine oder andere Software für den PC zum Beispiel ist in hohem Maße davon abhängig, was auf der Empfängerseite, also bei Ihren zukünftigen Kunden in Deutschland, erwartet wird. Die erste Frage aber, die Sie beantworten müssen, lautet: Wo soll sich der Arbeitsplatz befinden?

Der PC im Schlafzimmer: Das Büro in der Wohnung

Als freier Journalist werden Sie auf gar keine andere als diese Lösung kommen, denn schon allein aus finanziellen Gründen wäre es Unsinn, sich zur Wohnung noch ein zusätzliches Büro zu mieten.

Das Büro in der Wohnung erlaubt – positiv formuliert – die optimale Verbindung von Arbeit und Privatleben. Umgekehrt bedeutet dies: Ein Privatleben gibt es eigentlich nicht, weil die Wohnung gleichzeitig der Arbeitsplatz ist. Arbeit und Hausarbeit gehen zwar theoretisch nahtlos ineinander über, aber Ihr Boss sitzt ohne jeden Zweifel in Deutschland, denn wenn die Redaktion etwas von Ihnen anfordert, haben die Frau, der Partner, die Kinder und das Essen zu warten.

Abgesehen von Fernsehkorrespondenten ist diese Verknüpfung von Wohnung und Büro eigentlich für alle Korrespondenten möglich, die in der Lage sind, ihre Beiträge vom häuslichen PC nach Deutschland zu übermitteln. Da mittlerweile alle Radiobeiträge digital am PC bearbeitet und mittels ganz normaler Telefon- oder ISDN-Leitungen in Echtzeit oder als Audiodatei überspielt werden, ist selbst der Radiokorrespondent nicht auf ein Studio angewiesen, sondern kann seine technische Ausrüstung problemlos in einem kleinen Büro in seiner Wohnung unterbringen. Ein eigenes Büro braucht im Grunde genommen wirklich nur der Fernsehkorrespondent, dessen Schnitteinheit notfalls zwar in einem Hotelzimmer untergebracht werden kann, der aber normalerweise seine Beiträge in einem Studio bearbeitet, von wo sie überspielt werden.

Die Gefahr des journalistischen Einsiedlerdaseins besteht zu einem gewissen Grad für alle Korrespondenten, die von ihrer Wohnung aus arbeiten. Zum einen können sie in ihren eigenen vier Wänden alle Informationen einsammeln, die sie für einen Beitrag brauchen, und zum anderen übermitteln sie diesen Beitrag von zu Hause. In der Abgeschiedenheit eines kleinen Büros, begleitet vom Surren des PC-Ventilators und stets den gleichmäßig flimmernden Bildschirm vor Augen können sie sich ein Bild von dem Land machen, in dem sie leben, und dieses Bild dann nach Deutschland transportieren – mit Hilfe des PC. Das ist – im Extremfall – möglich, nicht aber sinnvoll, weil etwas Entscheidendes fehlt: die Begegnung mit der Wirklichkeit in Ihrem Gastland. Tendenziell besteht diese Gefahr der Vereinsamung vor dem Computer dort, wo der Korrespondent viel gefordert ist und deshalb ständig erreichbar sein will, was ja bei freien Journalisten direkte Auswirkungen auf das Einkommen hat.

Die Vorteile für die Familie andererseits liegen auf der Hand, wenn der Korrespondent nicht jeden Tag von 9 bis 17 Uhr seine Stunden im Büro fern der Familie verbringt, sondern nur eine Zimmertür entfernt arbeitet. Da die Familie eines Auslandskorrespondenten sowieso viele Kompromisse eingehen und Rücksichten nehmen muss, ist dies eine gute Möglichkeit, einen kleinen Ausgleich zu schaffen.
Das funktioniert freilich nur, wenn die Familie zu akzeptieren bereit ist, dass der Vater/die Mutter/der Partner/die Partnerin gele-

gentlich zwar zu Hause, nicht aber ansprechbar ist. Da kann es schon einmal vorkommen, dass die Kinder selbst bei schlechtem Wetter nach draußen geschickt werden, damit nicht Kinderstimmen zum unerwünschten Hintergrundgeräusch im Beitrag des Radiokorrespondenten werden.

Die Zeitverschiebung spielt bei der Entscheidung für oder gegen das Büro in der Wohnung ebenfalls eine Rolle. Wer seine Beiträge tief in der Nacht oder im Morgengrauen nach Deutschland übermitteln muss, wird nicht scharf darauf sein, dies von einem Büro in einem Hochhaus aus zu tun. Da ist es wesentlich angenehmer, schon oder noch im Schlafanzug vor dem Computer zu sitzen, den Beitrag abzuschicken und danach ins Bett zu fallen. Umgekehrt ist es wenig sinnvoll, tagsüber in einem Büro zu arbeiten, in dem sowieso niemand anruft, weil es dann Nacht in Deutschland ist.

In Europa spielt das keine Rolle, ebenso wenig nördlich oder südlich von Deutschland, wohl aber dann, wenn sich der Arbeitsplatz des Korrespondenten im fernen Osten oder in den USA oder in Südamerika befindet. Dann lohnt es sich allemal, ernsthaft zu kalkulieren, ob ein eigenständiges Büro außerhalb der Wohnung benötigt wird.

Getrennt vom Bett: Das eigenständige Büro

Das eigene Büro lohnt sich in erster Linie dann, wenn nicht nur der Korrespondent in diesem Büro sitzt. Da, wo eine Cutterin, eine Sekretärin, ein Kameramann und Ortskräfte täglich mit dem Korrespondenten zusammenarbeiten, treffen sich alle sinnvollerweise für ein paar Stunden im Büro, beziehungsweise Studio.

Fernsehkorrespondenten verfügen deshalb in der Regel über Büroräume, in denen sich die Arbeit abspielt und der Korrespondentenalltag organisiert wird – von der Reise zum Termin vor Ort bis zur Überspielung des fertigen Beitrages. In diesen Räumen werden die Beiträge, inklusive Tonaufnahme, produziert, hier befindet sich das Archiv, wird die Ausrüstung gelagert, trifft sich das Team zu Besprechungen und manchmal zum Kaffee trinken. Abgesehen von den Aufnahmeterminen findet die Korrespondentenarbeit in den Büro-, beziehungsweise Studioräumen statt, die entsprechend groß sein müssen.

Sind mehrere Korrespondenten für eine Nachrichtenagentur, den Hörfunk oder das Fernsehen in einer Stadt postiert, dann lohnt sich die Anmietung von Büroräumen.
In Moskau oder in Washington, in Paris oder in Brüssel kann ein Korrespondent alleine die anfallende Arbeit nicht bewältigen, deshalb arbeiten mehrere Korrespondenten in diesen wie in anderen wichtigen Städten. Ihr Treffpunkt ist das *gemeinsame Büro*. Unter den Radiokorrespondenten gibt es so genannte Gruppenkorrespondenten, die nicht für alle Hörfunksender der ARD berichten, sondern nur für eine Gruppe von ARD-Sendern. In solchen Fällen ist ein gemeinsames Büro für die Korrespondenten gemietet.
Die Arbeit in solchen Büros hat den Vorteil, dass der Korrespondent nicht zum Einzelkämpfer wird, sondern vom Meinungs- und Informationsaustausch unter Kollegen profitiert. Absprachen über Themen und Reisen sind möglich und geben dem einzelnen Korrespondenten mehr Freiraum für Recherchen.

Kleine Medienzentren gibt es in manchen Städten, wenn sich zum Beispiel mehrere Fernsehkorrespondenten mit ihren Teams in einem Gebäude einmieten, weil ihnen von einer örtlichen Firma die technischen Voraussetzungen geboten werden, unter professionellen Bedingungen zu arbeiten. Da treffen sich dann unter einem Dach japanische, deutsche und amerikanische Journalisten und können die unterschiedlichen Arbeitsweisen vergleichen.
Für die schreibenden Kolleginnen und Kollegen gibt es mancherorts die Gelegenheit, sich einen Büroraum des nationalen Presseclubs zu mieten, was den bereits erwähnten Vorteil hat, dass kollegialer Austausch stattfinden kann. Dazu kommt, dass solche Presseclubs meist in der Nähe der Regierungsgebäude residieren, so dass kurze Wege in Ministerien und zu Behörden führen. Drittens ergeben sich auf diese Weise ganz schnell und unkompliziert Kontakte zu den Kollegen der einheimischen Presse.

Viel Technik: Was im Büro steht

Die technischen Standards verändern sich dermaßen schnell, dass es sinnlos wäre, an dieser Stelle allzu detaillierte Angaben zu machen, die innerhalb von Monaten auf Grund der technischen Entwicklung überholt sind. Einige Voraussetzungen müssen allerdings immer und überall erfüllt sein, damit Sie unter einigermaßen zufriedenstellenden Bedingungen arbeiten können.
Zu allen Fragen der Technik bieten wir unter *www.journalistische-praxis.de* aktuelle Informationen.

Das Empfangen und Übermitteln von Informationen ist das A und O Ihrer Arbeit, die Technik in Ihrem Büro muss dies ermöglichen. Alles andere sind technische Feinheiten, die variieren mögen, aber alle diesem einen Ziel dienen. Der technische Aufwand, den Sie betreiben müssen, ist zudem natürlich davon abhängig, ob lediglich Texte oder auch Töne und Bilder übermittelt werden sollen.

Eine gute Telefonleitung ist Ihre wichtigste Verbindung zur Welt. Leider ist das noch nicht überall eine Selbstverständlichkeit. Afrika-Korrespondenten kennen das Gefühl der Verzweiflung, wenn man am wieder einmal zusammengebrochenen Telefonnetz des Staates scheitert, über den man gerade eine wunderschöne Story geschrieben hat. Bei Ihrem Büro sollten Sie – wo immer auf der Welt – nicht zögern, sich eine *zweite oder dritte Telefonleitung* legen zu lassen, falls dies möglich ist. Mit den Telefonleitungen ist es wie mit den Steckdosen: Lieber eine zu viel als eine zu wenig. Schließlich hängt an den Telefonleitungen eine ganze Menge, da sie nicht nur zum Telefonieren benutzt werden.

Der technische Standard der Telefonleitung sollte der beste sein, den Sie im Land Ihrer Wahl bekommen können, aber das wird nicht immer und überall eine ISDN- oder ADSL-Leitung sein. Sie müssen sich ganz einfach nach dem richten, was Ihnen angeboten wird und dann klären, ob die Leitungen in Ihrem Land *kompatibel sind mit den Leitungen in Deutschland*. Vor allem im Hinblick auf Datenübertragungen ist das wichtig.
Bei diesen Fragen reicht journalistischer Sachverstand alleine gelegentlich nicht aus, zumal das Kauderwelsch der Fachleute

nicht immer verständlich ist. Deshalb lassen Sie sich am besten von einem *Techniker in der Heimat* beraten, um dann vor Ort zumindest die richtigen Fragen zu stellen. Und natürlich ist wieder der Kollege, der ein paar Monate länger als Sie im Land ist, eine gute Adresse, wenn es um Auskünfte und Tipps in solchen Fragen geht.

Handy und Satellitentelefon machen eine ganz normale Telefonleitung nicht überflüssig, sind aber unentbehrliches Arbeitsgerät für alle Korrespondenten, da die ständige Erreichbarkeit garantiert sein muss.
Völlige Unabhängigkeit verschafft Ihnen ein Satellitentelefon, da Sie – wenn der Akku ausreichend geladen ist – weder ein Strom- noch ein Mobilfunknetz brauchen. Diese Geräte sind kaum größer und schwerer als ein Laptop, verfügen mittlerweile über leistungsfähige Akkus und sind deshalb insbesondere in abgelegenen Weltgegenden, wo auch Handys nicht mehr weiter helfen, außerordentlich hilfreich.
Nachteile sind die gelegentlich miserable Tonqualität und die hohen Kosten für Gespräche. Beides kann sich aber in Zukunft noch ändern. Wer darauf angewiesen ist – und das sind eigentlich alle Korrespondenten –, den Draht zur Heimat nicht abreißen zu lassen, der sollte auf ein Satellitentelefon nicht verzichten, wenn er sich weder auf ein stationäres noch auf ein Handy-Netz verlassen kann.
Bei den Handys spielt zunächst die Frage eine Rolle, wo in Ihrem Berichtsgebiet sie funktionieren und wo nicht – decken sie das gesamte Gebiet der USA ab oder nur Teilbereiche? Die zweite wichtige Frage lautet: Was taugt der Akku? Wenn beide Fragen zur Zufriedenheit beantwortet werden können, gibt es Ihnen das beruhigende Gefühl, reisen und recherchieren zu können, ohne ständig darüber nachdenken zu müssen, ob Sie für Ihre Redaktion jetzt erreichbar sind.

Ein Faxgerät ist nicht zwingend notwendig, wenn Sie über eine E-Mail-Adresse oder ein Fax-Modem im PC verfügen. Sie sparen sich dann die aus dem Faxgerät surrenden Blätter Papier und ein zusätzliches Gerät, das Strom und Platz in Ihrem Büro benötigt. Andererseits: Überschätzen und überfordern Sie die Partner in Ihrem Gastland oder Berichtsgebiet nicht, denn nicht

jeder, der Ihnen ein Dokument oder ein paar Zeitungsausschnitte zufaxen will, kann mittels eines Scanners diese Unterlagen in seinen PC aufnehmen und anschließend an Ihren PC verschicken. Umgekehrt ist das nicht anders. Wenn zum Beispiel das Regierungspresseamt eine Fotokopie Ihres Passes benötigt, ist ein Faxgerät vermutlich der einfachste Weg das Dokument zu transportieren.
Abgesehen davon ist jedes Faxgerät zusätzlich als Kopiergerät einsetzbar, was dafür spricht, dieses Gerät mit in die Büroeinrichtung aufzunehmen.

Radio und Fernseher stehen selbstverständlich in Ihrem Büro, denn Sie wollen verfolgen, was die elektronischen Medien Ihres Gastlandes zu berichten haben. Da Sie nicht ständig – und schon gar nicht gleichzeitig – beobachten können, was in Fernsehen und Radio läuft, gehören zur Ausrüstung ein *Video-* wie ein *Kassettenrekorder*, damit Sie eine Aufnahme mitlaufen lassen können, während Sie sich um andere Dinge kümmern. Besonders empfehlenswert ist ein *Timer*, der regelmäßig die Aufnahme von Sendungen in Gang setzt, die für Sie unverzichtbar sind. Dann können Sie am Wochenende ruhig einmal ausschlafen und auf die Anfrage der Heimatredaktion antworten: »Da muss ich erst einmal recherchieren« und nach diesen Worten den Mitschnitt zurückspulen lassen, um dann zu hören, was die Informationssendung am Morgen, die Sie verschlafen haben, zu bieten hatte.

Ein Weltempfänger in der Größe einer Zigarettenschachtel ist der treue Begleiter aller Auslandskorrespondenten. Wenn gar nichts mehr geht, wenn der Dschungel undurchdringlich ist und die Informationslage unübersichtlich, dann wird die Antenne des kleinen Radios ausgefahren (oder ausgeworfen, es gibt nämlich eine so genannte Wurfantenne, die um die Gardinenstange des Hotelzimmers gewickelt einigermaßen klaren Kurzwellen-Empfang gewährleistet) und gelauscht, was aus London von der BBC in alle Welt verbreitet wird. Der vorzügliche »Worldservice« der BBC hat schon so manchen Korrespondenten wieder mit der aktuellen Nachrichtenlage vertraut gemacht.
Gelegentlich hat dies zur Folge, dass ein Korrespondent, der irgendwo in Afrika mit Rebellen unterwegs ist, darauf angewiesen

ist, mangels anderer Quellen die BBC zu zitieren. Der Korrespondent nimmt bei seinen Recherchen nur einen kleinen Ausschnitt der Wirklichkeit in seinem Berichtsgebiet wahr und ergänzt seinen Bericht deshalb mit dem, was er mit seinem kleinen Radio empfangen hat. So heißt es dann manchmal: Nach Informationen des britischen Senders BBC ... – nicht unbedingt der Idealfall, wohl eher ein Notfall, aber kein Einzelfall. Ein nützlicher Begleiter aber ist der kleine Weltempfänger allemal, da Korrespondenten so erfahren können, was um Sie herum in der Welt passiert, wenn sie selbst in eher abgelegenen Gegenden unterwegs sind. Zur Ausrüstung gehört eine *Tabelle mit den Frequenzen* der BBC wie der Deutschen Welle, die allerdings eher innenpolitisch orientiert ist als der Weltservice der BBC, die Konflikte in bis dahin unbekannten Ländern nach allen Regeln der Journalistenkunst beleuchtet.

Das Herzstück des Büros ist der Computer, ohne den journalistische Arbeit kaum noch vorstellbar ist, obwohl immer noch gilt: Entscheidend ist, was der Korrespondent im Kopf hat, der Computer ist und bleibt ein – freilich unverzichtbares – Arbeitsgerät.
Wie der Rechner im Einzelnen konfiguriert sein sollte, was er können muss und was nicht, hängt im hohem Maße davon ab, welche Anforderungen Sie stellen.
Normalerweise müssen drei Dinge mit Ihrem Computer möglich sein:
– Informationen aus dem Internet holen.
– Beiträge schreiben und speichern.
– Geschriebene Beiträge nach Deutschland übermitteln.
Das ist eigentlich nicht viel und mit nahezu jedem Computer machbar.
Da Sie viel Zeit vor dem Computer verbringen werden, sollten Sie nicht sparen, sondern sich einen großen, möglichst flimmerfreien Bildschirm leisten, um Ihre Augen zu schonen.

Eine große Festplatte und ein schnelles Modem sind ebenfalls sinnvolle Investitionen, wobei Sie bei der Wahl des Modems die Eigenheiten des Telefonnetzes, in das Sie sich einwählen, beachten müssen. Besser ist es natürlich, wenn Sie ohne Modem mit einer ISDN-Leitung und ISDN-Karte arbeiten können. Grundsätzlich sollten Sie bei der Wahl Ihres Rechners nebst Zubehör im Wesentlichen auf zweierlei achten: auf Leistungsstärke und Vereinbarkeit mit den örtlichen technischen Gegebenheiten. Irgendwann, das ist unvermeidlich, ist sowieso jede Festplatte zu klein und jedes Modem zu langsam.

Ein CD-Laufwerk und ein CD-Brenner gehören ebenfalls zu Ihrer Computer-Ausrüstung. Sie können sich ganze Zeitungsarchive mit ins Ausland nehmen, wenn Sie die entsprechenden, meist sogar relativ preisgünstigen CD-ROMs kaufen. Das ist Platz sparend und ersetzt dicke Bücher, die Ihnen andernfalls als Nachschlagewerk dienen.

Den CD-Brenner wiederum können Sie einsetzen, um Ihr eigenes Archiv ebenso (Speicher-) Platz sparend unterzubringen. Es ist wenig sinnvoll, Ihre Beiträge über Jahre hinweg auf der Festplatte ruhen zu lassen, außerdem haben Sie auf CD einen schnellen und unkomplizierten Zugriff, wenn Sie – das ist ganz wichtig – Ihr Material einigermaßen sinnvoll archiviert haben. *Datum* und allgemein verständliche *Stichworte*, unter denen Sie sich noch nach ein paar Jahren etwas vorstellen können, sind unverzichtbar. Machen Sie sich über die Systematik Ihres Archivs ruhig ein paar mehr Gedanken oder lassen Sie sich beraten, denn nichts ist schlimmer als zeitraubendes Suchen.

Außerdem haben CDs den unschätzbaren Vorteil, dass sie ein leicht zu transportierendes Archiv sind, das Sie auf jede Reise mitnehmen können. Das ist vor allem für Korrespondenten wichtig, die ein größeres Gebiet zu bereisen haben und sich so eine kleine Datenbank mitnehmen können, wenn sie unterwegs sind.

Ein Scanner ist im Zusammenhang mit dem Stichwort Archiv das nächste Gerät, dessen Anschaffung zu empfehlen ist. Zwar wird das aus ausgeschnittenen und langsam vergilbenden Zeitungsartikeln bestehende Archiv, das noch jeden Schrank zum Überquellen brachte, immer mehr aus der Mode kommen, weil sich andere Speicherungs- und Archivierungsmethoden (die erwähnten CD-ROMs) als einfacher erweisen, was aber bleiben wird, ist die Notwendigkeit, ein beschriebenes Blatt Papier ins Archiv zu übernehmen.

Das gelingt mit einem Scanner, mit dem die Information im Rechner landet und dann gespeichert werden kann. Selbst wenn Sie davon ausgehen, dass Sie dieses Gerät nicht allzu oft brauchen werden, sollten Sie einen Scanner mit auf Ihre Beschaffungsliste setzen. Außerdem ist er gleich dem Faxgerät gegebenenfalls als Kopierer nutzbar.

Ein Drucker muss selbstverständlich auf dieser Liste stehen, so lange der (Alp-) Traum vom papierlosen Büro noch nicht Wirklichkeit geworden ist. Da Sie davon ausgehen können oder müssen, dass es noch eine Weile dauert, bis die ganze Welt vernetzt ist und niemand mehr einen ausgedruckten Brief braucht, sollten Sie über einen Drucker verfügen. Ob Tintenstrahl- oder Laser-Drucker hängt davon ab, welche Druckerpatronen Sie zu welchem Preis in Ihrem Gastland bekommen, beziehungsweise davon, was Sie persönlich bevorzugen oder sowieso schon benutzen.

Ein Laptop ist nur dann überflüssig, wenn Sie die Absicht haben, niemals außerhalb Ihres Büros zu arbeiten. Wer dies freilich plant, ist für den richtig verstandenen Korrespondentenberuf nicht geeignet. Deshalb gehört zusätzlich ein Laptop auf die Beschaffungsliste, es sei denn Sie entscheiden sich dafür, ausschließlich – im Büro wie unterwegs – mit einem Laptop zu arbeiten.

Wenn es finanziell machbar ist – wer bei all' diesen Gerätschaften mitgerechnet hat, wird inzwischen wissen, dass doch eine ganze Menge Geld investiert werden muss –, ist es ratsam, im Büro mit einem leistungsstarken Rechner zu arbeiten und für unterwegs einen leichten, aber ebenfalls leistungsfähigen Laptop zu haben. Es versteht sich von selbst, dass beide Geräte zueinander passen, also kompatibel sein müssen, schließlich soll ein Datenaustausch möglichst unkompliziert sein.

Kompatibilität ist bei der ganzen Technik in Ihrem Büro unverzichtbar. Einfacher ausgedrückt: Es muss alles zusammenpassen. Die O-Töne aus dem Fernsehen, die E-Mail aus der Heimatredaktion, das Fax eines Mitarbeiters – alles landet auf Ihrem Rechner. Das Handy und das Satellitentelefon kommunizieren mit Ihrem Laptop, damit Sie unterwegs den Anschluss an die Welt des Internets nicht verlieren. Mit dem Handy empfangen Sie Botschaften, senden Botschaften oder notfalls sogar kurze

Meldungen an die Redaktion. Von unterwegs fragen Sie Ihre Mailbox ab, lassen sich Informationen nachschicken und sind vor allem: immer erreichbar, immer informiert.

Die Software, mit der Sie Ihren Rechner zum Hochleistungs-Arbeitsgerät aufrüsten, ist darauf ausgerichtet und lässt sich deshalb nicht im Supermarkt um die Ecke kaufen. Oft werden Sie einfach das mit ins Ausland nehmen, womit Sie zu Hause bereits Erfahrungen gesammelt haben. Da kaum ein Korrespondent seine journalistische Laufbahn erst im Ausland beginnt, weiß er, worauf er sich einlässt, kennt die Systeme (und ihre offensichtlich unvermeidlichen Macken) und fängt nicht bei Null an.

Es ist im Grunde genommen egal, mit welchem Schreibprogramm Sie arbeiten, welchen Internet-Browser Sie benutzen und welche Archiv-Software, wichtig ist nur, dass alles Ihren Anforderungen entspricht und mit der Software Ihrer Redaktion zusammenpasst. Oft ist es ja sogar möglich, vom Ausland aus in die Redaktionssysteme in Deutschland zu gelangen, was Ihnen den Vorteil verschafft, zu wissen, was die Kolleginnen und Kollegen zu Hause wissen. Das erleichtert die Kommunikation und erhöht die Gefahr, dass Sie Ihr Büro kaum noch verlassen. Das ist der bereits mehrfach erwähnte Nachteil der ansonsten überaus vorteilhaften modernen Kommunikationstechniken.

Wo kaufen Sie Soft- und Hardware ein? Am einfachsten ist es für Sie, wenn Ihr Arbeitgeber Ihnen die notwendige Ausrüstung stellt. Das ist bei den Fernsehkorrespondenten von ARD und ZDF der Fall wie bei den Radiokorrespondenten der ARD. Sie befinden sich in der angenehmen Situation, vor Ort ein komplett ausgerüstetes Studio, beziehungsweise Büro vorzufinden, um das sich normalerweise Techniker (aus Deutschland) kümmern. Natürlich muss die technische Ausrüstung hin und wieder erneuert werden, aber das ist Routinearbeit.

Wenn Sie sich jedoch selber um Rechner samt Software und all' die anderen Geräte kümmern, stehen Sie vor der schwierigen Frage, wo Sie einkaufen. Sie brauchen leistungsstarke Geräte, die Ihren professionellen Ansprüchen genügen. Die gibt es in Deutschland wie im Ausland und Sie haben nicht nur die Preise zu vergleichen, sondern sollten zudem bedenken, ob die in Deutschland gekaufte Technik im Ausland einsetzbar ist und ob

Sie gegebenenfalls jemanden für die Wartung finden. Diese Überlegung entfällt, wenn Sie ein Computerfreak sind. Andernfalls brauchen Sie Service vor Ort, was möglicherweise Einfluss hat auf die Wahl der Hard- und Software, die Sie dann vielleicht besser ebenfalls vor Ort kaufen.

Die Mehrwertsteuer sparen Sie allerdings beim Kauf in Deutschland. Wenn Sie die Zollbescheinigung vorlegen können, dass die Büroausstattung tatsächlich ins Ausland außerhalb der Europäischen Union transportiert wurde, bekommen Sie die Mehrwertsteuer in voller Höhe zurückerstattet. Das kann sich also lohnen, aber nur, wenn Sie nicht im Gegenzug für die Einfuhr in Ihrem Gastland dort die Mehrwertsteuer oder Zollgebühren bezahlen müssen.
Es empfiehlt sich deshalb ein genaues Studium *der Aus- und Einfuhrbestimmungen* Ihres Gastlandes, denn schon mancher Korrespondent hat mehr Zeit im Zollamt verbracht als ihm lieb war. Die dabei gewonnenen Erkenntnisse über die Arbeitsweise einer solchen Behörde etwa im Nahen Osten stehen in keinem Verhältnis zu Ärger und Zeitverlust, selbst wenn Sie danach eine sehr persönlich gefärbte Reportage schreiben können über den Zusammenhang von Entgegenkommen der Zollbeamten und Zahlungsbereitschaft Ihrerseits.

Wer bezahlt nicht nur den eventuell fälligen Zoll, sondern zunächst einmal die doch durchaus umfängliche technische Grundausrüstung?
Freie Journalisten können sich diese Überlegung, nicht aber die Kosten sparen, denn sie haben lediglich die Chance, sich einen Teil ihrer Investition über die Steuererklärung vom Finanzamt zurückzuholen. Bei *Pauschalisten* (und vielleicht in einigen Fällen sogar bei freien Journalisten) ist es möglich, mit dem Auftraggeber über einen Zuschuss zu diesen Ausgaben zu verhandeln. Das Ergebnis solcher Verhandlungen hängt vom Einzelfall ab, weil es dafür keine Regeln oder Vorschriften gibt. Im Grunde genommen liegt es im Ermessen des Arbeitgebers, ob er den Journalisten, der für ihn frei oder als Pauschalist ins Ausland geht, beim Start finanziell unterstützt.
Fest angestellte Korrespondenten dagegen befinden sich in der günstigen Lage, dass ihnen vom Arbeitgeber die zur Arbeit not-

wendigen Geräte zur Verfügung gestellt werden. Dies kann mit Recht als erheblicher Startvorteil eines fest angestellten Journalisten bezeichnet werden, der sich beim Wechsel ins Ausland in viel höherem Maße als ein freier Journalist auf die Unterstützung durch seinen Arbeitgeber verlassen kann.

Mehr Technik: Der Radiokorrespondent

Die oben beschriebene technische Ausrüstung brauchen mit Abstrichen je nach individuellen Bedürfnissen und örtlichen Verhältnissen alle Korrespondenten. Ein Mehr an Technik ist für Radio- und Fernsehkorrespondenten erforderlich, die neben dem geschriebenen Text noch Töne und Bilder bearbeiten und dann übermitteln.

Die Tonbearbeitung erfordert nicht viel mehr als eine Soundkarte im PC und ein digitales Schnittsystem. Beides ist auf dem Markt in allen Preisklassen erhältlich. Wieder gilt jenseits aller technischen Einzelheiten, die sich sowieso in immer kürzeren Abständen ändern, dass es nur darauf ankommt, dass das System leistungsstark ist und den technischen Anforderungen entspricht, die die Radiostation stellt, für die Sie arbeiten.
Bei den Radiostationen der ARD hat sich die Firma David mit ihrem Schnittsystem Digasystem im aktuellen Bereich durchgesetzt, was für freie Journalisten deswegen unangenehm ist, weil Digasystem eine relativ teure Variante ist. Es sind Schnittsysteme auf dem Markt, beziehungsweise im Internet zum Herunterladen verfügbar, die nur einen Bruchteil dessen kosten, was David für Digasystem verlangt. Aber mit Digasystem sind Sie auf der sicheren Seite, weil Sie bei der Übertragung mit DigaTrans ein System haben, das den File-Transfer zum Sternpunkt der ARD und zu den einzelnen Sendern problemlos ermöglicht.

Beim Schnittsystem geht es in erster Linie darum, welche Möglichkeiten es Ihnen eröffnen soll. Brauchen Sie als Korrespondent in Asien ein 24-Spur-System, mit dem Sie Hörspiele in Studioqualität produzieren können? Vermutlich eher nicht, denn im aktuellen Bereich, der für die meisten Radiokorrespondenten im Vordergrund steht, sind weniger Tonspuren allemal ausreichend. Ihr Schnittsystem sollte die Produktion von Beiträgen mit *O-Tönen* und *Atmosphäre* im Hintergrund ermöglichen. Über-, Ein- und Ausblenden sind weitere Selbstverständlichkeiten, um kleine Features produzieren zu können, mehr aber ist für einen aktuellen Journalisten fast schon Luxus. Außerdem wird die Bedienung mit der zunehmenden Zahl von technischen Möglichkeiten komplizierter, was die Gefahr, Fehler zu machen, nur erhöht. Unkompliziert, bedienungsfreundlich – das sind die Anforderungen an ein Schnittsystem für Journalisten. Und in dieser Hinsicht ist Digasystem führend.

Ein eigener Rechner für das Schnittsystem steht in den Studios der meisten ARD-Radiokorrespondenten. Der Audio-Arbeitsplatz ist eine eigene Einheit, getrennt vom Schreib- und Recherchier-Arbeitsplatz. Das hat den Vorteil, dass der Rechner nicht so schnell aussteigt, weil er nicht alles auf einmal leisten muss.
Audio-Dateien brauchen viel Speicherplatz, so dass der eigene Rechner für die Tonbearbeitung eine durchaus sinnvolle, aber die Kosten erheblich erhöhende Anschaffung ist. Wer sich – vor allem als freier Journalist – alles auf einen Rechner laden will, darf bei der Größe des Arbeitsspeichers und der Festplatte keine Kompromisse eingehen und sollte vor allem möglichst viele Daten extern abspeichern, etwa auf eine CD-ROM.
Eines ist bei der Auswahl des Rechners für Radiokorrespondenten noch wichtig. Er sollte nicht allzu laut brummen, weil Sie sonst auf allen Aufnahmen ein unerwünschtes Hintergrundgeräusch haben. Kaum jemand arbeitet noch mit einem eigenen Sprecherraum, fast alle Korrespondenten sitzen vor ihrem PC, wenn sie sich selbst mit dem Mikrofon aufnehmen, deshalb ist der Kauf eines leise summenden Rechners ratsam.

Ein Mischpult ist nicht zwingend notwendig, weil die meisten Soundkarten genügend Ein- und Ausgänge für alle Quellen vom Mikrofon bis zum Tonbandgerät haben. Es ist eine Frage der Gewohnheit, doch dürfte es für die meisten Radiojournalisten angenehmer sein, mit einem kleinen Mischpult zu arbeiten, an dem sie schon per Hand aussteuern, was an Tönen in ihrem PC landet. Sie brauchen eine Mindestanzahl von Eingängen für Mikrofon, Tonbandgerät, CD-Spieler, Fernseh- und Radio-Ton,

um möglichst unkompliziert alle Töne in den PC einspielen zu können.
Allzu sparsam sollten Sie bei der Wahl von Mischpult und Mikrofon nicht sein, da Sie immer von Qualitätsverlusten ausgehen müssen, wenn analoge Daten in digitale umgewandelt und datenreduziert transportiert werden. Deshalb ist es wichtig, dass das Material, das Sie auf die digitale Reise schicken, von höchster Qualität ist – schlechter wird's von alleine.

Zum Techniker ist der Radiokorrespondent längst geworden, weil im aktuellen Journalismus die Zeiten vorbei sind, zu denen der Journalist mit der technischen Fertigstellung seines Beitrages nichts zu tun hatte. Das Beherrschen eines digitalen Schnittsystems gehört zum Berufsbild wie die Fähigkeit zu recherchieren und zu formulieren. Im Ausland gibt es dazu gar keine Alternative, der Korrespondent muss am Schnitt- wie am Schreib-Computer fit sein.

… und noch mehr Technik: Der Fernsehkorrespondent

Beim Fernsehen ist die Technik erheblich komplexer als beim Radio. Ein PC im Büro genügt da nicht, obwohl die Einheiten kleiner geworden sind und im Schneideraum eines Kleintransporters sendefertige Beiträge entstehen können.

Ein vollständig ausgerüsteter Schneideraum gehört im Normalfall zur Ausstattung eines Fernsehstudios im Ausland. Nur in Krisensituationen oder wenn aus unwegsamen Gebieten berichtet werden muss, kommt der Kleintransporter zum Einsatz, jene *mobile Schnitteinheit*, die es dem Fernsehkorrespondenten ermöglicht, wirklich aus fast allen Winkeln der Welt zu berichten.
Im Studio aber befindet sich im Grunde genommen die gleiche Ausrüstung wie in einem Fernsehstudio in Hamburg beim NDR oder in München bei Pro7. Die Produktion von aktuellen Kurzbeiträgen bis hin zu 30-minütigen Features ist in Auslandsstudios des Fernsehens möglich. Ein kleiner Sprecherraum für die Tonaufnahme gehört dazu, um Beiträge sendefertig zu produzieren.

… und noch mehr Technik: Der Fernsehkorrespondent

Die Einrichtung des Studios übernehmen meist Techniker aus Deutschland, woher zudem in den meisten Fällen die Geräte kommen. ARD und ZDF betreiben in dieser Hinsicht einen erheblichen Aufwand, was freilich der Qualität der Berichterstattung zugute kommt, denn die Korrespondenten arbeiten nahezu unter den gleichen Bedingungen wie zu Hause. Nur so ist es möglich, unter großem Zeitdruck eine Vielzahl von Beiträgen zu produzieren, wie das von fast allen Auslandsstudios verlangt wird.

Personal benötigt der Fernsehkorrespondent im Gegensatz zum Radiokorrespondenten auf alle Fälle. Während jener bis auf seltene Ausnahmen zu seinem eigenen Techniker geworden ist, greift der Fernsehkorrespondent auf die Hilfe einer Cutterin oder eines Cutters zurück. Manchmal sind das Kolleginnen oder Kollegen, die wie der Korrespondent für eine befristete Zeit ins Ausland versetzt worden sind, an anderen Orten wiederum wird mit einheimischen Fachkräften gearbeitet. Es ist nicht zuletzt eine Frage der Finanzen, denn natürlich ist es teurer, jemanden ins Ausland zu versetzen, als dort vor Ort jemanden zu beschäftigen, dem weder ein Umzug noch eine Auslandszulage gezahlt werden muss. Für den Korrespondenten hat das entsandte Personal den Vorteil, dass es keine Verständigungsschwierigkeiten gibt: Weder sprachlich noch im Hinblick auf das, was gemeint ist, denn gerade beim Bildschnitt gibt es unterschiedliche Kulturen in unterschiedlichen Ländern.

Ein gemietetes Studio ist die Alternative zu einem selbst betriebenen Studio. In vielen Ländern der Welt ist es möglich, einen Schneideraum samt Personal zu mieten. Auf diese Weise entfällt die Notwendigkeit, sich um die technische Ausstattung des Raumes zu kümmern. Der Korrespondent muss lediglich zusammen mit seinem Sender entscheiden, ob es sich lohnt, den Raum auf Dauer zu mieten oder ob es besser ist, sich von Fall zu Fall um ein Studio zu kümmern.
Die Entscheidung hängt davon ab, in welchem Umfang das Studio vermutlich genutzt wird, was nicht immer leicht vorherzusagen ist. Wer als freier Journalist arbeitet, dürfte in jedem Fall besser damit fahren, jeweils bei Bedarf ein Studio samt Personal zu mieten. Dann fallen die Kosten nur an, wenn ein konkreter Auftrag vorhanden und Honorar zu erwarten ist.

Das Bildtelefon via ISDN-Leitung ist die günstigste Alternative, wenn nur ein Gespräch mit dem Korrespondenten geführt werden soll. Die Schaltung vor Ort ist schnell möglich, es muss kein Satellit gebucht werden und die Bilder sind authentisch, weil der Korrespondent vor Ort ist, selbst das leichte Ruckeln der Bilder kann da in Kauf genommen werden.
Für freie Journalisten ist diese Investition überlegenswert, weil sie damit ohne allzu großen technischen Aufwand als Korrespondent für einen Fernsehsender in Deutschland arbeiten können. Die journalistischen Möglichkeiten sind freilich auf das Korrespondentengespräch begrenzt.

Wie kommt der Beitrag in die Redaktion?

Möglichst schnell soll die Meldung bei der Agentur, der Artikel im Blatt, der Beitrag im Radio oder Fernsehen sein, dieser dringende Wunsch verbindet die Korrespondenten aller Medien. Nichts ist schlimmer, als auf einer guten Story oder einer brandheißen Meldung sitzen zu bleiben, weil die Übermittlung nicht klappt.

Die Textübermittlung ist am einfachsten. Sie setzen sich vor Ihren PC, schreiben den Beitrag und schicken ihn dann als E-Mail an Ihre Redaktion oder als Fax oder über eine Leitung direkt ins Redaktionssystem.
Wenn Sie für ein Printmedium ins Ausland gehen, erfahren Sie noch vor Ihrer Abreise, auf welchem Weg Ihre Berichte ins Blatt kommen. Sobald dann die Technik vor Ort installiert ist, können Sie loslegen. Zu Hause oder im Büro werden Sie über eine normale Telefonleitung mit einem Modem arbeiten oder eine ISDN-Leitung mit entsprechender Steckkarte im PC, beide Leitungsarten sind für die Übermittlung von Texten geeignet.

Laptop und Handy oder Satellitentelefon sind die Alternativen für unterwegs. Dann sind Sie – bei ausreichend geladenen Akkus – für geraume Zeit von jeder Stromquelle unabhängig. Der Laptop muss lediglich über die entsprechende Karte verfügen, dann können Sie sich ohne jedes Festnetz mit Ihrer Redaktion in Verbindung setzen und die Beiträge vom Laptop abschicken.

Dort, wo selbst das Handy nicht mehr funktioniert, kommt das Satellitentelefon zum Einsatz, das sich ebenfalls mit dem Laptop verbinden lässt. Der einschränkende Hinweis darf nicht fehlen, dass sich dies viel leichter anhört, als es in der Praxis manchmal ist, denn nicht immer kommen die Handy- oder Satellitentelefon-Verbindungen zustande, aber die Möglichkeiten unterwegs zu recherchieren und zu reportieren, sind erheblich größer geworden.

Die Tonübermittlung läuft nicht viel anders ab, der Radiokorrespondent braucht im Gegensatz zum schreibenden Kollegen lediglich Mikrofon und Aufnahmegerät zusätzlich. Der Rest findet am PC oder Laptop statt. Dort entstehen die Beiträge – der Text der Korrespondenten wie die Originaltöne werden abgemischt –, von dort werden sie gesendet. Wie, hängt von den örtlichen Gegebenheiten und von den Karten ab, die in Ihrem PC oder Laptop stecken. Grundsätzlich ist alles möglich, freilich in unterschiedlicher Tonqualität. Es ist wie bei der Textübermittlung sogar die Kombination Laptop und Handy denkbar, um den Beitrag in ein Studio in Deutschland zu übermitteln. Sie sind also, wenn es nicht anders geht, nicht einmal auf ein normales oder ISDN-Festnetz angewiesen.

File-Transfer ist die Alternative zum Übermitteln eines Beitrages in Echtzeit. Beim File- oder Datei-Transfer wird der Beitrag als Audiodatei von einem PC zum anderen geschickt. Die ARD-Radiostationen setzen auf dieses Verfahren, weil die Korrespondenten damit unabhängig von der Tages- oder Nachtzeit ihre Beiträge im zentralen Speicher der ARD in Frankfurt absetzen können und alle Sender der ARD sofort Zugriff auf das Material haben. Das in der ARD verbreitete Verfahren hat als Voraussetzung eine ISDN-Leitung und die von der Firma David entwickelte Software Diga-Trans. Aber auch hier bietet das Internet eine weitere Alternative: Längst ist das Übermitteln von Beiträgen als Datei-Attachment zur E-Mail möglich, etwa im verbreiteten MP3-Format. So ist man nicht mehr von ISDN abhängig, sondern kann jede Art von Datenleitung verwenden, also auch eine ganz normale Telefonleitung.

Als freier Radiokorrespondent bleibt Ihnen nicht viel anderes übrig, als sich den Wünschen Ihrer Auftraggeber anzupassen.

An die Arbeit: Aber wie?

Zeitlos schöne Hintergrundbeiträge oder Reportagen können Sie auf einer *DAT-Kassette*, einer *Minidisc* oder einer *CD* in die Funkhäuser schicken. Wenn Sie jedoch im aktuellen Geschäft mithalten wollen, muss Ihre Übermittlungs-Software dem Standard in den Radiostationen entsprechen, die Sie beliefern wollen. Im Falle der ARD ist das eben DigaTrans. Vielen kommerziellen Radiostationen genügen die Telefonberichte der *dpa/ RUFA*-Korrespondenten, da bei diesen Radiostationen die Auslandsberichterstattung keine allzu wichtige Rolle spielt und deswegen Berichte in Telefonqualität ausreichend sind. Außerdem klingt das Rauschen einer analogen Telefonleitung so schön authentisch ...

Eigene Web-Seiten im Internet werden in Zukunft speziell für freie Journalisten an Bedeutung gewinnen, denn da haben sie zum einen eine Plattform, auf der sie ihre Angebote darstellen können, und zum anderen können sie ihre Beiträge interessierten Radiostationen zum Herunterladen anbieten, beziehungsweise übermitteln.
Zur Beitragsübermittlung gibt es unter *www.journalistische-praxis.de* weitere Informationen.

Die Bildübermittlung wird auf absehbare Zeit per Satellit vonstatten gehen, wenngleich schon heute – zwar noch ziemlich ruckelnde – Fernsehbilder im Internet zu sehen sind. Der Fernsehkorrespondent bleibt darauf angewiesen, dass die rechtzeitig bestellte *Satellitenleitung* steht und seinen Bericht in die Heimat bringt. Im Idealfall kann er seine Beiträge direkt von seinem Studio, wo bis zuletzt geschnitten und aufgenommen wurde, überspielen. Das bedeutet den geringsten Zeitverlust zwischen der Aufnahme und der Überspielung wenige Minuten vor der Ausstrahlung in Deutschland.

Bei gemieteten Studios läuft es nur unwesentlich anders ab. Diese Studios werden meist von Firmen angeboten, die sich gleichzeitig um das Überspielen der Beiträge kümmern, so dass in diesem Fall ebenfalls keine Zeit verloren geht zwischen Fertigstellung des Beitrages und Überspielung per Satellit. Das Satellitensystem ist dermaßen ausgeklügelt, dass selbst bei wichtigen Ereignissen, wenn Fernsehanstalten aus aller Welt einen

Bericht aus Tel Aviv wollen, die Übertragungen dank raffinierter Umwege noch funktionieren. Zum Beispiel ist folgender Weg eines Beitrages nach Deutschland möglich: Von Israel zu einem Satelliten über dem Indischen Ozean, von dort über Tokio und den Pazifik nach Houston in Texas, weiter nach New York und über den Atlantik nach Europa, wo in Mainz oder Hamburg Sekunden später das Signal aus Tel Aviv empfangen wird.

Mobile Fly-Aways sind immer dann im Einsatz, wenn ein wichtiges Ereignis in der ganzen Welt zur Kenntnis genommen werden soll. Bei solchen Veranstaltungen – Parteitagen, Kongressen, Weltwirtschaftsgipfeln oder anderen Gipfeltreffen – außerhalb der Hauptstädte, wo sich die Studios der Fernsehanstalten befinden, reist eine Armada mobiler Schnittplätze und mobiler Sendestationen, die so genannten Fly-Aways, an, um den vielen Korrespondenten die Arbeit vor Ort möglich zu machen.
Wie immer beim Fernsehen ist das alles eine Frage der Organisation, denn Schnittplatz wie Überspielzeiten müssen rechtzeitig gebucht werden. Die Europäische Rundfunkunion EBU gehört neben vielen privaten Anbietern zu den Organisationen, die bei solchen Veranstaltungen den Fernsehkorrespondenten technische Hilfe zu leisten. Es ist geradezu Bestandteil von Großereignissen, Konferenzen, Krisen und Kriegen, dass irgendwo in der Nähe Satellitenschüsseln aufgebaut sind, weil erst dann die Welt erfährt, was im Kosovo oder beim Parteitag in den USA – egal ob Demokraten oder Republikaner – los ist.

Die Mitarbeiter/innen des Korrespondenten

Ein richtiger Arbeitgeber ist der Korrespondent nicht, aber er macht vielen Menschen Arbeit und er lässt einige für sich arbeiten. Ganz alleine auf sich gestellt arbeitet fast kein Korrespondent, fast alle beschäftigen zumindest den einen oder anderen Einheimischen.

Pfadfinder und Übersetzer: Ortskräfte

Sie sind unentbehrlich für alle Korrespondenten, sie beeinflussen die Arbeit oft mehr als der Korrespondent glaubt und sie sind immer noch da, wenn der Korrespondent längst wieder in Deutschland oder einem anderen Land ist:

Ortskräfte werden die lokalen Mitarbeiter genannt, weil sie schon vor Ort waren, als der Korrespondent noch gar nicht wusste, dass er eines Tages aus diesem Land berichten würde. Sie machen eigentlich alles, so dass man sie sogar als das Kindermädchen des Korrespondenten bezeichnen könnte. Sie sind – wenn der Korrespondent sich richtig anstellt – der Schlüssel zum Gastland, weil sie das Land in- und auswendig kennen, das der Korrespondent erst Tag für Tag kennen lernt.
Wenn sie gut sind, lassen sie ihn das nicht allzu deutlich spüren. Wenn der Korrespondent aber glaubt, er könne seiner Ortskraft einen Vortrag über ihr/sein Land halten, dann kann es passieren, dass ihn die Ortskraft auflaufen lässt – aber nur ein bisschen, denn gemeinhin zeichnet die Ortskraft ein großes Maß an Loyalität aus.

Sekretärin, Buchhalter, Büromanager – all das und noch viel mehr ist die Ortskraft, die sowohl weiblichen wie männlichen Geschlechts sein kann. Journalisten sind diese Ortskräfte nicht unbedingt, sie sind in erster Linie Mitarbeiter oder Mitarbeiterin des Korrespondenten, und damit etwas anderes als eine journalistische Ortskraft, die, speziell für Nachrichtenagenturen, auf sich alleine gestellt journalistisch arbeitet.

Die Ortskräfte führen das Büro, vereinbaren Interviewtermine, buchen Flüge, übersetzen Zeitungen, helfen bei der Produktion, archivieren Zeitungsausschnitte und – manche jedenfalls tun das – kochen Kaffee. Ohne diese Ortskräfte wären viele Korrespondenten heillos überfordert, so aber wird ihnen der Rücken frei gehalten für die journalistische Arbeit.

Das Aufgabenfeld der Ortskraft definiert der Korrespondent mit seinen Anforderungen. Nicht in allen Korrespondentenbüros ist täglich für acht Stunden eine Ortskraft anzutreffen. Es gibt Ortskräfte, die zur Erfüllung bestimmter Aufgaben ein- bis zweimal in der Woche im Büro vorbeischauen und zum Beispiel das Archiv aktualisieren. Bei manchen Korrespondenten ist die Ortskraft täglich zwei Stunden mit dem Übersetzen von Zeitungen beschäftigt. Wieder andere Korrespondenten benötigen Ortskräfte nur gelegentlich zur Erfüllung bestimmter Aufgaben, wenn sie eine größere Reportage vorbereiten, Termine absprechen und Interviews vereinbaren müssen.

Von der Größe des Büros hängt natürlich ab, ob es sich lohnt, eine Ortskraft zu beschäftigen. Wenn mehrere Korrespondenten in einem Büro zusammenarbeiten, fallen so viele organisatorische Aufgaben an, dass es genügend zu tun gibt für eine Ortskraft, die schon mit der Koordination der Korrespondenten ausgelastet sein kann. In solchen Korrespondentenbüros summieren sich die bürokratischen Tätigkeiten. Da müssen Reisen abgerechnet werden, Informanten und gegebenenfalls Interviewpartner sind zu bezahlen, Miete, Strom und Reinigung des Büros sind zu organisieren – da ist jeder Korrespondent froh, wenn er sich nicht selbst um solche Dinge kümmern muss.

Erste Hilfe leisten die Ortskräfte zudem, denn sie sind es, die dem Korrespondenten helfen, wenn er verzweifelt versucht, sein Umzugsgut aus den Klauen des Zolls zu befreien. Sie wissen, wie das Auto anzumelden ist. Sie kennen einen halbwegs vertrauenswürdigen Makler, wissen, wie die Akkreditierung einigermaßen schnell über die Bühne geht und haben all die für den Korrespondenten neuen Erfahrungen schon einmal gemacht: mit dem Vorgänger. Eine Ortskraft ist deshalb für Sie immer ein wunderbarer Pfadfinder, weil sie die Pfade durch den bürokratischen Dschungel Ihres Gastlandes bereits kennt.

Es kostet natürlich Geld, eine Ortskraft zu beschäftigen, und zwar in manchen Ländern nicht zu wenig. Wer das aus eigener Tasche bezahlen muss, wird sich deshalb zwei Mal überlegen, ob die Beschäftigung einer Ortskraft sinnvoll ist. Journalistische Einzelkämpfer werden auf diese Hilfe wohl eher verzichten, freie Journalisten zurückhaltend sein, Geld auszugeben, das sie noch nicht verdient haben. Wenn Sie nicht in ein Land gehen, in dem bereits ein Büro besteht, in dem eine Ortskraft arbeitet, sollten Sie auf alle Fälle mit Ihrem Auftraggeber darüber sprechen, wie viel Geld Ihnen für solche Ausgaben zur Verfügung gestellt wird.

Es hängt vom Land ab, ob der Einsatz einer Ortskraft überhaupt sinnvoll ist. Korrespondenten, die über mehrere Länder berichten und deshalb viel reisen müssen, brauchen eher eine Mitarbeiterin oder einen Mitarbeiter als Kollegen, die sich nur um ein Land kümmern müssen. Bei Ländern, in denen vorausgesetzt wird, dass der Korrespondent die Landessprache beherrscht, kann eher erwartet werden, dass er alleine zurecht kommt. Die Ortskraft ist dann nur notwendig, wenn es darum geht, ein Büro mit mehreren Korrespondenten zu organisieren.
Ansonsten aber muss, wer in London oder Rom arbeitet, in der Lage sein, den Korrespondentenalltag alleine zu regeln. Zumal bei den Radiokorrespondenten eine Aufgabe weggefallen ist, die früher von den Ortskräften mit übernommen wurde, die des technischen Assistenten.

Der Producer wiederum ist für die Fernsehkorrespondenten eine besonders wichtige Ortskraft, die ihnen viel Arbeit abnimmt und unjournalistische Tätigkeiten vom Hals hält. Weil Fernsehproduktionen relativ aufwändig sind, ergeben sich viele Aufgaben für einen Producer. Er bereitet die Produktion so weit vor, dass der Korrespondent sich auf die journalistischen Fragen konzentrieren kann und sich nicht darüber Gedanken machen muss, ob das Team nun rechtzeitig vor Ort ist und ob der Interviewpartner Bescheid weiß.

Bei den amerikanischen Fernsehgesellschaften geht die Aufgabe des Producers noch weiter. Er produziert den Beitrag selbstständig, der Korrespondent kommt dann nur für den Aufsager ins Bild. Dies ist bei deutschen Fernsehkorrespondenten anders, die sich viel mehr um den journalistischen Inhalt ihres Beitrages kümmern als die amerikanischen Kollegen.

Verordnete Ortskräfte sind eine spezielle Form der Ortskraft; es gibt sie in den Ländern, die Journalisten nicht über den Weg trauen und sie deshalb betreuen lassen. Dies ist eine für den Korrespondenten eher unerfreuliche, aber gelegentlich unvermeidliche Variante, die in Kauf genommen werden muss, um in bestimmten vor- oder undemokratischen Ländern überhaupt arbeiten zu können. Diese Ortskraft wird dem Korrespondenten von offizieller Seite als journalistischer Begleiter oder als Übersetzer zugeordnet. Der wirkliche Auftrag solcher Ortskräfte: Sie sollen den Korrespondenten überwachen, ihm nur die Gesprächspartner verschaffen, die sich im Sinne der Regierung oder des Regimes äußern.
Sie haben gar nicht die Chance, sich eine solche Ortskraft selbst auszusuchen oder zu sagen, dass Sie alleine in der Lage sind, Ihrer Arbeit nachzugehen. Der Umgang mit solchen Ortkräften ist ein Seiltanz, da Sie ja wissen, was der wirkliche Auftrag dieser Person ist, andererseits auf ein einigermaßen gutes Verhältnis zu ihr angewiesen sind. Auf solche Ortskräfte würde jeder Korrespondent gerne verzichten.

Kein Bild ohne Crew

Ein Korrespondent, der wohl nie alleine arbeiten wird, ist der Fernsehkorrespondent. Zwar gibt es Kollegen, die befürchten, eines Tages die Kamera selbst tragen zu müssen, aber so weit ist es (noch) nicht.

Die Crew oder das Team gehört zum Fernsehkorrespondenten einfach dazu wie zum Radiokorrespondenten das Mikrofon. Ohne Kamera- und Ton-Mann geht nichts.
Der Korrespondent braucht diejenigen, die Bilder aufnehmen, zu denen er seinen Text schreibt, beziehungsweise die Bilder,

die zu seinem Text passen. Und die ihn ablichten, wenn er vor der Klagemauer in Jerusalem seine Einschätzung der Lage abgibt oder vor dem Capitol in Washington die amerikanische Außenpolitik einordnet. Manchmal, wenn es schnell gehen muss, genügt als Kulisse auch die Straße vor dem Studio. Immer aber muss das Team dabei sein.

Das eigene Team, das gleich dem Korrespondenten für einen befristeten Zeitraum ins Ausland entsandt ist, hat den Vorteil, in etwa die gleichen Vorstellungen darüber zu haben, wie ein guter Bericht aussehen muss. Schließlich kommen Kamera- und Tonmann von derselben Rundfunkanstalt wie der Korrespondent, der weiß, welche Ausbildung sein Team hatte, was es kann. Zudem gibt es so etwas wie eine kulturelle Übereinstimmung über die Art der Bilder, die der Korrespondent braucht.
Mit einem ausländischen Team ist das oftmals schwieriger, weil Fernsehberichte nicht in allen Ländern nach dem gleichen Muster gestrickt werden. Verständigungsschwierigkeiten entfallen zudem mit einem eigenen Team, jedenfalls liegt es nicht an der Sprache, wenn Korrespondent und Team sich nicht verstehen.

Ein einheimisches Team wiederum hat den Vorteil der Ortskenntnis. Der Kamera- oder Ton-Mann können mehr bieten als nur die technische Unterstützung, schließlich kennen sie ihr Land und sind in der Lage, hilfreiche Hinweise aller Art zu liefern. Vom besten Standort beim Drehen und dann für den Aufsager bis hin – wenn der Übersetzer mal nicht dabei ist – zur schnellen Übersetzung einer Rede, falls der Korrespondent die Landessprache noch nicht ausreichend beherrscht. Außerdem kann ein einheimisches Team für den Korrespondenten eine Stimme aus der Bevölkerung sein, wenn er wissen will, was im Lande über ein bestimmtes Thema gedacht wird. Der über schlecht ausgestattete Schulen schimpfende Kameramann oder der Tonmann, der von seinen Erlebnissen beim Ausflug in einen Nationalpark erzählt, können damit dem Korrespondenten wertvolle Anregungen für Berichte oder Reportagen geben – wenn der Korrespondent zuhören will.

Die Kosten – wie könnte es anders – sein, sind der ausschlaggebende Faktor bei der Entscheidung für ein eigenes oder ein einheimisches Team. Wie beim Korrespondenten müssen beim aus Deutschland entsandten Team Umzug und Auslandszulagen bezahlt werden, nicht aber bei einem einheimischen Team. Wer noch mehr Kosten sparen will, arbeitet nicht mit einem ständig zur Verfügung stehenden Team, sondern mit Teams, die von Fall zu Fall zum Einsatz bereit sind.

Das hängt davon ab, in welchem Maße der Korrespondent gefordert ist. Sollte er fast täglich drehen müssen, lohnt es sich, ein ständiges Team zu beschäftigen, weil damit eine gewisse Planungssicherheit besteht. Ansonsten beginnt bei jedem Auftrag die mal mehr, mal weniger hektische Suche nach einem Team, das zur gewünschten Zeit frei ist. Es ist zudem eine Qualitätsfrage, denn aus der ständigen engen Zusammenarbeit entstehen hochwertigere Produkte als bei der zufälligen Zusammenarbeit mit zwei Leuten, die der Korrespondent nie zuvor gesehen hat.

Unentbehrlich: Der Informant oder Stringer

Das klingt zwar fast wie der berühmt-berüchtigte informelle Mitarbeiter aus den Zeiten des DDR-Geheimdienstes Stasi, hat jedoch damit überhaupt nichts zu tun, sondern ist neben der nicht in allen Korrespondentenbüros vorhandenen Ortskraft der wichtigste Mitarbeiter oder die wichtigste Mitarbeiterin jedes Korrespondenten.

Informant kann jeder sein, der den Korrespondenten regelmäßig und in der Regel gegen ein Honorar informiert. Jeder Korrespondent muss sich sein Frühwarnsystem aufbauen, weil er sich nicht damit zufrieden geben kann, auf bereits veröffentlichte Informationen zurückzugreifen. Schließlich wollen Sie mehr wissen, als das, was bereits auf dem Markt und damit Allgemeingut ist. Dafür brauchen Sie Quellen, die Sie jederzeit anzapfen können und die selbstverständlich ergiebig sein sollten. Neben Ihren zahlreichen Kontakten in allen Bereichen ist es deshalb unerlässlich, ein professionell organisiertes Netz an Informanten zu haben.

Die Größe des Informantennetzes hängt von der Größe Ihres Berichtsgebiets ab. Die einfache Regel: Je größer das Gebiet ist, desto größer muss die Zahl der Informanten sein. Schließlich können Sie nicht überall sein, sollten aber trotzdem Bescheid wissen über alle Länder, die zu Ihrem Berichtsgebiet gehören. Und natürlich ist es von Bedeutung, wie übersichtlich oder unübersichtlich Ihr Berichtsgebiet ist. In Ländern mit freier Presse und einem regelmäßigem Informationsfluss, der Ihnen zugänglich ist, können Sie durchaus auf einen Informanten verzichten. Sobald es aber unübersichtlich wird, nimmt die Bedeutung des Informanten zu. In Albanien ist er ohne jeden Zweifel wichtiger als in Washington, in Paris können Sie auf ihn eher verzichten als in Gaza.

Wer kommt als Informant in Frage? Besonders geeignet sind natürlich *einheimische Journalisten*, die sich nebenbei ein paar Euro oder Dollar verdienen, indem sie ausländische Korrespondenten mit Informationen versorgen. Solche Informanten haben den Vorteil, wirklich an der Quelle zu sitzen. Dann erfahren Sie manches, bevor es in der Zeitung steht oder im Radio gemeldet wird. Oft genügt ein kurzer Anruf des Kollegen mit dem Hinweis: »Hör' Dir mal die 17-Uhr-Nachrichten an, der Premierminister wird eine Erklärung abgeben!« Jetzt sind Sie vorgewarnt und können sich darauf einstellen, noch etwas länger arbeiten zu müssen. Da einheimische Journalisten meist näher an den Quellen sitzen als Auslandskorrespondenten, sind sie bestens als Informanten geeignet.

Aber es müssen nicht unbedingt Journalisten sein, die als Informanten arbeiten. Der Ingenieur aus Bethlehem und der Universitätsdozent aus Gaza sind ebenso dafür geeignet, wenn sie dem Korrespondenten die gewünschten Informationen liefern. Sie müssen in der Lage sein, Informationen zu beschaffen, was voraussetzt, dass sie flexibel genug sind, auf Fragen des Korrespondenten in relativ kurzer Zeit eine Antwort zu finden.

Ein guter Informant spricht nicht von »meiner« oder »unserer« Regierung, sondern von der Regierung. Eine gewisse kritische Distanz zu Regierung und Behörden sollten Sie auf alle Fälle von einem Informanten verlangen, andernfalls besteht die Gefahr, dass Ihnen Propaganda serviert wird – und die bekommen Sie ohne Informanten genauso gut. Umgekehrt darf sich der Informant nicht als Sprecher der Opposition verstehen, weil Ihnen das ebenso wenig weiterhilft. Ein wirklich guter Informant hat eine kritische Distanz zu den Ereignissen in seinem Land und befindet sich damit im Idealfall auf der gleichen Wellenlänge wie Sie.

Informanten müssen bezahlt werden, wenn sie regelmäßig für den Korrespondenten arbeiten. Sie können nicht erwarten, dass Ihnen jemand immer wieder und notfalls jederzeit zur Verfügung steht und Sie zuverlässig mit Informationen versorgt, ohne dafür Geld zu bekommen. Wie viel, das hängt vom Land ab.

Hören Sie sich bei Kolleginnen und Kollegen um, was die bezahlen, dann werden Sie schnell erfahren, wie hoch die Tagessätze für Informanten sind. Glauben Sie nicht, die Preise drücken zu können, denn meistens wissen die Informanten, was sie wert sind. Besonders in Krisen oder bei Kriegen ist das so. Da bietet Ihnen schon der erstbeste Taxifahrer seine Dienste an oder die eines Verwandten, der bestens in der Lage sei, Ihnen Informationen zu verschaffen.

Informanten oder Stringer in Krisengebieten sind ein paar Anmerkungen wert. Wer in einem Krisengebiet nicht schon einen Informanten hat, bevor die Krise oder der Krieg ausbricht, gerät leicht in die Gefahr, abgezockt zu werden, weil sich eher unseriöse Gestalten einen schnellen Nebenverdienst erhoffen und dafür nicht viel bieten. In Albanien versuchte während des Kosovo-Krieges von 1999 jeder, der nur einen Satz Deutsch, Englisch oder Italienisch sprach, an der angereisten Journalistenschar zu verdienen. Das lässt sich noch abtun mit dem Hinweis, dass die Nachfrage den Preis regelt.

Schlimmer ist es, wenn man an Kriminelle gerät, wie der »Spiegel«-Korrespondent Andreas Lorenz im Frühsommer 2000 auf den Philippinen. Sein Versuch, Informationen über verschleppte Geiseln zu bekommen, endete damit, dass er von einem vermeintlichen Informanten in einen Hinterhalt gelockt und selbst als Geisel genommen wurde. In Krisengebieten gehört das zum Berufsrisiko eines Korrespondenten, der nicht nur aus der Abgeschiedenheit seines Büros berichten möchte, sollte aber zugleich als warnender Hinweis verstanden werden, zu überprüfen (so weit das möglich ist), mit wem man sich einlässt.

Auch das noch: Bürokratie

Journalisten sind am liebsten Journalisten. Auslandskorrespondenten aber haben nicht das Privileg, sich ausschließlich um journalistische Dinge kümmern zu dürfen, es bleibt ihnen nicht erspart, sich mit bürokratischen Fragen herumschlagen zu müssen. Das gehört zum Job, deshalb sollten es alle wissen, die als Journalisten ins Ausland gehen wollen.

Büroverwaltung, Reisekosten

Notorische Chaoten können hervorragende Auslandskorrespondenten sein, sie tun sich jedoch vermutlich schwer damit, ihr Büro einigermaßen zu organisieren, wenn sie nicht die Hilfe eines guten Mitarbeiters haben.

Selbst ohne eigenes Büro kommen Sie ohne ein Mindestmaß an organisatorischer Selbstdisziplin nicht (oder nur schwer, das ist zugegebenermaßen Ansichtssache) über die Runden. Sie müssen, vor allem als freier Journalist, Buch führen über Ihre Beiträge, über das eingegangene Honorar und Ihre Ausgaben. Selbst wenn Sie neben Ihren journalistischen Aufgaben nichts interessiert, sollte dies aus finanziellen Gründen für Sie wichtig sein, weil Sie weder draufzahlen noch bei der Steuererklärung ahnungslos sein wollen. Wie Sie das alles organisieren, das ist im Grunde genommen egal, Sie sollten lediglich vom ersten Tag Ihrer Arbeit im Ausland an alle Belege aufheben.

Buchhaltung ist unjournalistisch, das sei gar nicht beschönigt. Für Journalisten im Ausland ist sie jedoch ein notwendiges Übel, und zwar nicht nur für freie Journalisten. Der fest angestellte Korrespondent muss ebenfalls abrechnen, zunächst einmal mit seinem Arbeitgeber, will er nicht alles aus eigener Tasche bezahlen. Der Umfang der Buchhaltung hängt davon ab, ob Sie neben Ihrer Wohnung noch ein Büro betreiben und wie viele Mitarbeiterinnen und Mitarbeiter Sie beschäftigen. Je größer das Auslandsstudio ist – in dieser Frage ist das Fernsehen nicht zu übertreffen –, desto umfangreicher wird der bürokratische Aufwand.

Eine eigene Sekretärin kümmert sich in großen Auslandsstudios um all diese Fragen, so dass in solchen Fällen der Korrespondent weitgehend entlastet ist. Er muss lediglich Abrechnungen unterschreiben, die ihm aber schon fertig bearbeitet auf den Schreibtisch gelegt werden. Das ist die angenehme Variante, die allerdings nicht alle Korrespondenten trifft.
Aber selbst in diesem Fall trägt der Korrespondent mehr als nur journalistische Verantwortung, denn mit seiner Unterschrift unter die Abrechnung genehmigt er Honorare, bezahlt die Putzfrau für das Büro, die Ortskraft und Informanten ebenso wie Miete, Strom und Wasser. Das können bei einem großen Auslandsstudio ganz erhebliche Summen sein, wenn viel örtliches Personal auf der Gehaltsliste steht – vom Kamerateam bis hin zu zwei oder drei Informanten. Es ist leicht ausrechnen, dass da schnell ein monatlicher Etat von mehreren tausend Euro zu verwalten und gegenüber dem Auftraggeber in Deutschland zu verantworten ist.

Reisekostenabrechnungen sind selbst im Inland ein Ärgernis, um so ärgerlicher für Sie, dass Sie diesem Thema im Ausland mit Sicherheit nicht entkommen. Wenn Ihr Berichtsgebiet mehr umfasst als den Großraum von Paris oder die Bannmeile um das Weiße Haus in Washington, dann werden Sie sich zumindest hin und wieder auf Reise zu begeben. Mit welchem Verkehrsmittel Sie das tun, spielt keine Rolle, wichtig sind die Belege, mit denen Sie anschließend abrechnen können.

Beim Thema Belege fällt allen Auslandskorrespondenten ein und dieselbe Geschichte ein: Wie sie einmal im Wilden Westen oder im Fernen Osten voll beladen mit Ausrüstung mit einem Taxi gefahren sind und am Ziel vom Fahrer eine Quittung über den bezahlten Betrag von 17,50 Dollar verlangt haben. Der Taxifahrer habe den Kopf verständnislos geschüttelt und schließlich auf einem Fetzen Papier, den der Korrespondent aus seiner Jacke zog, drei Kreuze gemacht, denn er konnte nicht schreiben. Dieser Fetzen aber habe – so geht die Korrespondentengeschichte weiter – für großen Aufruhr bei der Reisekostenstelle seiner Zeitung (oder Radio- oder Fernsehstation) geführt, weil niemand auf dieser Basis die lächerlichen 17,50 Dollar erstatten wollte.

Auch das noch: Bürokratie

Langer Rede kurzer Sinn: Die Bürokraten zuhause haben meist wenig Ahnung, unter welch schwierigen Bedingungen die Korrespondenten arbeiten. Besser ist es, deshalb etwas windige Belege freundlich zu erklären – meistens führt das zu mehr als ständiger Streit mit der Verwaltung in der Heimat.

Visa braucht der Korrespondent, Akkreditierung auch

Viele Länder interessieren sich nicht dafür, ob jemand einreist und anschließend journalistisch tätig wird. In Europa kann sich jeder Journalist ohne Formalitäten frei bewegen und dennoch ist es sinnvoll, sich um die Papiere zu kümmern, die einen als Korrespondenten ausweisen.

Visapflicht oder nicht – das erfahren Sie, wenn Sie Glück haben, durch einen Telefonanruf bei der Botschaft des fraglichen Landes in Berlin. Lassen Sie sich sagen, welche Papiere Sie vorlegen müssen, halten Sie mehrere Passfotos bereit und beantragen Sie ein Visum.
Sie sollten das selbst dann tun, wenn Sie nicht vorhaben, in ein Land, das zu Ihrem Berichtsgebiet gehört, in naher Zukunft zu reisen. Es ist einfach sinnvoll, auf alle Eventualitäten vorbereitet zu sein. Es kann passieren, dass Sie plötzlich in ein Land reisen müssen, das Sie eigentlich erst später besuchen wollten. Es freut die Redaktionen nicht, zu hören, dass Sie ausgerechnet jetzt nicht reisen können, weil Ihnen das Visum fehlt.
Unter *www.journalistische-praxis.de* finden Sie die Adressen der in Deutschland vertretenen Botschaften.

Die Visa-Erteilung ist nicht immer eine Selbstverständlichkeit. Manche Länder lassen sich viel Zeit und sehen sich die Journalisten genau an, denen Sie ein Visum erteilen. Das ist eine gar nicht so subtile Methode, Druck auszuüben. Die zeitliche Befristung eines Visums hat denselben Zweck: Dem Korrespondenten soll klar gemacht werden, dass er nur geduldet ist und jederzeit des Landes verwiesen werden kann.
Als fester Standort sind solche Länder nur dann in Betracht zu ziehen, wenn es keine Alternative gibt, denn es ist nicht ange-

nehm, bei der Arbeit stets überlegen zu müssen, welche Folgen ein kritischer Kommentar möglicherweise für das weitere Verbleiben im Land hat.

Die Aufenthaltsgenehmigung ist oft zugleich die *Arbeitserlaubnis* und entweder an das Visum gekoppelt oder wird – wo kein Visum erforderlich ist – von einer Behörde im Land erteilt. Welche Behörde das ist und welche Unterlagen dafür benötigt werden, weiß normalerweise die Botschaft in Berlin. Sie sollten jedenfalls rechtzeitig in Erfahrung bringen, wann Sie mit welchen Papieren wo auftauchen müssen. Sie können das Ganze als einen Intensivkurs zum Kennenlernen der Bürokratie Ihres Gastlandes abbuchen – und, wenn Sie Lust haben, tun, was viele Korrespondenten tun: Sich darüber in einem Beitrag auslassen, der meistens das Motto hat »Wie schwer es im Land der Kundenfreundlichkeit ist, einen Führerschein zu bekommen/ein Auto zu kaufen/sich behördlich anzumelden ... und so weiter«.

Die Akkreditierung weist Sie als Korrespondenten aus, der in seinem Gastland für ein bestimmtes Medium arbeitet. In vielen Ländern ist sie keineswegs zwingend vorgeschrieben, es erleichtert Ihnen jedoch oft das Leben, wenn Sie nicht erst lange erklären müssen, wer Sie sind und was Sie wollen, sondern nur mit der amtlichen Karte wedeln müssen, um freundlich an der Absperrung vor dem Präsidentenpalast zurückgewiesen zu werden. Der Polizist weiß jetzt wenigstens, wen er weg geschickt hat.

Die Akkreditierung ist kein »Sesam öffne dich«, sondern ein Ausweis, der Ihnen in der Regel Zugang zu Ministerien und Behörden verschafft. In manchen Ländern gibt es einen zentralen Ausweis für die ausländischen Journalisten – zumeist ausgestellt vom Regierungspresseamt –, in wieder anderen brauchen Sie mehrere Akkreditierungen: für den Regierungssitz, für das Parlament, für Ministerien.

Sich den amtlichen *Presseausweis* zu beschaffen, ist auf jeden Fall zu empfehlen, weil Sie gegenüber allen Behörden nachweisen können, in wessen Auftrag Sie unterwegs sind, was Ihnen manchmal – nicht überall sind ausländische Journalisten beliebt – helfen wird. Gelegentlich benötigen Sie erst die Aufenthaltsgenehmigung, um die Akkreditierung zu bekommen – in wieder anderen Ländern ist es umgekehrt. Machen Sie sich kundig, rechnen Sie ein paar Tage für Behördengänge ein und wappnen Sie sich mit Geduld und Freundlichkeit.

Die Auslandspresse ist oft ebenfalls organisiert, jedenfalls in Städten, wo eine ausreichende Zahl von Korrespondenten vertreten ist. Wenn Sie über mehrere Länder berichten, ist ein solcher, auf ein Land konzentrierter Verband weniger interessant, ansonsten aber sollten Sie Mitglied werden. Erstens bekommen Sie dann noch einen Ausweis, zweitens vielleicht hin und wieder die Einladung zu einem Treffen mit einem wichtigen Politiker. Manche dieser Auslandspressevereine sind sehr aktiv und bemühen sich, Politiker, die zu Einzel-Interviews kaum zu bekommen sind, auf diese Weise in Kontakt mit den Korrespondenten zu bringen. Das alleine ist schon ein Beitrittsgrund.

Zum anderen haben Korrespondenten ja manchmal gemeinsame Sorgen und Nöte, die an offizieller Stelle vorgetragen werden sollten. Ob es um Einschränkungen der Pressefreiheit, um die Sicherheit der Journalisten oder ihre Arbeitsbedingungen geht, es ist gut, wenn sich eine Organisation darum kümmert, die für alle Korrespondenten sprechen kann (selbst wenn die sich in den seltensten Fällen völlig einig sind). Der Verein der Auslandspresse verdient deshalb Ihre Unterstützung.

Nicht nur für Juristen: Das Arbeitsverhältnis

Der fest angestellte, entsandte Korrespondent

In der Heimat bezahlt, im Ausland beschäftigt – das ist der klassische Auslandskorrespondent. Der Redakteur einer Nachrichtenagentur, einer Zeitung, von Fernsehen oder Radio verlässt im Auftrag der Redaktion Deutschland, um aus einem bestimmten Land oder einer bestimmten Region zu berichten.

Auf einen fest gelegten Zeitraum ist diese Tätigkeit in der Regel begrenzt. Wer ins Ausland geht, weiß be(un)ruhigenderweise gleich, wann er wieder in die Heimat zurück muss. Wie lange der Aufenthalt dauert, hängt vom Vertrag ab, den der Korrespondent mit seinem Arbeitgeber schließt. Das ist – wie vieles in diesem Beruf – sehr unterschiedlich, denn zu den Regeln gehören die Ausnahmen. So heißt es für die Radiokorrespondenten der ARD nach fünf Jahren, die Koffer wieder zu packen. Das ist die maximale Vertragsdauer, danach geht es zurück zur Rundfunkanstalt, die einen entsandt hat – meistens, aber nicht immer.
Es gibt Kollegen, die aus privaten Gründen (Schulabschluss der Kinder zum Beispiel) länger bleiben oder die es schaffen, von einem Auslandsposten zum nächsten versetzt zu werden. Bei »Spiegel«, »Süddeutscher Zeitung« und »FAZ« wiederum gibt es einzelne Korrespondenten, die scheinbar Wurzeln im Ausland geschlagen haben und zum Teil über Jahrzehnte aus einem Land oder einer Region berichten. Da weiß der Leser schon beim Blick auf die Autorenzeile, von wo der Bericht kommt.

Ob lange gut ist, darüber lässt sich trefflich streiten, denn mit gar nicht so schlechten Argumenten kann begründet werden, dass es sinnvoll ist, in regelmäßigen Abständen einen neuen Korrespondenten in ein Land zu schicken. Wer sieben Mal am Heiligen Abend in Bethlehem gestanden ist, dem geht im achten Jahr vielleicht die Ergriffenheit dessen ab, der zum ersten Mal erlebt, wie die Palästinenser im Heiligen Land Weihnachten feiern.

Andererseits: Erst der langjährige Korrespondent vermag einzuschätzen, was es bedeutet, wenn die Palästinenser erstmals ihren eigenen Weihnachtsbaum auf dem Platz vor der Geburtskirche aufstellen oder dies aus Protest gegen Israel nicht tun.

Erfahrung und journalistische Neugier schließen einander nicht aus. Es ist sicher ein Gewinn für die Redaktion, wenn ein Korrespondent Ereignisse einschätzt und Entwicklungen beurteilt, der sich nicht von der Hektik des Augenblicks täuschen lässt, sondern seinen Erfahrungen vertraut. Wer sich freilich dabei ertappt, dass er bei sich wiederholenden Ereignissen in seinem Berichtsgebiet erschöpft murmelt, »nicht schon wieder«, der sollte überlegen, ob es nicht Zeit ist, zu gehen.

Geldfragen regelt der Vertrag ebenfalls. Im Ausland ist das etwas komplizierter als im Inland, wo das Gehalt abzüglich der Steuern und Sozialabgaben auf dem Konto des Journalisten landet. Für Auslandskorrespondenten wird das Grundgehalt aufgestockt, um die Mehraufwendungen im Ausland auszugleichen.

Eine Auslandszulage ergänzt das Gehalt. Sie ist bei den meisten Verlagen, Rundfunkanstalten und Agenturen an den Vorgaben des *Auswärtigen Amtes* orientiert. Das heißt, wie bei Diplomaten ist die Zulage von Land zu Land verschieden und eben keine einheitliche Gehaltsergänzung. Es handelt sich dabei nicht um eine Prämie. Der Korrespondent soll in die Lage versetzt werden, auch da, wo es oft teurer und schwieriger ist zu leben, keine allzu großen Abstriche machen zu müssen.

Der Kaufkraftausgleich ist eine komplizierte Angelegenheit. Vorbild sind die Diplomaten, denen das Auswärtige Amt nach einem ausgeklügelten Schlüssel einen Ausgleich dafür zahlt, dass in manchen Ländern der Welt der Euro weniger Wert ist als in anderen. Es soll schließlich nicht von finanziellem Nachteil sein, wenn man sich für das Leben im Ausland entscheidet. Freilich: Nicht alle Arbeitgeber gewähren den Kaufkraftausgleich ihren Korrespondenten.

Der Mietzuschuss macht die oft teuren Wohnungen oder Häuser in den Metropolen der Welt für Korrespondenten erschwinglich. Schließlich sollen sie nicht irgendwo am Rande von Madrid oder Washington wohnen, und zum anderen haben sie hin und wieder die Gelegenheit, Gäste aus ihrem Gastland einzuladen. Auch dafür muss (wie für ein Arbeitszimmer) Platz in der Wohnung sein. Das macht den Wohnraum zusätzlich teuer, der Mietzuschuss ist der dafür notwendige Ausgleich.

Eine Spesenpauschale gehört oft zur festen monatlichen Überweisung. Hier sollte klar definiert sein, welche Ausgaben damit abgedeckt sind und was zusätzliche Kosten sind, die extra abgerechnet werden. Nur so lässt sich unnötiger Ärger vermeiden. Sind die täglichen Zeitungen Teil der laufenden Bürokosten oder bezahlt der Korrespondent sie mit der Spesenpauschale? Solche Fragen sollten geklärt sein, bevor der Korrespondent seinen Dienst antritt.

Ein Gespräch mit dem Vorgänger ist bei all diesen Vertragsfragen sinnvoll, denn dann wissen Sie, was Sie zu erwarten haben und sind vor unliebsamen Überraschungen (weitgehend zumindest) gefeit. Zwar klingen diese Vertrags- und Geldfragen nicht sehr journalistisch, sondern ziemlich bürokratisch, doch da von Ihnen im Ausland viel verlangt wird, ist es nicht unbillig, sich über die vertraglichen Bedingungen zu informieren.

Unterschiede wird es immer geben. Das hängt vom Arbeitgeber ab und von der Position des Korrespondenten. Wer als Büroleiter in einem Büro mit mehreren Korrespondenten arbeitet, verdient normalerweise mehr als der Einzelkämpfer.
Verlage, Agenturen und Rundfunkanstalten haben oft eigene Tarifverträge für Korrespondenten, weil die Arbeit im Ausland nun einmal nicht nach den Vorschriften für Deutschland abläuft.

Der Pauschalist

Einen weniger detaillierten Vertrag schließt normalerweise ab, wer als Pauschalist ins Ausland geht. Der Pauschalist läst sich seine Leistungen durch die Zahlung einer pauschalen Summe abgelten. Er muss deshalb gut kalkulieren und schon vor Aufnahme der Tätigkeit durchrechnen, welche Kosten pro Monat auf ihn zu kommen und mit welchen Einkünften er rechnen kann.

Eine präzise Kalkulation ist notwendig, um zu wissen, welche Mindesteinkünfte benötigt werden, um über die Runden zu kommen. Dabei sollte sich niemand täuschen lassen: Meist ist das Leben im Ausland teurer als in Deutschland, denn die Kosten für Informationsbeschaffung und Übermittlung der Beiträge dürfen bei der Berechnung nicht vergessen werden.

Die Leistungen müssen ebenfalls geklärt sein. Was wird für die pauschale Abschlagszahlung vom Korrespondenten erwartet? Wie viele Beiträge müssen mindestens geliefert werden? In welchem Zeitraum, in welcher Länge? Welche Leistungen werden extra vergütet, welche Zusatzkosten erstattet? Wer zahlt Reisekosten, wer finanziert die technische Ausrüstung? Im Zweifelsfall müssen Sie vieles vorfinanzieren, deshalb keine falsche Scheu, sondern *klare Absprachen*, die für klare Verhältnisse sorgen. Am besten geschieht das schriftlich.

Pauschalisten mit mehreren Arbeitgebern tun sich leichter, auf ihre Kosten zu kommen, da für den einzelnen Auftraggeber die Summe kleiner, für den Pauschalisten aber die Gesamtsumme größer ist. Außerdem erhöht sich dadurch die Sicherheit. Der Ausfall eines Auftraggebers bedeutet nicht sofort das Aus für die Tätigkeit im Ausland. Natürlich sind nur die Medienunternehmen bereit, gemeinsam einen Pauschalisten zu beschäftigen, die sich nicht als Konkurrenten verstehen. Das berücksichtigen Sie auf alle Fälle, wenn Sie Auftraggeber suchen.

Die Vertragsdauer sollte genau geregelt sein, denn wer sich darauf einlässt, als Pauschalist ins Ausland zu gehen, will wissen, für welchen Zeitraum er mit einem monatlichen Fixum rechnen kann. Ein Auslandsumzug ist nicht nur mit einem erheblichen Aufwand, sondern auch mit ebenso erheblichen Kosten verbunden. Die Sicherheit, über einen gewissen Zeitraum finanziell festen Boden unter den Füßen zu haben, erleichtert es Ihnen, ein solches Risiko auf sich zu nehmen.

Ob die Pauschale alleine reicht? Diese Frage lässt ich trotz genauer Kalkulationen und langer Überlegungen oft nicht beantworten, bevor nicht die Probe aufs Exempel gemacht wurde. Mit anderen Worten: Wer nicht über alternative Verdienstmöglichkeiten verfügt (und sei es das Gehalt des Partners) oder über einen gewissen Zeitraum finanzielle Rücklagen einsetzen kann, der sollte es sich zweimal überlegen, ob er als Pauschalist ins Ausland geht.

Der Freie Journalist

Der sogenannte Bauchladen zeichnet Freie Journalisten im Ausland oft aus. Es sind Kolleginnen und Kollegen, die eine *Vielzahl* von Redaktionen (das ist mit dem Wort vom Bauchladen gemeint) mit Berichten, Features, Reportagen und Hintergrundinformationen versorgen. Vor allem kleinere Zeitungen, die sich keinen eigenen Korrespondenten in Tokio oder Rom leisten, aber nicht ausschließlich auf die Nachrichtenagenturen angewiesen sein wollen, setzen gerne Freie Journalisten ein. Die Autorenzeile `Von unserem Korrespondenten in ...` gibt den Lesern der Zeitung das gute Gefühl, dass ihr Blatt mehr und exklusive Informationen bietet.

Ein großer Bauchladen ist notwendig, weil es für einen Freien Journalisten in der Regel nicht möglich ist, vom Zeilenhonorar einer einzigen Zeitung zu leben. Wie beim Pauschalisten ist zu vermeiden, dass miteinander konkurrierende Zeitungen im gleichen Bauchladen landen. Eines ist sicher: Wer als Freier Journalist im Ausland arbeitet, sollte möglichst viele Abnehmer für seine Beiträge auf einer relativ regelmäßigen Basis an sich binden, da er sonst zu sehr journalistischen Konjunkturschwankungen ausgesetzt ist.

Wenn ein oder zwei Ereignisse die Berichterstattung dominieren, etwa der Krieg im Kosovo, die Monica Lewinski-Bill Clinton-Affäre oder der CDU-Parteispendenskandal, dann tun sich Auslandskorrespondenten, deren Berichtsgebiet nicht direkt mit diesen Vorgängen zu tun hat, schwer, mit ihren Beiträgen im Programm oder der Zeitung zu landen.

Die Auftraggeber sind meist kleinere und mittlere Zeitungen. Die großen überregionalen Zeitungen dagegen haben ein eigenes Korrespondenten-Netz, ebenso wie die ARD im Fernsehen und Hörfunk. Die kommerziellen Radiostationen versorgen sich über die Korrespondenten der Deutschen Presse-Agentur dpa/Rufa mit Audio-Beiträgen und die kommerziellen Fernsehstationen sind an den ganz wichtigen Plätzen der Welt mit eigenen Korrespondenten vertreten und kaufen sich ansonsten die Bilder, die sie für ihre Nachrichtensendungen brauchen. In diesem Bereich haben Freie Auslandskorrespondenten kaum Chancen, mit ihren Beiträgen unterzukommen. Außerdem sind die Investitionen höher, denn von einem Freien Journalisten erwarten die Redaktionen, dass sie über die technische Ausrüstung verfügen, die für die Radio- oder Fernsehberichterstattung notwendig ist.

Bei weniger aktuellen Medien sieht es etwas anders aus. Zeitschriften aller Art sind immer wieder an fachspezifischen Informationen aus dem Ausland interessiert. Was die Software-Tüftler in Israel machen, findet Abnehmer in der Computerpresse. Reise- und Touristikmagazine wollen über die weniger ausgetrampelten Pfade erfahren, auf denen zu gehen sich für die Reisenden lohnt. Thematisch vielfältig muss deshalb das Angebot des Freien Journalisten sein, dazu gehört die Fähigkeit, auf die unterschiedlichen Wünsche seiner Auftraggeber einzugehen. Es ist also lohnend, sich einen Überblick über die in Deutschland erscheinende Fachpresse zu verschaffen.

Von Nischen leben Freie Journalisten im Ausland. Sie müssen da präsent sein, wo die fest angestellten Korrespondenten nicht sind, und die Themen anbieten, die ansonsten unter den Tisch fallen. Nicht der 17. Beitrag über die Erweiterung der Europäischen Union ist ihr Metier in erster Linie, sondern die Reportage über die Folgen der Entscheidungen für die Bauern in Polen.
Sie müssen davon ausgehen, dass die wichtigsten Aspekte eines Themas normalerweise von den festen Korrespondenten abgedeckt werden. Auf diesem Gebiet konkurrieren zu wollen, ist nur dann sinnvoll, wenn Ihr Auftraggeber dies ausdrücklich so will. Wenn aktuelle, ereignisbegleitende Berichterstattung

gewünscht ist, wird auch der Freie Journalist dies tun, meist aber liefert er die Reportage, den Kommentar, die Analyse oder die Hintergrundinformationen und ergänzt damit die Berichterstattung.

Defizite in der Berichterstattung auszumachen und dann die eigene Arbeit darauf abstellen, ist für Freie Auslandskorrespondenten von existenzieller Bedeutung.
Sie müssen vorher kalkulieren, was Sie vom Platz Ihrer Wahl absetzen können. Natürlich gibt es viele Länder der so genannten Dritten Welt, die in der Berichterstattung zu kurz kommen. Das wird seit Jahren in regelmäßigen Abständen auf Akademietagungen beklagt, heißt aber noch lange nicht, dass Sie als Freier Journalist davon leben können, wenn Sie in ein solches Land gehen, um von dort zu berichten. Die gute Absicht allein jedenfalls wird Ihr Konto nicht füllen. Sich in eine journalistische Nische zurückzuziehen, ist nur dann ratsam, wenn es genügend Abnehmer für die Berichte aus der Nische gibt.

Die Wahl des Ortes ist von großer Bedeutung. Die wichtigen Hauptstädte der Welt sind bevölkert von Korrespondenten, da liegt es nahe, dass der Freie Journalist den Grüngürtel um die Hauptstadt hinter sich lässt, um aus einer anderen Perspektive zu berichten. Das will gut überlegt sein. Sind die Redaktionen wirklich an Notizen aus der Provinz interessiert oder nicht vielmehr daran, ihren Mann oder ihre Frau in der Hauptstadt zu haben?
Natürlich: In den Zeiten der vernetzten Welt könnte es eigentlich egal sein, wo der Korrespondent lebt, weil die Informationen überall zugänglich sind, aber das ist es – zum Glück – noch nicht: Der Korrespondent hat da zu sein, wo die Musik spielt. Das sollte berücksichtigen, wer sich als Freier im Ausland selbständig machen will. `Ein Bericht unseres Korrespondenten in Washington`, das klingt nach mehr als der Hinweis, der Korrespondent berichte aus einer Kleinstadt unbekannten Namens.

Redaktionsbesuche empfehlen sich, wenn Sie die Absicht haben, sich als Freier Journalist im Ausland nieder zu lassen. Das hört sich nach Klinkenputzen an, ist aber unverzichtbar, wollen Sie im Ausland nicht bei Null und mit vollem Risiko anfangen. Stellen Sie sich vor, sagen Sie, was Ihre Pläne sind, vor allem aber: Fragen Sie, wo die Redaktion Lücken sieht, die Sie mit Ihrer Arbeit füllen können.

Vom Ausland aus den Einstieg zu schaffen in die Tätigkeit als Freier Journalist ist sehr schwierig, es ist deshalb allemal besser, vor dem Umzug ins Ausland zu versuchen, den einen oder anderen Kunden bei den Medien in Deutschland zu finden. Selbst wenn Sie die Redaktion ohne konkreten Auftrag verlassen, so haben Sie doch eines erreicht: Wenn Sie sich aus dem Ausland melden und einen Beitrag anbieten, steht hinter dem Angebot für die Redaktion eine konkrete Person und nicht ein Unbekannter. Das erleichtert den Einstieg allemal.

Die Übermittlung der Beiträge sollte in erster Linie für die Redaktion unkompliziert sein, denn ein freier Mitarbeiter, der Arbeit macht statt Arbeiten abzuliefern, erfreut sich nicht besonderer Beliebtheit. Mit anderen Worten: Klären Sie – gegebenenfalls mit Kollegen von der Technik –, auf welchem Wege Ihre Werke ins Redaktionssystem gelangen können und sorgen Sie dafür, dass dies von Ihrer Seite aus funktioniert.
Wenn das Geld kostet, weil ein Internet-Anschluss beschafft werden muss oder eine bestimmte Software, so sollten Sie in Ihrer Kalkulation zunächst davon aus gehen, dass dies Ihren Etat belastet, aber nicht vergessen, zumindest einmal anzufragen, ob es nicht einen Zuschuss gibt ... fragen kostet ja nichts, und manchmal hat man Glück.

Die Bezahlung erfolgt nach deutschen Tarifen, und normalerweise auf ein Konto in Deutschland, denn Sie können Ihrem Auftraggeber kaum zumuten, dass er bei jeder Überweisung die Gebühren für eine Überweisung ins Ausland bezahlt. Die Tarife sollten sich in nichts von denen für Inlandsmitarbeiter unterscheiden, jedenfalls gelten die ausgehandelten Tarifverträge für alle, egal ob in Deutschland oder in Pakistan zu Hause. Wie für alle freien Mitarbeiter empfiehlt sich besonders im Ausland genaue *Buchführung*, um nachvollziehen zu können, ob das Honorar für alle Beiträge schon eingetroffen ist.
Unter *www.journalistische-praxis.de* ist zu erfahren, welche Tarifverträge es für Freie Journalisten gibt.

Ein finanzielles Restrisiko bleibt für denjenigen, der sich als Freier Journalist im Ausland selbstständig macht. Das ist anders als beim Pauschalisten sogar noch riskanter, denn als Freier haben Sie zunächst keinerlei Sicherheit. Im Gegenteil. Sie müssen sich Ihren finanziellen und journalistischen Status erst erarbeiten. Das bedeutet zweierlei:

Finanzielle Rücklagen sollten Sie haben, um die ersten Wochen oder Monate über die Runden zu kommen. Wenn Sie wirklich bei Null anfangen und für jeden Beitrag erst einen Abnehmer finden müssen, dann kann dies eine schwierige Durststrecke bedeuten. Deshalb sollten Sie wissen, wovon Sie leben können, wenn das Geschäft anfangs schleppend anläuft.

Journalistische Flops dürfen nicht passieren, denn dann manövrieren Sie sich selbst sehr schnell in Abseits. Wenn Sie als Freier Journalist im Ausland eine Alternative oder zumindest Ergänzung zu den festen Korrespondenten sein wollen, sind Glaubwürdigkeit und Zuverlässigkeit Ihr wichtigstes Kapital. Ihre Informationen müssen jeder Überprüfung standhalten, und die Einhaltung zugesagter Termine versteht sich von selbst.

Oft sind es journalistische Ortskräfte, die als Freie Journalisten im Ausland arbeiten. Ausländer also, die deutsch schreiben und sprechen, und deshalb als Ortskenner für deutsche Verlage oder Nachrichtenagenturen aus ihrer Heimat berichten. Das reduziert ihr Risiko, weil die Aufnahme der Tätigkeit nicht mit einem Ortswechsel und dem Neustart im Ausland verbunden ist. Viele der bereits erwähnten Probleme fallen weg, wenn die Ortskraft – was relativ häufig der Fall ist – ein festes Einkommen bei einer Zeitung im Ausland hat und sich ein Zubrot als freier Mitarbeiter deutscher Medien verdient.
Gelegentlich handelt es sich auch um *Deutsche* (nicht notwendigerweise gelernte Journalisten), die irgendwann im Ausland hängen geblieben sind und jetzt als freie Korrespondenten das Leben in Indien, Israel oder Indonesien finanzieren. Wenn es gut geht, profitieren beide Seiten davon.

Insbesondere bei den Nachrichtenagenturen ist die journalistische Ortskraft beliebt. Die Agenturen wollen zwar ein weltum-

spannendes Nachrichtenangebot vorlegen, aber nicht in jedem Land der Welt mit einem entsandten Korrespondenten vertreten sein, weil Aufwand und journalistischer Ertrag in keinem Verhältnis stehen. Wer braucht schon einen ständigen Korrespondenten in Albanien, wer ist an regelmäßiger Berichterstattung aus Afghanistan interessiert?
In solchen Ländern ist es außerordentlich praktisch, jemanden vor Ort zu haben, der zuverlässig ist und einen im Notfall mit Informationen beliefert. Von diesen gelegentlichen, dann dafür dringlichen Anfragen kann freilich nur leben, wer seinen Lebensunterhalt mit einer anderen Arbeit finanziert. Deshalb sind auf diesem Gebiet in erster Linie einheimische Journalisten aktiv, die deutschen Medien von Fall zu Fall zur Verfügung stehen.
Es ist nicht unbedingt nötig, dass diese Mitarbeiter die deutsche Sprache beherrschen, sie müssen die Informationen liefern, die dann in Deutschland aus dem Englischen oder Französischen übersetzt und zu einer Meldung für den deutschsprachigen Dienst der Agentur verarbeitet werden.

Die vertragliche Grundlage, auf der Freie Journalisten im Ausland arbeiten, ist nicht selten ziemlich dünn, sofern überhaupt von einem Vertrag gesprochen werden kann. Meist läuft es so, dass die Redaktionen die abgelieferten und gesendeten, beziehungsweise gedruckten Beiträge honorieren, den Korrespondenten aber darüber hinaus nicht vertraglich an sich binden. Die Risikoabsicherung, etwa für den Krankheitsfall oder sonst wie bedingte Arbeitsunfähigkeit, bleibt also dem Korrespondenten überlassen.

Bei langjährigen freien Mitarbeitern sieht das von Fall zu Fall anders aus, eine allgemein gültige Aussage ist nicht möglich. Natürlich kann, wer lange dabei ist und seine Zeitung oder seine Nachrichtenagentur über Jahre hinweg zuverlässig beliefert, über gewisse Zusatzleistungen – Beiträge zu Versicherungen oder Kostenerstattung bei technischen Investitionen beispielsweise – verhandeln, das Ergebnis hängt ausschließlich vom Einzelfall ab.

Die Kunst, Nein zu sagen, sollte gerade ein Freier Journalist beherrschen, denn sonst droht die Gefahr, sich zu übernehmen. Es handelt sich dabei um eine schleichende Gefahr, denn die zunehmende Zahl von Aufträgen wird jeder Freie zunächst als Bestätigung seiner Arbeit verstehen und darüber hinaus als finanzielles Polster betrachten für die Zeiten, in denen die Nachfrage zurückgeht. Wenn die Geschäfte gut laufen, beginnt eines Tages die Abwägung, was noch zu schaffen ist, ob eventuell sogar die eine oder andere Bitte um einen Beitrag abschlägig beschieden werden muss. Das tut weh, weil dem freien Korrespondenten ein Honorar entgeht, ist im Sinne der journalistischen Glaubwürdigkeit jedoch manches Mal nicht zu vermeiden.

Wer seinen Ruf nicht ruinieren will, muss gewisse *journalistische Standards* einhalten, und das bedeutet, Zeit zu haben für Recherchen. Es gibt dafür logischerweise keine Maßeinheit, sondern hängt vom Einzelnen und vom Einzelfall ab, doch eines ist sicher: Wenn Sie zu oft Ja sagen und sich übernehmen, schaden Sie sich langfristig selbst, weil die Qualität Ihrer Arbeit darunter leidet.

Belastbar und ein seriöser Gesprächspartner muss der freie Auslandskorrespondent sein. Das heißt, dass natürlich von ihm oder ihr verlangt wird, unter schwierigen Bedingungen schnell und viel zu arbeiten, das aber zuverlässig. Und er muss für die Redaktionen ein Gesprächspartner sein, der die Verhältnisse in seinem Berichtsgebiet einzuschätzen vermag, Sichtweisen der Redaktionen versteht, gegebenenfalls zu korrigieren weiß und Nein sagt, wenn er ein Thema für abwegig hält.

Das übrigens gilt selbstverständlich nicht nur für Freie Journalisten in Ausland, sie aber fühlen sich am ehesten von Redaktionen unter Druck gesetzt, weil sie sich in wirtschaftlicher Abhängigkeit von ihren Auftraggebern befinden, und doch: Das darf keinesfalls zur Preisgabe journalistischer Selbstverständlichkeiten führen.

Die Heimat(redaktionen) nicht vergessen

Langjährige Auslandskorrespondenten müssen sich bei ihren seltenen Besuchen in den Redaktionen oft leicht vorwurfsvoll-neidisch sagen lassen, sie seien »verbuscht«. Was nichts anderes heißt, als dass sie für das Leben in Deutschland eigentlich nicht mehr geeignet seien, weil sie sich zur sehr an das ungeregelte, hierarchiefreie Leben im Ausland gewöhnt haben. Ob das ein ernst zu nehmender Vorwurf ist, sei dahingestellt, es zeigt lediglich, dass zwischen denen, die zu Hause geblieben sind, und denen, die im Ausland arbeiten, oft genug Welten liegen.

Zusammenarbeit mit der Redaktion

Fern von Konferenzen und Sitzungen entwickeln Auslandskorrespondenten oft sehr schnell eine tiefsitzende Abneigung gegen die tägliche Routine in einer Redaktion. Im Interesse des Korrespondenten aber liegt es, dass die Kluft zwischen der Redaktion und ihrem Mann oder ihrer Frau im Ausland nicht zu groß wird.

Regelmäßige Kontakte sind unerlässlich, um eine gedeihliche Zusammenarbeit möglich zu machen. Sie sollten als Korrespondent keinesfalls in aller Ruhe abwarten, bis sich endlich wieder einmal eine Redaktion bei Ihnen meldet und Sie höflich um einen Beitrag bittet.
Im Idealfall entsteht ein ausgewogenes Verhältnis zwischen Angebot und Nachfrage, denn das Schweigen der Redaktionen, die offensichtlich keine Beiträge von Ihnen benötigen, ist ebenso beunruhigend wie das Schweigen der Redaktionen, wenn Sie Beiträge anbieten. Also: Selbst, wenn mal wenig los ist in Ihrem Berichtsgebiet, melden Sie sich, informieren Sie die Redaktionen über die Lage (da diese in solchen Fällen nichts über die Agenturen erfahren, ist es gut, von Ihnen zu hören, wie es momentan aussieht) und bieten Sie langfristige, weniger aktuelle Themen an. Es muss ja nicht immer das aktuelle Res-

sort oder die Auslandsredaktion sein, die Ihre Beiträge abnimmt, denken Sie an das Kultur-Ressort oder die Wirtschaftsredaktion.

Sie müssen Ihre Gesprächspartner kennen, um sich nicht wie der berühmte Buchbinder Wanninger von einer Nebenstelle zur anderen verbinden zu lassen, bis Sie erfahren, dass der für Sie zuständige Redakteur auf einer Sitzung ist (alle Redakteure besuchen ständig Konferenzen, besonders gerne offensichtlich, wenn Auslandskorrespondenten anrufen). Es ist also gut zu wissen, wann welche Redaktion ihre tägliche Sitzung hat, um zur passenden Zeit anzurufen und noch vor der Sitzung ein Angebot zu unterbreiten, das auf diese Weise vielleicht den Weg ins Programm oder die Zeitung findet.

Die Zuständigkeiten sollten Sie ebenfalls kennen, um zu wissen, wen Sie ansprechen müssen, falls Sie einen Kommentar anbieten wollen, und wen, wenn es um eine Reportage oder einen Hintergrundbericht geht. Das ist für Korrespondenten, die für eine Zeitung oder ein Wochenmagazin arbeiten, relativ übersichtlich. Für Korrespondenten, die alle Radiostationen der ARD versorgen, oder für freie Journalisten sieht das etwas anders aus. Wer es als ARD-Hörfunkkorrespondent mit 50 öffentlich-rechtlichen Radioprogrammen zu tun hat, verliert leicht den Überblick: Wo gibt es eine Bergsteiger-Redaktion? Wollte der Kirchenfunk aus Saarbrücken oder Köln einen Beitrag?

Inhaltliche Gespräche sind aber mindestens genauso wichtig wie die Kenntnis der diversen Zuständigkeiten. Sie müssen wissen, wie der zuständige Redakteur Ihre Arbeit und wie er die Lage in Ihrem Berichtsgebiet einschätzt. Das schützt Sie davor, betriebsblind zu werden. Wer sich sieben Jahre lang mit der israelischen Innenpolitik beschäftigt, läuft Gefahr, jedes Hüsteln des Premierministers als Zeichen für eine Regierungskrise zu interpretieren und für entsprechend wichtig zu halten.
Da tut es gut zu hören, dass in Berlin ein Kanzler noch mehr hustet und dass der außenpolitische Redakteur Ihrer Zeitung momentan sowieso keine brennend wichtigen Themen im Nahen Osten zu erkennen vermag. Das bringt Sie möglicherweise auf die Idee, mit der Kulturredaktion ein schon lange geplantes Pro-

jekt in Angriff zu nehmen. Da Sie sich berufsbedingt dauernd den Medien Ihres Gastlandes aussetzen, verschieben sich für Sie manches Mal die Gewichte. Das lässt sich aber im Gespräch mit den Kollegen in der Heimatredaktion beheben, die Ihnen schon sagen, dass es jenseits Ihres Berichtsgebietes auf der Welt noch andere interessante Entwicklungen gibt.

Redaktionsbesuche sind ein Muss für alle Auslandskorrespondenten, egal ob freier Journalist oder fest angestellter Korrespondent. »Aus den Augen, aus dem Sinn« heißt ein uralter, aber immer noch richtiger Spruch. Es ist wichtig, den Kontakt mit den Redaktionen zu pflegen, die Kolleginnen und Kollegen zu kennen, und zu wissen, unter welchen Bedingungen in Deutschland gearbeitet wird. Dann werden Sie nicht ungeduldig, wenn Sie wieder mal auf einen Redakteur warten müssen, der in einer Konferenz sitzt.
Umgekehrt können Sie Ihre Partner in der Heimatredaktion für Ihre Arbeitsbedingungen sensibilisieren und ihnen klar machen, dass sich nicht jeder Wunsch im »Handumdrehen« erfüllen lässt, weil eine Recherche in Indonesien etwas mehr Zeit in Anspruch nimmt, als ein Anruf beim Innenministerium in München.

Was wollen die Leser/Hörer/Zuschauer erfahren?

Diese Frage beantworten nicht Sie, sondern die Redaktionen in Deutschland. Dort wird entschieden, was ins Blatt kommt, was in Radio und Fernsehen gesendet wird. Kohls Schwarze Kassen verdrängen da allemal Chinas rote Zahlen, im Zweifel siegt immer die Innenpolitik über die Außenpolitik. Nähe ist für Redaktionen, die sich am Publikumsinteresse orientieren, ein ganz wichtiges Argument.

Die Medienentwicklung in Deutschland spüren Sie auf diese Weise sicher, Sie sollten sich aber selbst darum kümmern, über den Wandel in der Medienlandschaft auf dem Laufenden zu bleiben, denn das beeinflusst Ihre Arbeit.
Korrespondenten, die nach vielen Jahren im Ausland darüber jammern, dass niemand mehr längere Beiträge hören oder tief schürfende Analysen lesen will, sollten zunächst einmal sich fra-

gen, ob sie nicht in den letzten Jahren etwas verpasst haben. Die Medien haben sich gewandelt, das Tempo hat zugenommen, die Aufnahmefähigkeit, manche sagen die Aufnahmewilligkeit, des Publikums ist gesunken. Korrespondenten müssen das wissen und in ihrer Arbeit berücksichtigen.

Die Beobachtung der deutschen Medienlandschaft ist durch das *Internet* erheblich einfacher geworden. Früher waren Sie als Korrespondent vom aktuellen Geschehen in Deutschland wirklich weit weg, heute können Sie nahezu jede Zeitung lesen und jeden Radiosender hören, wenn Sie über einen Internet-Zugang und die passende Software verfügen. Natürlich werden Sie nach ein paar Jahren im Ausland deutsche Debatten über die Rechtschreibreform nicht so recht verstehen (obwohl dieses Thema alle Journalisten betrifft), aber Sie können sich mit Hilfe des Internets ein Bild davon machen, was die vorherrschenden Themen in den deutschen Medien sind.
Das sollten Sie tun, um zu verstehen, warum Ihre Beiträge im Moment vielleicht nicht so gefragt sind, oder besser noch, um Beiträge anzubieten, die deutsche Debatten um *ausländische Perspektiven* erweitern.

Das Bild Ihres Landes in den deutschen Medien können Sie so zudem beobachten, oder präziser: Sie sehen und hören, was die Konkurrenz, beziehungsweise die Kollegen so schreiben und senden. Sie sind jedenfalls nicht mehr überrascht, wenn Sie der Anruf Ihrer Redaktion erreicht und es heißt: »Es wäre doch einmal interessant, der Frage nachzugehen, wie es den weißen Farmern in Zimbabwe geht«. Wohl informiert durch das Internet könnten Sie jetzt antworten, »Sie haben wohl die »Neue Zürcher Zeitung« gelesen?«, tun das aber nicht, sondern versprechen, sich um dieses interessante Thema zu kümmern. Der Vorteil liegt darin, dass Sie wissen, in welchem medialen Umfeld Sie arbeiten, welche Themen auf dem Markt sind und welche Lücken es gibt.

Die Rückkehr in die Heimat fällt Ihnen vielleicht etwas weniger schwer, wenn Sie wissen, was die Menschen in Deutschland bewegt. Sie sollten nicht vergessen oder verdrängen, dass Ihr Auslandsaufenthalt befristet ist und irgendwann zu Ende geht.

Nicht zuletzt unter diesem Aspekt ist es sinnvoll, sich nicht vollständig von der Entwicklung in der Heimat abzukoppeln.
Wenn Sie dran bleiben, sind Sie nicht überrascht, in welche Richtung sich die Medien, auch Ihr Blatt oder Ihr Sender, entwickelt haben, und finden leichter wieder Anschluss. Immerhin haben Sie das Privileg, das sollten Sie bei aller Traurigkeit über das vorhersehbare Ende Ihrer Auslandstätigkeit nicht vergessen, Deutschland für ein paar Jahre von außen zu beobachten.

Deutschland aus der Ferne betrachtet

Mit zunehmendem Abstand wird Deutschland immer kleiner, das werden Sie ziemlich schnell feststellen. Vor allem, wenn man als Neuling in einem Land alle Antennen ausfährt, um dieses Neu-Land kennen zu lernen, gerät Deutschland relativ bald in Vergessenheit.

Das Korrespondentensyndrom wird sich dann bemerkbar machen. Sie können es bei sich selbst diagnostizieren, wenn Sie anfangen, sich für die Probleme der Deutschen nicht mehr zu interessieren, und die Probleme zudem lächerlich finden. Jedenfalls im Vergleich zu den Problemen, mit denen sich die Menschen in Ihrem Gastland beschäftigen, und natürlich und speziell im Vergleich zu den Problemen, die Sie haben. Der weit gereiste Korrespondent empfindet Deutschland plötzlich als eng, klein, kleinbürgerlich. Er selbst: das schiere Gegenteil.
»Die Deutschen«, das sind die anderen, der Korrespondent ist zum Weltbürger geworden. Das ist der Zeitpunkt, zu dem Ihre Kolleginnen und Kollegen in Deutschland beginnen, Sie als »verbuscht« zu bezeichnen. Die Zweifel, ob Sie jemals wieder in der alten Heimat arbeiten und leben können, nehmen zu: Bei Ihnen und bei den anderen. Das geht nicht nur Journalisten so. Dieter Thomä, ein Professor, der ein paar Jahre in New York gelebt und gelehrt hat, fasst dies sehr hübsch in folgende Worte: »Wenn man eine andere Lebensart zur Probe kennen gelernt hat, so ist das Gefühl danach anders als nach einer Kleiderprobe. Man kann jenes andere Leben nicht einfach ablegen. Für ›Heimat‹ ist man irgendwie verdorben.« [1]

Aus der Distanz schärft sich der Blick auf Deutschland. Plötzlich ist Deutschland nicht mehr der Mittelpunkt der Welt, sondern aus Ihrer neuen Perspektive an den Rand der Welt gerückt. In den Medien Ihres Gastlandes spielt es eine Nebenrolle (das ist in Israel nicht anders als in den USA).
Sie werden feststellen, wie sehr jedes Land mit sich selbst beschäftigt ist, so dass gar keine Zeit mehr bleibt, sich intensiv mit anderen Ländern auseinander zu setzen. Vieles relativiert sich, und das ist vielleicht eine der wichtigsten Erfahrungen im Ausland, wenn Sie begreifen, dass fast alles eine Frage der Perspektive ist. Das werden Sie merken, wenn Sie wieder in Deutschland arbeiten.

Die Rückkehr nach Deutschland ist für viele Korrespondenten in erster Linie deshalb ein Problem, weil sie sich an die eher ungeregelte Arbeit im Ausland gewöhnt haben, und daran, im Wesentlichen als Einzelkämpfer tätig zu sein. Die Vorstellung, wieder täglich von neun bis 17 Uhr an einem Schreibtisch in einer Redaktion zu sitzen, an den zahlreichen Konferenzen teilzunehmen und mehr zu unterschreiben als zu schreiben, lässt viele mit Bangen an den Dienstantritt in der Redaktion denken.

Der größte Fehler, den Sie machen können: Allen Kolleginnen und Kollegen immer wieder zu erzählen, wie toll die Arbeit im Ausland war und wie langweilig es in der Zentrale ist. Nichts wird Ihren Kolleginnen und Kollegen schneller auf die Nerven gehen, als wenn Sie bei jeder Diskussion einwerfen »Wir damals in Indien haben aber ...«. Der zweitgrößte Fehler ist, zu erwarten, dass sich alle brennend dafür interessieren, wie es Ihnen während der Jahre im Ausland denn so ergangen ist. Die Neugier hält sich in Grenzen, werden Sie feststellen, und schweigen, denn Sie wissen, dass Sie für sich persönlich die Jahre im Ausland auf der Habenseite verbuchen können.

[1] Dieter Thomä, Unter Amerikanern. Eine Lebensart wird besichtigt (Verlag C. H. Beck München 2000, S. 183), eine erfrischend unkonventionelle Betrachtung der Amerikaner

Der Auslandskorrespondent in seiner sozialen Umgebung

Haben Sie schon mit Ihrem Partner gesprochen, haben Sie Ihre Kinder gefragt, jetzt, da Sie entschlossen sind, Auslandskorrespondent zu werden?

Familie, Kinder

Wer alleinstehend ist, tut sich leicht, ins Ausland zu gehen, weil er auf niemanden Rücksicht nehmen muss. Ganz anders sieht das mit Familie aus.

Eine/r bleibt auf der Strecke – das ist noch immer die Realität, wenn Männer/Frauen als Korrespondent/in ins Ausland gehen und die Familie mitzieht – in des Wortes doppelter Bedeutung. Es ist keine leichte Entscheidung, denn der Umzug ins Ausland bedeutet fast immer, dass der Partner oder die Partnerin des Korrespondenten ihren/seinen Beruf aufgeben muss. Zwar gibt es Ausnahmen, aber in vielen Ländern bekommt nur der Korrespondent eine Arbeitsgenehmigung, in anderen ist es unmöglich, einen Job zu finden, so dass die Wahrscheinlichkeit groß ist, dass zunächst nur der Korrespondent arbeitet.

Das müssen Sie mit Ihrer Familie diskutieren und Sie müssen am Schluss so weit sein, dass die ganze Familie mit dem Umzug ins Ausland einverstanden ist. Das mag übertrieben klingen, Sie sollten sich aber darüber im klaren sein, dass diese Entscheidung das Leben der *ganzen Familie* dramatisch verändert und nicht nur Ihres. Gehen Sie keine faulen Kompromisse ein nach dem Motto »Wir versuchen es mal, vielleicht findet die Frau ja einen Job«. Das wäre die schlechteste Voraussetzung für einen erfolgreichen Start im Ausland, weil Sie nicht 100-prozentig überzeugt an die neue Aufgabe herangehen. Auslandskorrespondent können Sie nur sein, wenn die ganze Familie diese Entscheidung mitträgt, andernfalls leidet der Job oder die Familie – und beides ist nicht gut.

Die Kinder sollten Sie in die Überlegungen unbedingt einbeziehen, es sei denn Ihre Kinder sind in einem Alter, in dem sie noch nicht allzu sehr unter dem Ortswechsel leiden. Das ist sicher von Fall zu Fall unterschiedlich, endet aber vermutlich mit dem Beginn des Schulalters. 14-Jährige lassen ihre Freundinnen und Freunde ungern zurück und tun sich oft schwer in einem neuen, anderen Schulsystem.
Andererseits: Wenn Sie die Arbeit im Ausland als Chance für sich sehen, neue Erfahrungen zu machen, so können Sie das Ihren Kindern ebenfalls vermitteln. Die Auslandserfahrung ist phantastisch für Kinder, besser als jeder Schüleraustausch, eine zusätzliche Sprache lernen Ihre Kinder auf jeden Fall und danach haben sie Freunde in der ganzen Welt.

Die Schule im Ausland sollten Sie sich auf alle Fälle einmal anschauen. In vielen Ländern gibt es eine deutsche Schule, was den Übergang sehr erleichtert. Schwieriger wird es, wenn es eine solche Schule nicht gibt, und Sie sich für eine englisch-, französisch- oder spanisch-sprachige Schule entscheiden müssen. Handelt es sich dabei um eine so genannte *Auslandsschule*, ist der Übergang trotz möglicher Sprachprobleme meist nicht allzu schwierig, weil diese Schulen daran gewöhnt sind, immer wieder während des Schuljahres Kinder aufzunehmen, die zunächst sprachlich nicht ganz mithalten können.
Solche Auslandsschulen zeichnen sich durch ein internationales Flair aus, weil die Kinder von Diplomaten und Geschäftsleuten aus aller Welt diese Schulen besuchen. Das erklärt die relativ große Fluktuation an solchen Schulen, aber auch die damit verbundene Bereitschaft, auf die Probleme von Neuankömmlingen einzugehen.
Mit der Schulleitung im Ausland sollten Sie über das Geld sprechen und in Erfahrung bringen, wie viel Sie für die Schule monatlich bezahlen müssen. Meist sind das relativ hohe Summen, deshalb sollte dem ein Gespräch mit dem Arbeitgeber folgen, in dem die Frage geklärt wird, wie hoch der Zuschuss ist, mit dem Sie rechnen können.

Wie viel Uhr ist es bei Ihnen gerade?

Mitten in der Nacht klingelt das Telefon, Sie wissen nicht, wo Sie sind und was die Stunde geschlagen hat, und hören am anderen Ende der Leitung einen putzmunteren Kollegen fragen: »Sagen Sie mal, wie viel Uhr ist es gerade bei Ihnen?« Wenn Sie jetzt nicht aus der Haut fahren, haben Sie den ersten Korrespondententest bestanden.

Das Leben in zwei Zeitzonen ist anstrengend. Sie müssen den Kollegen in Deutschland zur Verfügung stehen, wenn die arbeiten, und müssen weiter arbeiten, wenn die schlafen, weil dann bei Ihnen Tag ist. Da haben es Korrespondenten einfacher, deren Arbeitstag parallel zu dem in Deutschland verläuft. Wer allerdings als Radiokorrespondent tätig ist, muss damit rechnen, von einem der zahllosen Frühmagazine aus dem Bett geworfen zu werden und spät nachts von einem Abendmagazin daran gehindert zu werden, ins Bett zu gehen. Das geht wie vieles zu Lasten der Familie, die stets zurückstehen muss, wenn ein Anruf – egal wann – aus Deutschland kommt.

Das Privatleben leidet unter dem Korrespondentenjob, und Ihre Beziehung wird diese Belastung nur aushalten, wenn Sie sich schon vor Dienstantritt darüber im Klaren sind und mit Verständnis Ihres Partners oder Ihrer Partnerin rechnen können.

Körperlich anstrengend ist der Korrespondentenjob, weil Sie eigentlich rund um die Uhr im Dienst sind. Sie können selten richtig ausspannen, es sei denn, mehrere Korrespondenten arbeiten in einem Büro und organisieren einen regelrechten Bereitschaftsdienst. Das verschafft Ihnen Verschnaufpausen. Als Einzelkämpfer aber sind Sie ständig gefordert, was nicht unbedingt eine intellektuelle Herausforderung ist, sondern mehr Ihre Konstitution betrifft.
Sie müssen fit sein, nicht nur journalistisch, sondern auch körperlich, sonst halten Sie dem Druck nicht stand, der nicht nur in Kriegs- oder Krisenzeiten beträchtlich ist. Ein gewisser sportlicher Ausgleich ist empfehlenswert. Joggen am Strand entspannt, beim Tennis lernen Sie interessante Leute kennen und beim Golfen ... müssen Sie ziemlich viel Zeit haben.

Siesta kennen nur die Einheimischen, Sie dagegen müssen selbst bei tropischer Hitze Gedanken vor dem Computer formulieren. Es hat ja seinen Grund, dass in manchen Ländern um die Mittagszeit das Leben erstirbt und alle im Dunkel einer gut gekühlten Wohnung ruhen, bloß können Sie dies nicht Ihren Kollegen in Deutschland klar machen, die Sie sowieso als bestens bezahlten Touristen beneiden und deshalb unabhängig vom Klima und der Tageszeit journalistische Höchstleistungen von Ihnen erwarten.
Ihnen bleibt nur der Trost, dass Sie Ihre Kommentare in der Badehose schwitzend in Ihrem Büro schreiben und danach an den Strand gehen können – wenn Sie nicht gleich am Strand mit dem Formulieren angefangen haben.

Wozu Doppelbesteuerungsabkommen gut sind

Der angeblich bestens bezahlte Tourist zahlt selbstverständlich Steuern, was aber nichts daran ändert, dass die daheim gebliebenen Kollegen jedem Auslandskorrespondenten unterstellen, er arbeite in einem Steuerparadies.

Wo Sie Ihre Steuern bezahlen, hängt von den bilateralen Vereinbarungen ab, die den schönen Namen haben »Abkommen zur Vermeidung der *Doppelbesteuerung*«. Das zeigt, wie kundenfreundlich Steuerbehörden sein können, die ja offensichtlich vermeiden wollen, dass Sie in zwei Ländern Steuern bezahlen. In diesen Vereinbarungen ist jeweils geregelt, wer wo Steuern bezahlt. Sie können sich also schon vor Dienstantritt kundig machen, welches Finanzamt Sie in Zukunft beglücken werden.
Wenn Sie jetzt schon mehr darüber wissen wollen: Unter *www.journalistische-praxis.de* gibt es nützliche Hinweise.

Ein kollegiales Gespräch ist allerdings meist einfacher und unkomplizierter als die Lektüre eines Gesetzestextes. Es ist empfehlenswert, mit dem Vorgänger vor Ort zu klären, welche Formalitäten zu beachten sind. Da die Landesgesetze oft nicht leicht zu verstehen sind, bekommen Sie vielleicht den Tipp, mit welchem Steuerberater Sie sich in Verbindung setzen sollen.

Wenn Sie dem Doppelbesteuerungsabkommen entsprechend im Ausland Steuern bezahlen müssen, ist es meistens sinnvoll, sich auf fachmännische Unterstützung zu verlassen, da Sie sonst leicht im Finanzbehördendschungel verloren gehen. Ein Steuerberater, der schon Ihren Vorgänger – erfolgreich hoffentlich – beraten hat, weiß, worum es geht und wird Ihnen helfen können.

Wer zahlt bei (B)einbruch?

Wer als Korrespondent ins Ausland geht, sollte fit sein, was aber nichts daran ändert, dass ein Auslandskorrespondent einmal krank sein kann. Dann stellt sich die Frage: Wer zahlt?

Die Krankenversicherung ist ganz wichtig, weil es in manchen Ländern sehr teuer werden kann, wenn Sie oder jemand in Ihrer Familie krank wird. Sie müssen also klären, ob Ihre Versicherung in dem Land, in dem Sie für ein paar Jahre arbeiten werden, die Kosten für ärztliche Behandlung übernimmt. Wenn das der Fall ist, können Sie sich beruhigt zurücklehnen, andernfalls gilt es, eine Versicherung zu finden, die im fraglichen Land die Kosten übernimmt, und zwar für die ganze Familie. Es ist gut möglich, dass Sie zu diesem Zweck eine private Krankenversicherung abschließen müssen.

Da dies alles sehr kompliziert und von Land zu Land verschieden ist, müssen Sie sich um solche Fragen intensiv kümmern, damit auch der Versicherungsschutz für Ihre Familie gewährleistet ist. Manche Arbeitgeber schließen für ihre Korrespondenten eine eigene Versicherung ab, das sollten Sie in Erfahrung bringen.

So zynisch es klingt: Wenn Sie in ein potenzielles Krisengebiet unterwegs sind, ist es nicht abwegig, zu verlangen, dass für Sie eine spezielle *Lebensversicherung* abgeschlossen wird. Das sollte für einen seriösen Arbeitgeber eine Selbstverständlichkeit sein.

Für ein paar Dollar mehr: Wohnen im Ausland

Vor dem Wohnen kommt die Suche – das ist im Ausland nicht anders als in Deutschland, bloß etwas komplizierter, weil Sie ein bisschen weiter weg sind und nicht warten können, bis die Zeitung mit den Mietangeboten erscheint, um sich in Ruhe einen Überblick zu verschaffen.

Eine Reise zur Wohnungssuche müssen Sie deshalb unternehmen, um sich vor Ort nach einer geeigneten Bleibe umzusehen. Wann diese Reise stattfindet, hängt von den Gewohnheiten in Ihrem neuen Gastland ab: Ist es üblich, sehr kurzfristig zu mieten oder schon ein halbes oder dreiviertel Jahr zuvor?
Überlegen Sie schon vor der Reise, wo Sie ungefähr wohnen wollen. Je genauer Sie wissen, was Sie wollen, desto präziser können Sie den Auftrag an den Makler erteilen. Am Besten verschaffen Sie sich schon im Internet einen Überblick über den Wohnungsmarkt und die Angebote der Makler, bevor Sie vor Ort in Augenschein nehmen, was für Sie in Frage kommt.

Der Mietvertrag sollte nicht Anlass für erste Streitigkeiten in Ihrem Gastland sein, deshalb ist es gut, wenn Sie im Vorfeld Bescheid wissen, was üblich ist und was nicht:
Wie hoch sind die Maklergebühren? Ist es möglich, ohne einen Makler eine Wohnung zu finden, und wenn ja, wie? Muss eine Kaution hinterlegt werden? Wie lang sind üblicherweise die Laufzeiten der Mietverträge? Wer trägt die Nebenkosten? Wer kommt für Reparaturen auf? In welchem Zustand wird die Wohnung übernommen, in welchem übergeben? Oft gibt es Mustermietverträge, die in etwa denen entsprechen, die deutsche Diplomaten im Ausland abschließen. Die entscheidende Stelle in diesem Mietvertrag ist allerdings nicht ausgefüllt:

Der Mietpreis wird in den meisten Fällen über dem liegen, was Sie für einigermaßen normal halten. Das hat drei Gründe:
Erstens leben Sie als Korrespondent meist in einer der Städte der Welt, in denen sowieso alles etwas teurer ist als anderswo. Zweitens wohnen Sie vermutlich nicht in einer Sozialwohnung, sondern eher in einem so genannten besseren Viertel, manchmal sogar in einem angenehmen Ausländerghetto, umgeben

von Diplomaten, Vertretern von ausländischen Firmen und anderen Journalisten.
Drittens wissen die Vermieter, dass die allermeisten dieser Ausländer für ihre Miete nicht alleine aufkommen müssen und legen deshalb bei den Mietpreisen nicht die geringste Zurückhaltung an den Tag. Und damit sich das Ganze noch mehr lohnt, wollen die Vermieter in Ländern mit schwächelnder eigener Währung die Miete in US-Dollar bezahlt bekommen.
Sie können dem entgehen, wenn Sie sich weit genug von den Zentren weg bewegen, wobei Sie abwägen müssen zwischen dem, was für Ihre Arbeit sinnvoll und zugleich noch finanzierbar ist – für freie Journalisten von beträchtlicher Bedeutung, da die Miete einen Großteil der monatlichen Fixkosten ausmacht.

Die Umzugskosten sind ebenfalls nicht zu unterschätzen, besonders, wenn Ihre Möbel mit einem Schiff über das Meer transportiert werden müssen. In diesen Fällen dauert der Umzug meist ein paar Wochen und kostet ein paar Euro mehr. *Internationale Speditionen* sind auf diese Umzüge spezialisiert, was aber keineswegs bedeutet, dass immer alles klappt.

Rechnen Sie also ruhig Verzögerungen ein, denn die meisten Korrespondenten können Geschichten erzählen: Von Umzugscontainern, die wochenlang im Zoll hängen geblieben sind oder von stürmischer See, die das Auslaufen des Schiffs verhinderte oder vom Streik im Hafen oder ... Es scheint entweder eine internationale Verschwörung gegen umziehende Korrespondenten zu geben oder bei den Speditionen ein Zeitproblem, das den Korrespondenten in vielfältiger Form, aber mit stets gleich bleibendem Ergebnis präsentiert wird: »Sorry, Ihre Möbel kommen etwas später, weil ...« siehe oben.
Die nächste Geschichte, die sich Korrespondenten bei dieser Gelegenheit erzählen, handelt von den *Möbelpackern*, die alles in die Wohnung tragen, aber keineswegs bereit sind, die in Deutschland von ihren Kollegen fachmännisch zerlegten Möbel wieder aufzubauen. Das sei hier zu Lande gar nicht üblich, wird Ihnen entgegengehalten, wenn Sie darauf hinweisen, dass Sie dies in Deutschland mit der Spedition ausgemacht hätten. Anschließend folgen je nach Temperament Beschimpfungen, Wutausbrüche, Flehen, Bitten, Betteln und irgend-

wann stehen die Möbel. Alles kostet Sie lediglich etwas Zeit, Nerven und Trinkgeld.

Ein altersschwaches Klavier oder wertvolle Stilmöbel leiden mit größter Wahrscheinlichkeit unter einem Umzug im Container. Sollte der Container zudem noch auf einem Schiff bei stürmischer See oder brütender Hitze unterwegs sein, ist nicht auszuschließen, dass Ihre Möbel Ihnen das nicht verzeihen.

Es ist deshalb durchaus zu überlegen, ob der ganze Hausrat mit umziehen soll, wenn Ihr zukünftiger Einsatzort zudem von einem feucht-tropischen Klima geprägt ist. Was tun? Entweder haben Sie einen Onkel, der darauf wartet, dass sein Speicher mit Ihren Möbeln gefüllt wird oder Sie lagern die Möbel ein. Umzugsfirmen verfügen über Lagerräume, in denen Sie Ihre wertvollen Stücke gegen eine Monatsgebühr geschützt unterstellen können – eine Frage des Preises, ob das sinnvoll ist. Jedenfalls ist es nicht zwingend notwendig, jedes Möbelstück einem Umzug ins Ausland und zurück auszusetzen.

Die Kosten für Umzug, Wohnungssuche und Makler übernimmt bei fest angestellten Korrespondenten der Arbeitgeber, deswegen brauchen Sie die Angebote von mehreren Umzugsfirmen. Klären Sie auf alle Fälle, wer die Versicherung für den Umzug abschließt, weil trotz der zartesten Packerhände eine Lampe oder wertvolle Vase zerbrechen kann. Wenn Sie auf eigene Kosten umziehen, lohnt es sich ebenfalls, mehr als ein Angebot einzuholen, weil es beachtliche Unterschiede bei den Preisen gibt.

Wenn Sie lediglich mit kleinem Gepäck umziehen, empfiehlt es sich, bei Speditionen nachzufragen, ob es möglich ist, Ihre Möbel bei einem anderen Umzug als *Beipack* mitzunehmen. Die Speditionen sind dazu grundsätzlich bereit, und vielleicht haben Sie Glück und Ihre Möbel landen als Zugabe im Container eines Diplomaten an Ihrem Arbeitsplatz. Das spart Kosten.

Die Mehrwertsteuer sparen Sie bei Artikeln aller Art, die Sie vor Ihrem Umzug kaufen und mit ins Ausland außerhalb der Europäischen Union nehmen. Von der Waschmaschine bis zur Stereoanlage, vom Kleiderschrank bis zum Esstisch – was immer Sie brauchen, kaufen Sie im fröhlichen Bewusstsein, dass es für Sie preiswerter ist als für alle anderen, weil Sie in Gedanken schon die Mehrwertsteuer vom Preis abziehen. Sicherheitshalber fragen Sie beim Einkauf, ob Ihnen die Mehrwertsteuer bei Vorlage der entsprechenden *Bescheinigung* erstattet wird, weil manche Geschäfte den (an sich unerheblichen) Aufwand scheuen, dies zu tun.

Dies übrigens können Sie bei jedem Urlaub in Deutschland machen, wenn Sie Ihren Wohnsitz im außereuropäischen Ausland haben: Einkaufen und die Mehrwertsteuer abziehen. Diesen Preisvorteil dürfen Sie nicht vergessen bei Ihren Überlegungen, wo Sie sich Ihre Einrichtung für das Büro – vom Computer bis zum Sessel – kaufen.

Ihr Auto fahren Sie in Europa selbst über die Grenze zum nächsten Arbeitsplatz in Paris oder Rom und melden es dort vorschriftgemäß an, wobei Sie wiederum einen Kurs in der Bürokratie Ihres Gastlandes erhalten. Besonders glücklich dürfen Sie sich schätzen, wenn Sie zusätzlich einen Führerscheinkurs machen müssen. Lassen Sie sich davon und anderen bürokratischen Hürden nicht zu sehr beeindrucken. Die ersten Wochen in einem neuen Land sind nun einmal von solch' wunderlichen Erfahrungen geprägt, aber fragen Sie einen Ausländer, der in Deutschland mit Behörden zu tun hat, und Sie werden Geschichten hören, die Ihnen bekannt vorkommen.

Beim Auto verhält es sich nicht anders als bei der Waschmaschine: Wo ist es günstiger einzukaufen? In Deutschland oder im Ausland? Beim Transport über ein Meer ist zudem zu überlegen, ob die Kosten für den Umzug des Autos in einem Container eine sinnvolle Investition sind oder ob es nicht besser ist, sich im Ausland ein Auto – zu vielleicht sogar günstigeren Preisen zu kaufen. Bei der Rückkehr nach Deutschland kann es sich deshalb lohnen, sich noch rechtzeitig – eventuell vorhandene Fristen beachten – ein neues Auto zu kaufen und es zurück nach Deutschland zu exportieren. Um dieses Auto dann in Deutschland anzumelden, brauchen Sie Papiere vom Hersteller und vom Kraftfahrtbundesamt in Flensburg und können sich auf diese Weise wieder an die Bürokratie in Deutschland gewöhnen. Vielleicht erinnern Sie sich dann, wie das damals war, als Sie vor ein paar Jahren ein Auto mit ins Ausland genommen haben …

Das Thema Versicherungen ist nicht zu vermeiden, weder beim Auto noch beim Hausrat. Die *Autoversicherung* ist Pflicht, beim Hausrat ist es Ihre Entscheidung, ob Sie versichern lassen wollen, was Ihnen gehört. Von Ihrer Kfz-Versicherung erfahren Sie, für welche Länder Ihr Auto Versicherungsschutz genießt, aber je weiter weg Sie sich von Deutschland bewegen, desto größer ist die Wahrscheinlichkeit, dass Sie Ihr Auto bei einem örtlichen Unternehmen versichern müssen.

Mit der *Hausratversicherung* verhält es sich ähnlich: Mit der Entfernung steigen die Preise, wobei Sie selbst entscheiden müssen, ob Sie diese Versicherung benötigen.

Aussichten

Viel hat sich geändert, eines nicht: Auslandskorrespondent wollen nach wie vor viele Journalistinnen und Journalisten werden, weil sie dies für eine der interessantesten Tätigkeiten in ihrem Beruf halten.

Die Aussichten sind gut, dass dies so bleibt, denn in einer zunehmend miteinander verflochtenen Welt besteht zunehmender Bedarf daran, diese Welt zu verstehen. Dieses Verständnis wächst nicht zuhause vor dem PC mit Internet-Zugang, dessen Millionen von Informationen zunächst vor allem unübersichtlich sind, sondern durch verlässliche Stimmen, die Orientierung bieten.

Genau diese Rolle können Auslandskorrespondenten übernehmen, darin liegt ihre Chance. Die Informationsflut aus dem Ausland so gestalten und darstellen, dass Hörer, Leser und Zuschauer verstehen, was da vor sich geht und warum dies für sie, das Publikum, wichtig ist, das ist die Aufgabe des Auslandskorrespondenten.

Der Blick hinter die Schlagzeile, die Interpretation der Fakten gewinnt dabei immer mehr an Bedeutung. Der Putsch auf den Fidschi-Inseln, der Wahlkampf in den USA, die Regierungskrise in Israel und der Bombenanschlag in Spanien – solche und ähnliche Themen stehen täglich in der Zeitung, schaffen es in die Radio- und Fernsehnachrichten, doch erst im Bericht eines Korrespondenten werden sie zu wirklich verständlichen Geschichten.

Das funktioniert freilich nur, wenn diese Geschichten mehr enthalten als die nackten Fakten und packend geschrieben sind. Von den berühmten sechs W-Fragen, die Journalistenschüler wie das ABC eingebläut bekommen, sind die ersten vier schnell beantwortet: Wer, was, wann und wo? Doch nach diesen banalen Fakten erst wird es wirklich interessant:

Wie und warum? Mit der Antwort auf diese Fragen muss der Korrespondent aufwarten können. Hier beginnt – etwas überspitzt formuliert – die eigentliche Korrespondentenarbeit, weil mehr vermittelt wird als die nackten Fakten und eine Nachricht erst dadurch verständlich wird.

Das Publikum erfährt, warum die Friedenspolitik die israelische Bevölkerung so entzweit und nicht nur, dass im Parlament eine Entscheidung gefallen ist. Die Rituale im US-amerikanischen Wahlkampf werden erläutert, es wird erkennbar, warum die Menschen so verzweifelt sind, dass es zum Putsch auf den Fidschi-Inseln kommt, und Bombenattentate der baskischen Untergrundorganisation ETA sind nicht mehr isolierte Ereignisse, sondern Teil einer politischen Entwicklung in Spanien.

Dies können nur Journalisten darstellen, die intime Kenner ihres Landes sind, die nicht nur die Politik begreifen, sondern die wissen, welche Sorgen und Nöte die Menschen bewegen, worüber sie sich freuen, was ihnen Angst macht. Und das erfährt man nur, wenn man mit diesen Menschen lebt und ihnen ein Mindestmaß an Sympathie entgegenbringt. Wenn Sie das Land und die Leute nicht mögen, über die sie berichten, dann sollten Sie dort besser nicht Auslandskorrespondent werden.

Mosaiksteine sind diese Berichte, die alle zusammen ein Bild des Landes ergeben, über das der Korrespondent berichtet, und die doch jeder einzelne ein Teil des Ganzen sind. Mit anderen Worten: Einzelne Korrespondentenberichte können nie das komplette Bild eines Landes sein, sie müssen aber ins Gesamtbild passen. Dieses Gesamtbild muss der Korrespondent immer vor Augen haben, will er nicht ein verzerrtes, klischeehaftes Bild seines Landes vermitteln. Selbstverständlich will das niemand, aber die Gefahr besteht, die Frage lautet nämlich stets:

Wo bleibt das Positive?

Journalisten müssen sich immer wieder die Frage gefallen lassen: »Warum berichtet Ihr nur Negatives?« Besonders bei der *Auslandsberichterstattung* ist dies eine immanente Gefahr. Wie kommen die Fidschi-Inseln in die Schlagzeilen? Durch einen Putschversuch. Wie kommt Bangladesh in die Nachrichten? Durch verheerende Überschwemmungen. Je ferner die Länder sind und je weniger uns ihre tägliche Politik und Entwicklung interessiert, desto größer ist die Gefahr, dass sie nur im Falle von Katastrophen und Kriegen Platz in den deutschsprachigen Medien finden.

Der Alltag im Ausland wird bei dieser an sensationellen Ereignissen orientierten Berichterstattung oft ausgeblendet. Es ist dafür kein Platz und die Journalisten gehen davon aus, dass das Publikum daran nicht viel Interesse hat – und liegen vermutlich gar nicht so falsch. So kommt eines zum anderen: Das Desinteresse lässt den Alltag aus der Berichterstattung verschwinden, so dass kaum jemand weiß, unter welchen Umständen die Menschen auf den Philippinen leben, und der Raum in der Berichterstattung bleibt für Ereignisse reserviert, die nicht mehr als ein Schlaglicht auf das Land werfen.

Die Menschen, das Land – nicht der Präsident, die Politik

Um so wichtiger ist es, dem Alltag, der ja alles andere als langweilig ist, Eingang in die Berichterstattung zu verschaffen. Die Rede des Präsidenten zur Sozialpolitik egal welchen Landes sagt wesentlich weniger über die Wirklichkeit aus als die Schilderung einer Kellnerin, die mit dem Mindestlohn sich und ihre zwei Kinder ernähren muss. Nicht zuletzt, weil dies näher an der Lebenswirklichkeit des Publikums in Deutschland ist als die präsidiale Rede.

Kein Land besteht nur aus Politik und doch gewinnt man manchmal diesen Eindruck, als drehe sich alles um Parteien, Politiker und Präsidenten, denen unverhältnismäßig viel Raum in der Berichterstattung eingeräumt wird. Natürlich haben Auslandskorrespondenten den journalistischen Ehrgeiz, die führenden Politiker ihres Gastlandes zu interviewen, das ändert aber nichts daran, dass davon in der Regel keine Enthüllungen zu erwarten sind.

Enthüllend, nämlich etwas aussagend über das Land, sind ganz andere Geschichten: die vom bettelnden Straßenkind in Rumänien, die über eine Mittelstandsfamilie in den USA, die über die Ängste der Israelis vor dem nächsten Krieg, die über die Kleinunternehmer in China. Hier spiegelt sich alles wie in einem Prisma: die große Politik und deren Auswirkungen auf das Leben der Menschen.

Das Lebensgefühl der Menschen, die Farbe eines Landes muss in den Berichten eines Korrespondenten zur Geltung kommen, weil nur so ein Land verstanden werden kann. Der etwas pathetische Begriff der Völkerverständigung ist in diesem Zusammenhang gar nicht so schlecht, denn der Korrespondent ist, wenn er seinen Job gut macht, ein Dolmetscher zwischen den Völkern. Er versteht die Menschen seines Gastlandes und erzählt dem Publikum zu Hause, was er hört und sieht.
Wobei das keinesfalls bedeutet, dass nur gute Botschaften transportiert werden, denn Dolmetscher müssen selbstverständlich auch unangenehme Dinge übersetzen können. Denn eines ist ein Korrespondent bei allem Wohlwollen, das er seinem Gastland und den dort lebenden Menschen entgegen bringt, nicht: ein Diplomat oder gar Botschafter dieses Landes.

Alles andere als stereo-typisch

Eigentlich ist die Aufgabenbeschreibung für einen Korrespondenten ganz einfach: Er soll ein realistisches Bild von seinem Gastland zeichnen. Eine journalistische Selbstverständlichkeit, die freilich gelegentlich unterzugehen droht, wenn Sensationen die Berichterstattung dominieren und der Alltag in den Hintergrund gedrängt wird. Das Bemühen jedes Auslandskorrespondenten ist es, mehr zu zeigen von seinem Land und den Menschen.

Das Leben in allen Schattierungen lautet deshalb das Motto. Ein buntes Bild zeichnen, nicht in Schwarz und Weiß porträtieren. Das Leben in allen seinen Facetten wiedergeben, der Tendenz zur Vereinfachung widerstehen. Die USA sind nicht nur von übergewichtigen, Hamburger mampfenden Menschen bevölkert, die Palästinenser leben nicht nur in Flüchtlingslagern und sinnen auf Rache, die Israelis sind nicht ständig von Holocaust-Erinnerungen geplagt, die Franzosen trinken nicht unablässig Rotwein und die Polen stehlen nicht ununterbrochen deutsche Autos ... und so weiter und so fort.

Genaue Beobachtung und Liebe zum Detail ermöglichen es dem Korrespondenten, ein Land und seine Bewohner so zu zeigen, wie sie wirklich sind: voller Widersprüche und selten auf einen Nenner zu bringen. Vieles relativiert sich, absolute Aussagen werden seltener im Laufe der Korrespondententätigkeit, weil der Korrespondent täglich lernt und niemals die Neugierde verliert. Nichts darf zur Routine werden, der scharfe, vorurteilsfreie Blick zeichnet den Korrespondenten aus.

Register

Abdruckquote 45
Abschreiben 43
ADSL 134
Agenturen 30, **88**
Agenturgläubigkeit 60
Agenturjournalist **43**
Akkreditierung **160**
Aktienmarkt 30
Aktualisierung 63
AP 65, 77
Arbeitserlaubnis 161
Arbeitsverhältnis **163**
Archiv **87**
ARD **38, 40,** 57, 62
Asien 33
Audio-Dateien 143
Audio-File 15
Aufenthaltsgenehmigung 161
Aufpasser 21
Auftraggeber 168
Ausbildung 17, 20
Auslandspresse 162
Auslandsschule 35, 181
Auslandszulage 164
Außenministerium 82

B 5 Aktuell 39
Bayern2Radio 56
BDVZ 34
Bergsteiger-Redaktion 40
Berichtsgebiet 29, 68
Berufsanfänger 20
Berufserfahrung 20
Bildübermittlung 148
Börsenberichterstattung 30
Botschaften **114**
Brüssel 28
Buchhaltung 158
Bundesnachrichtendienst 119
Bürgerkrieg 28
Büro **130**
Büroverwaltung **158**

CBS 97
CD-Brenner 138
CD-Laufwerk 138
CD-ROM 87, 138
Chefkorrespondent 29
CIA 89
CNN 28, 61, 66, 77, 111

Computer **137**
Crew **153**

Darstellungsformen 21
DAT-Kassette 148
Deutsche Presse-Agentur 33, 40, 44, 46
Deutsche Welle 39
Deutschlandbild 127
DeutschlandRadio 39
Dienstantritt 71
Digasystem 142
Diplomaten 114
Dolmetscher 21, 23
Doppelbesteuerungsabkommen 183
dpa/Rufa 40, 61
Drucker 139

EBU 77, 149
Einkommen 37
Einstellungsbedingungen 17
E-Mail 15, 44
E-Mail-Adresse **91**, 135
Exklusivgeschichte 54

Familie 28, 131, **180**
Faxgerät 135
Fernsehen **40**
Fernsehjournalist **62**
Festplatte 137
File-Transfer 147
Fly-Aways 149
Frauenmagazin 37
Freie Mitarbeiter 34
Freier Journalist 18, **167**
Fremdsprachen 17, 21
Friedrich-Ebert-Stiftung 123
Friedrich-Naumann-Stiftung 123

German Community 119
Gesprächspartner **79**, 84, 94
Gipfeltreffen 26
Globalisierung 12
Goethe-Institut Inter Nationes 122
Golfkrieg 27, 97, 98, 109
Gruppenkorrespondent 39, 133

Handelskammern **121**
Handy 15, 58, 135, 146

Hanns-Seidel-Stiftung 123
Hausratversicherung 189
Heinrich-Böll-Stiftung 123
Hintergrundgespräche 48
Hintergrund-Informationen 55
Hörfunk **38**
Hospitanz 18

IKRK 102
Infokanäle 56
Informant **155**
Informantennetz 29, 51, 155
Informationsbeschaffung **73**
Informationsfluss 70
Informationskompetenz 38, 62
Informationstempo 13
Informationsvorsprung 13
Inlandserfahrung 20
Insider-Wissen 37
Internet 15, **88**
Interviewpartner 111
ISDN 134, 137, 146

Journalistenschulen 18

Kamerateam 42, 63
Kaufkraftausgleich 164
KFZ-Versicherung 189
Kinder **180**
Kollegen **104**
Konkurrenzdruck 43
Konrad-Adenauer-Stiftung 123
Kontaktarbeit 55
Kontaktpflege 56
Korrespondentensyndrom 178
Kosovo-Krieg 28, 55, 69, 81, 99, 107
Krankenversicherung 184
Kriegsberichterstattung 28
Kriegsgebiet 27, **97**
Krisengebiet 27, **97**
Kulturkorrespondent 31

Ländergruppen 69
Landesrundfunkanstalten 41
Landessprache 22
Laptop 16, 139, 146
Lateinamerika 33
Leadsatz 45
Lebensversicherung 184
Lesezeichen 89
Lifestyle-Themen 31
Literatur **85**
Logistik 63

Magazine **35**
Magazinjournalist **52**
Magazin-Sendungen 57
Medienentwicklung 176
Medienzentren 133
Mehrwertsteuer 141, 187
Mietvertrag 185
Mietzuschuss 164
Miliz 28
Minidisc 148
Mischpult 143
Modem 137
MP3-Format 147
Musikzeitschriften 37

N24 42, 66
Nachrichtenagenturen 13, **33**, 171
Nachrichtenkompetenz 36
Nachrichtensendungen 62
Nachschlagewerke 86
NATO 28, 89, 98, 99
NGOs 55, 71
n-tv 42, 66

Oberflächenberichterstattung 60
Olympische Spiele 26
Originaltöne 77
Ortskräfte 33, 35, **150**, 171

Pauschalist 33, **165**
PC 16
People-Kanal 47
Personal 145
Poolbildung **108**
Praktikum 18
Presseabteilung 124
Presseausweis 161
Presseauswertung 115
Pressekonferenz 55
Pressesprecher 82, 114
Pressezentrum 27
Privatfernsehen 41
Privatfunk 41
Pro Sieben 42
Producer 152
Propaganda 28
Publikumszeitschriften 36

Quellen 43, 90
Quellenangabe 76, 79, 102

Radio **38**
Radiojournalist **56**

Reaktionsthemen 44
Recherche 90
Redaktionsbesuche 169, 176
Redaktionsschluss 43, 48, 52
Regelberichterstattung 57
Regierungspresseamt 83
Reisefreiheit 96
Reisekorrespondent 29, 36
Reisekosten **158**
Reportage 65
Reporter ohne Grenzen 93
Reuters 30, 65, 77
RTL 42

SAT 1 42
Satellitenleitung 42
Satellitentelefon 15, 16 , 64, 135, 146
Scanner 138
Schneideraum 144
Schnittcomputer 59
Schnittsystem **142**
Sekretärin 159
Software **140**
Sonderberichterstatter 26
Sonderkorrespondent 42
Special-Interest-Zeitschriften **36**
Speicherplatz 143
Spesenpauschale 165
Sportreporter 26
Sprachkenntnis 23, 32
Staatsbesuche 84, 125
Standort 69, 97
Stringer **155**
Studio 145, 148
Studium 17

Tagesvorschau 44
Tarifvertrag 165, 170
Team 64
Technik 14, **134**
Telefon 15, 64
Telefonleitung 134
Textübermittlung 146

Tonbearbeitung 142
Tonübermittlung 147

Übersetzungsdienste **88,** 91
Umzugskosten 186
UN 89
Unternehmen **120**
Urlaubsvertretung 16

Vergleichsthemen 45
Verteidigungsministerium 119
Vertragsdauer 166
Vietnamkrieg 98
Visa **160**
Visitenkarten 84
Volontariat 17

WDR Einslive 39
Web-Seiten 148
Weltempfänger 136
Weltmeisterschaften 26
Wettbewerb 62
Wirtschaftskorrespondent 30
Wirtschaftsredaktion 26
Wochenmagazin 53
Wochenzeitungen **35**
Wochenzeitungsjournalist **52**
Wohnungssuche 185

Yellow Press 37

ZDF **40,** 62
Zeitdruck 62
Zeitnachteil 49
Zeitungen **34**
Zeitungsjournalist **48**
Zeitverschiebung 49, 132
Zeitvorsprung 49
Zeitzonen 182
Zensur **92**
Zentrale 44
Zulieferung 54

List Journalistische Praxis

Uwe Roth

Redaktionshandbuch Europäische Union

Zum Nachschlagen und Nachdrucken
264 Seiten, Paperback

....

Was in Deutschland Recht ist, stammt immer häufiger aus Brüssel. Aber die Brüsseler Institutionen und ihre Arbeitsweise, überhaupt die Begriffe des europäischen Gemeinschaftsrechts, sind weder den Bürgern noch den Journalisten hinreichend bekannt.
Das Redaktionshandbuch Europäische Union nähert sich Europa auf doppelte Weise: Es erklärt, was Alltagsphänomene wie Autokauf oder Umsatzsteuer mit der Europäischen Union zu tun haben. Und es erläutert, was hinter scheinbar abstrakten EU-Begriffen an europäischer Realität steckt.
Hinzu kommen ein umfagreiches Register sowie ein Wegweiser für die EU-Recherche mit allen einschlägigen (auch Internet-)Adressen.

List Journalistische Praxis

Ele Schöfthaler

Recherche praktisch

Ein Handbuch für Ausbildung und Praxis
203 Seiten, Paperback

....

Themen finden und bearbeiten –
Grundregeln der Recherche:
Bedeutsamkeit prüfen, Quellen prüfen, Hypothesen entwickeln
und verwerfen, Rechercheplan aufstellen, Gegenseite zu Wort
kommen lassen, Informantennetz aufbauen und schützen –
Die Rechte der Anderen – Die eigenen Rechte –
Fragetechniken –
Von der Recherche zum Text –
Recherche für die Reportage –
Recherche für das Porträt –
Verdeckte Recherche –
Scheckbuch-Recherche –
Recherche und die Folgen

List Journalistische Praxis

Michael Rossié
Sprechertraining
Texte präsentieren in Radio, Fernsehen und vor Publikum
269 Seiten, Paperback

....

»Sprechertraining« lautet nicht nur der Buchtitel, es handelt sich wirklich um ein allgemein verständliches Trainingsprogramm zur Präsentation von Texten in den Medien mit vielen praktischen Beispielen und Übungen.
Ein Buch mit dem Ziel, Schritt für Schritt zu professionellem Lesen hinzuführen. Vom einfachen Zwei-Wort-Satz bis zu schwierigen Satzkonstruktionen wird der zukünftige Sprecher sowohl mit den Grundlagen als auch mit den vielen Problemen und Sonderfällen von hörerbezogenem Lesen vertraut gemacht.
Das Buch bietet die Möglichkeit, im Eigenstudium sprecherische Kompetenz zu entwickeln oder zu erweitern (mit vielen Hörbeispielen auf CD).

Das »Sprechertraining« ist in erster Linie für Anfänger, aber auch für Sprech-Profis gedacht. Es enthält viele nützliche Tipps und Anregungen für Sprecher und Moderatoren in Radio und Fernsehen, für Lehrer, Referenten, Manager und Politiker.

List Journalistische Praxis

Walther von La Roche/Axel Buchholz (Hrsg.)
Radio-Journalismus
Ein Handbuch für Ausbildung und Praxis im Hörfunk
474 Seiten, Paperback

. . . .

Wege in den Funk: Radio-Journalist werden –
Die Radio-Landschaft – Der Sender, die Jobs

Sprache und Sprechen: Fürs Hören schreiben –
Das Manuskript sprechen – Frei sprechen – Moderation

Beiträge: Umfrage – Aufsager – O-Ton-Bericht – Mini-Feature –
O-Ton-Collage – Comedy und Comical – Interview – Reportage

Sendungen: Nachrichten – Magazin – Feature –
Dokumentation – Diskussion – Radio-Spiele – Radio Aktionen

Programme: Formate für Begleitprogramme –
Formate für Einschaltprogramme – Aircheck –
Verpackungselemente – Radio im Internet

Produktion und Technik: Mit Mikrofon und Recorder richtig
aufnehmen – Schneiden – An der Workstation produzieren –
Sendung fahren – Arbeitsplatz Ü-Wagen

Beim Radio arbeiten: Fest oder frei – Medienrecht
für Radioleute – Der Journalist und die Werbung

Aus- und Fortbildung: Ausbildung in der ARD und beim
Privatfunk – Auf Hospitanz und Praktikum vorbereiten –
Radio-Kurse – Ausbildung in Österreich
und der Schweiz

List Journalistische Praxis

Horsch/Ohler/Schwiesau (Hrsg.)
Radio-Nachrichten
Ein Handbuch für Ausbildung und Praxis
161 Seiten. Paperback

....

Nachrichtengrundsätze
Die Einzelmeldung
Die Nachrichtensprache
Die Nachrichtensendung
Präsentation der Nachrichten
Nachrichten mit O-Tönen
Spezialnachrichten
Die Nachrichtenquellen
Radionachrichten in Deutschland
Kommentierte Literaturauswahl

List Journalistische Praxis

Norbert Linke

Radio-Lexikon

1200 Stichwörter von A-cappella-Jingle bis Zwischenband
166 Seiten, Paperback

....

Das Radio-Lexikon schafft Durchblick im Begriffs-Kauderwelsch. Es erklärt die Stichwörter knapp und präzise und bietet durch Querverweise vertiefende Information. Die Begriffe stammen aus allen Bereichen der Radioarbeit: Programm, Redaktion, Moderation und Sprechlehre, Technik und Produktion, Marketing, Recht und Rundfunkpolitik. Praktiker aus allen Sparten finden Antwort – alte Radio-Hasen ebenso wie Radio-Novizen.

List Journalistische Praxis

Syd Field, Andreas Meyer,
Gunther Witte, Gebhard Henke u. a.

Drehbuchschreiben für Fernsehen und Film

Ein Handbuch für Ausbildung und Praxis
244 Seiten, Paperback

....

Syd Field
Das Drehbuch – Der Stoff – Die Figuren – Wie man eine Figur entwickelt – Schlüsse und Anfänge – Die Szene – Die Sequenz – Der Plot Point – Die Form des Drehbuchs

Aus dem weiteren Inhalt:

Sytze van der Laan
Tips für Anfänger

Wolfgang Längsfeld
Übungen für Anfänger

Werner Kließ
Die Fernsehserie

Michael W. Esser
Die Daily Soap

Gebhard Henke
Schreiben für die Öffentlich-Rechtlichen

Alicia Remirez
Schreiben für die Privaten

Gunther Witte
Das deutsche Kino

Andreas Meyer
Der Autor am Computer

Andrea Hanke
Aus- und Fortbildung für Drehbuchautoren

List Journalistische Praxis

Gerhard Schult/Axel Buchholz (Hrsg.)
Fernseh-Journalismus
Ein Handbuch für Ausbildung und Praxis
487 Seiten, Paperback

....

In Bildern erzählen –
Bild, Ton Text: u. a. Bildsprache,
Bildaufbau, Bildschnitt, Die Kamera kennenlernen,
Die Bilder mit der Kamera einfangen, Übungsplan Bild-
gestaltung, Der Beitrag des Tons zur Information,
Der Beitrag des Textes zur Information –
Darstellungs- und Sendeformen:
u. a. Nachrichtenfilm, Bericht/Reporterbericht,
Moderationstipps, Videotext/Online
Einen Fernsehbeitrag planen: u. a. Exposé/Ideenskizze,
Treatment, Filmplan, Storyboard, Drehbuch, Produktionsplan –
Einen Fernsehbeitrag realisieren: Elektronischer Schnitt,
Ton-Bearbeitung, Wirtschaftlich produzieren – Ausrüstung –
Studioproduktion und Außenübertragung –
Beim Fernsehen arbeiten – Aus- und Fortbildung – Anschriften

List Journalistische Praxis

Wolf Schneider/Detlef Esslinger
Die Überschrift
Sachzwänge – Fallstricke – Versuchungen – Rezepte
150 Seiten, Paperback

....

Die Überschrift ist die Nachricht über der Nachricht. Nirgendwo sonst im Journalismus drängen sich so viele Fragen in so wenigen Wörtern zusammen: Was eigentlich ist die Kernaussage des Beitrags? Wie lässt sie sich in 30 oder 40 Anschläge fassen, sprachlich sauber und bei alldem auch noch interessant?

Michael Meissner
Zeitungsgestaltung
Typografie, Satz und Druck, Layout und Umbruch
277 Seiten, Paperback

....

Auch der beste Text kommt beim Leser noch besser an, wenn er gut präsentiert wird. Der Journalist sollte also Bescheid wissen über Schriftarten, Auszeichnungsregeln und Umbruchprinzipien, Satztechniken und Druckverfahren.

List Journalistische Praxis

Dieter Heß (Hrsg.)

Kulturjournalismus

Ein Handbuch für Ausbildung und Praxis
247 Seiten, Paperback

....

Berufsfelder – Ausbildungswege – Arbeitsmittel –
Literaturkritik – Theaterkritik – Filmkritik – Musikkritik –
Kunstkritik – Medienkritik – Kritik der politischen Kultur –
Das Proträt – Der Essay – Berufsalternativen: Pressearbeit
im Verlag, Lektorat, kommunale Kulturarbeit, Sponsoring,
Schauspieldramaturgie

Winfried Göpfert/Stephan Ruß-Mohl (Hrsg.)

Wissenschaftsjournalismus

Ein Handbuch für Ausbildung und Praxis
285 Seiten, Paperback

....

Medien und Märkte – Recherche im Wissenschaftsbetrieb –
Auswahlkriterien für Wissenschaftsnachrichten – Beispiele,
Vergleiche und Metaphern – Risiken der Statistik – Wissenschaft im Radio und Fernsehen – Die Wissenschaftsreportage –
Wissenschaft im Lokalen – Ausbildungswege, Kurse, Studiengänge, Standes- und Fachgesellschaften – Stipendien
und Preise – Wissenschaftsjournalismus in Österreich
und der Schweiz

List Journalistische Praxis

Stephan Detjen

Redaktionshandbuch Justiz

Gerichte, Verfahren, Anwaltschaft
Zum Nachschlagen und Nachdrucken
248 Seiten, Paperback

....

Für Journalisten in allen Redaktionen ist das Redaktionshandbuch als Arbeitsmittel und (honorarfreie) Abdruckquelle gedacht. Es beschreibt – alphabetisch in rund 400 Stichwörter geordnet –, wie Gerichte, vom Amtsgericht bis hin zu europäischen und internationalen Gerichtshöfen, aufgebaut sind und arbeiten. Es erklärt, welche Regeln für Prozesse und andere Verfahren gelten, und wer an ihnen mitwirkt.

Anton Magnus Dorn/Gerhard Eberts (Hrsg.)

Redaktionshandbuch Katholische Kirche

Zum Nachschlagen und Nachdrucken
235 Seiten, Paperback

....

Auch dieses Redaktionshandbuch ist Lexikon und Textarchiv in Einem. Es hilft Autoren und Redakteuren, sich rasch zurechtzufinden, wenn es um das Sachgebiet Katholische Kirche geht. Die einfach und verständlich geschriebenen 330 Stichwörter eignen sich auch zum (honorarfreien) Abdruck.

List Journalistische Praxis

Gabriele Hooffacker

Online-Journalismus

Schreiben und Gestalten für das Internet
Ein Handbuch für Ausbildung und Praxis
ca. 200 Seiten, Paperback

....

Wie wird man Online-Journalist?
Wo arbeiten Online-Journalisten? Was müssen sie beherrschen:
an journalistischem Handwerk, an Online-Technik,
an Online-Recht? Wie schreibt und konzipiert man für
Online-Magazine? Wie organisiert man eine Community?
Wer liefert den Content?

Online-Journalismus ist als eigener Bereich neben Presse-,
Radio- und Fernsehjournalismus getreten.

Das Handbuch enthält pragmatische Definitionen und einen
Überblick über das gesamte Tätigkeitsgebiet, die Stilformen
und Formate des Mediums, das Berufsbild und die Arbeitsfelder des Online-Journalisten.

Die Website zum Buch www.online-journalismus.org
bringt Beispiele und aktuelle Ergänzungen.

List Journalistische Praxis

Walther von La Roche

Einführung in den praktischen Journalismus

Mit genauer Beschreibung aller Ausbildungswege
Deutschland, Österreich, Schweiz
268 Seiten, Paperback

....

Die Tätigkeiten des Journalisten – Die Arbeitsfelder des Journalisten – Wie der Journalist zu seiner Story kommt – Informierende Darstellungsformen: Nachricht, Bericht, Reportage, Feature, Interview und Umfrage, Korrespondentenbericht und analysierender Beitrag – Meinungsäußernde Darstellungsformen: Kommentar, Glosse, Rezension – Rechtsfragen der journalistischen Praxis – Pressekodex. Das Volontariat – Kurse für Volontäre – Studienbegleitende Journalistenausbildung – Journalistik als Nebenfach – Aufbaustudiengänge – Studiengänge Journalistik – Film- und Fernsehakademien – Publizistik- und Kommunikationswissenschaft – Sonstige Ausbildungsstätten – Journalistenausbildung, do it yourself – Österreich – Deutschsprachige Schweiz